東アジア観光学

まなざし・場所・集団

金成玟・岡本亮輔・周倩 編

はじめに

　東アジア地域の歴史をふりかえると、人びとが地域内を近代的な観光のかたちで自由に移動・交流できるようになったのは、ここ二、三〇年のことである。植民地時代を経験し、帝国主義時代が終わったあとも、冷戦体制のなかで多くの国は独裁政権下に置かれていたし、それぞれの経済成長や近代化、開放化の流れのなかで、人が境界を越えて移動するということは、制度的にも、経済的にも、地政学的にもそう容易なことではなかったのだ。

　しかしその文脈を感じさせないくらい、近年東アジアの人びとによる地域内での観光が急速に活発化している。日本の例をみてみよう。日本のテレビでは、欧米のユニークな訪日外国人旅行者がたびたび映し出されるが、実際には少数派にすぎない。二〇一五年について言えば、もっとも多いアメリカ人でも五パーセントであり、その次のオーストラリア人は二パーセントに満たない。上位を占めるのは、中国（大陸）人（約二五パーセント）、韓国人（約二〇パーセント）、台湾人（約一八パーセント）であり、合わせて六割を超えている。

同時に、「観光」に対する政策的、産業的、社会的関心も高まっている。日本では、二〇一二年に観光立国推進基本計画が閣議決定され、訪日外国人観光客の増加が国策として推進されてきた。日本政府は、東京オリンピックが開催される二〇二〇年には四〇〇〇万人を目標として掲げている。その多くは、おそらく東アジアの旅行者が占めることになるだろう。

他方、さまざまな問題も起きている。それまでほぼ国内旅行者に限られていた場に、外部から多様な価値観やまなざしが持ち込まれる。観光地は単に消費を促す楽しい場所ではない。そこでは、戦争の記憶、経済格差と急成長、地域文化の変容、国内での階層、国家間の階層といった数々の要素が交錯するのである。

それでもなぜ、東アジアの人びとは東アジアを旅するのだろうか。増えつづける旅行者と観光地、観光政策と産業のあり方、それらをめぐるさまざまな意識とまなざし、戦略が持つ社会文化的意味は、どのように理解することができるのだろうか。

「東アジア観光学」を題目に掲げた本書は、このような問いについて、これまでの観光論とは一線を画すかたちで多角的に論じることを目的に企画された。本書の多角性は、寄稿者の研究方法と国籍の二点に特にあらわれているだろう。観光研究は、それ自体が新しい学問であり、定石となるような研究方法は確立されていない。こうした良くも悪くも柔軟な観光研究の特徴を活かすため、本書の執筆陣は、メディア研究、文化社会学、計量社会学、文化人類学、宗教社会学、都市社会学などさまざまな分野の研究者から成っている。それぞれの分野での問題設定と研究視座からの東アジア観光へのアプローチが試みられている。

簡単に紹介しよう。金は、日本人のソウル観光の変容を、江南《カンナム》の開発プロセスのなかで捉えることで、場所性と観光の関係について考えている（第1章）。木村は、世界遺産登録された軍艦島でいかなる真正性が立ち現れているのかを検討している（第2章）。姜と南は、韓国を訪れた中国人観光客の観光のイメージと認識、地理的想像力や旅行経験などを通じて、観光が持つ社会文化的意味について考察している（第3章）。岡本は、日本国内の寺社を訪れる訪日外国人観光者の行動パターンや語りを、写真化と世俗化の合流の側面から分析している（第4章）。門田は、沖縄県本島南部の聖地、斎場御嶽《せーふぁうたき》の観光的な文脈における「発見」を分析し、「沖縄らしさ」をめぐる表現と受容の交渉について述べている（第5章）。鄭と呉は、東アジアにおいて新たに形成された戦場観光地・金門における戦場観光の形成過程と観光実践、またその効果について考察している（第6章）。周は、中産階級と定義される中国の海外旅行者の特徴と旅行実践の形態を分析し、中産階級の観光が中国社会に及ぼす影響について考察している（第7章）。黄は、日本の主要メディアの報道とインターネット空間に注目し、中国人観光客をめぐる日本社会の言説空間について分析している（第8章）。梁は、発展途上国と先進国からの訪中旅行目的の多様性を旅行と移民との関係から捉え、移民研究分野の累積的因果理論の観点から分析している（第9章）。

強調しておきたいのは、こうしたバラエティ豊かな執筆陣は、日中韓の編者三名がそれぞれの伝手をたどってかき集めただけではないことだ。本書出版に至るまでには、およそ二年間にわたって日中韓で国際会議を繰り返した。日本は北海道大学メディア・コミュニケーション研究院、韓国はソウル国立大学アジアセンター、中国は中山大学国家治理研究院がホストとなり、相互に行き来しながら何度もやり取りを重ねてきた。

日中韓では学問上の慣習や問題意識が異なり、共通理解に達することができない部分も多々あった。世代間の違いも大きく影響しているだろう。編者としては、不協和音も含めて本書に盛り込むことに最大限の努力をしたが、どこまで成功しているかは読者のご判断にゆだねるしかない。本書のコンセプトと執筆陣の多くが重なる成果が、中国と韓国でも同時期に出版されることになっており、それぞれどのような反応があるのかを待ちたい。

そして、こうした研究活動が可能になったのも北海道大学メディア・コミュニケーション研究院の先生方とスタッフの方々のお蔭である。本書出版に至るまでにも多くのご助言を頂き、出版助成金も使用させて頂いた。山田義裕先生、西川克之先生、清水賢一郎先生には、国際会議の運営など実務面だけでなく、研究者として未熟な編者たちを精神的にも支えて頂いた。特にお名前を記して深謝したい。

最後ではあるが、本書の編集をお引き受け頂いた内藤寛氏と寺地洋了氏のお名前を挙げたい。お二人の的確な作業と助言がなければ、本書の出版は間違いなく編集段階で挫折していた。衷心より御礼申し上げたい。

二〇一七年一月三一日

編者

第3部　観光が創り出す集団のイメージ

第1部

場所とまなざしの交錯

第1章

戦後ソウルと日本人旅行者

——江南《カンナム》誕生による場所の再構造化

金成玟

1 「場所の消費」としての観光

一九八五年、詩人金芝河《キムジハ》が書いたパンソリ劇「トンバダ（糞の海）」が全斗煥《チョンドゥファン》軍事政権によって公演および音盤製作禁止になった。日本に対する韓国の政治的・経済的依存を辛辣に風刺したこの作品が、「韓日関係を従属的に描写し、黒幕があるかのように誇張している」というのが、禁止の理由であった[*1]。この劇のハイライトでもあり、全体を象徴しているのは、日本人による「妓生《キーセン》観光」のシーンである。金芝河はあえて「朝鮮」「アリラン」「李舜臣」など、韓国の「真正性」を表す言葉を用いながらセックス・ツアーの姿を生々しく描写することで、当時の日韓のねじれた関係を表現しているのである。

実際「妓生観光」は、韓国の観光産業の初期にあたる一九六〇年代後半から八〇年代半ばまでの時期において、日本人観光客を誘致するために企画されたおもな観光商品であった。対外援助（ＡＩＤ）観光調査団などアメリカの専門家や日本人観光業者の諮問内容に基づいて作成された韓国交通部の報告書『韓国観光振興のための総合対策』（一九六八）にも詳しく述べられているが、一九六四年から海外旅行が自由化となった日本人観光客を呼び込むために、「日本人が好む知的で品格のある性的魅力」が「妓生ハウス」とともに商品化されたのである*2。こうした観光開発のもと、日本人観光客は、それまでもっとも多かった米国人観光客を抜いた一九六八年以来、五〇パーセント以上の割合を占め続けた*3。

そもそも妓生は、植民地時代からアリラン、カルビ、朝鮮服、建物、工芸品などとともに「本物の朝鮮」を表すものとしてまなざされていた。植民地支配と戦争のための経済的、戦略的側面を持っていた京城観光において、この「異国情緒あふれる、日本とは異質の文化」は、京城が「魅力ある旅先」であり続けるための商品であり、「妓生ハウス」は、その旅先の場所性を構成するおもな要素として認識されていた（Ruoff 2010: 72-73; 201）。

妓生はもと官妓と云って位を有し宮中の宴席や両班（ヤンバン）の酒席に侍り鎌倉時代の白拍子に似たものである。今日では一般民衆の宴席にも侍して歌も唄へばダンスもやる。（……）妓生は長鼓（チャング）と云ふ太鼓を叩いて宴席の興を添へ、　妓生が歌ふアリランは世界的に有名な歌である。（京城観光協会 一九三七『観光の京城』：三二）

戦後、再び登場した「妓生観光」は、ソウルを「ノスタルジックで受動的な場所」として再生産し、植民地時代に構築された「朝鮮的なもの」に対する日本人の「観光のまなざし（Tourist Gaze）」をターゲットにしたものであった。アメリカを中心とした冷戦構造と韓国の開発主義、日韓のポストコロニアルな関係とまなざしが再び呼び出したこの「朝鮮的なもの」が、一九七〇年代から一九八〇年代半ばまで、ソウルのイメージをつくり出す記号として、消費されるソウルの構造を構成する要素としてあり続けたのである。

「妓生観光」で象徴されていた日本人のソウル観光のあり方が大きく変化したのは、一九八〇年後半からであった。それは韓国の国家体制の転換や日韓関係の変化、東アジアの国際化およびグローバル化など、人の移動をめぐるさまざまな諸条件が変化した結果であった。たとえば『朝日新聞』は、戦後日韓における観光の歴史的変遷を捉えるにあたって、妓生観光が盛んだった一九六五年から一九八〇年代半ばまでを第二期に、一九八〇年代後半からを第三期に区分している。

〔第二期には〕日本の経済進出で人の流れは日本からの一方通行的な形となり、「エコノミックアニマル」「キーセン観光」に厳しい批判が向けられ、一方で「日韓癒着」や韓国の「軍事独裁」も暗い影を落とした。（……）八八年のソウル五輪を前後した頃からが第三期。韓国の民主化とソウル五輪は日本人の対韓国意識を大きく変え、「韓国ブーム」を生み出した。（……）八九年からは韓国でも海外旅行が自由化され、日本への旅行者が急増、人の流れは一方通行から相互交流へと変わった。（『朝日新聞』一九九四年一月二四日）

右の説明は、一九八〇年代後半に急速に変化した韓国の社会変動と国際関係の側面から見ると妥当なものあり、アカデミズムとジャーナリズムを問わず、もっとも一般的に使われてきたものである。しかしこのような説明は、それまでとは質的に異なる「場所の消費」を生み出した空間の意味を看過しているため、「妓生観光」で象徴されていた日本人観光がいかに変容したのかについて十分な答えになっていない。急速な経済発展と社会変動が観光のあり方に影響を及ぼしたのは確かであるが、その過程で空間と社会的関係はいかに再組織され、消費される場所の性格はいかに変容したのかが問われておらず、その結果「場所の消費」の物語から「場所」が抜けているのだ。

このような問題意識から、本章は、一九八〇年代後半以降の日本人のソウル観光の変容を、国際的なスケールから国民国家、地域にいたるまでの重層的なスケールを横断しながら起きた首都ソウルの場所性の変容の産物として捉え、そのプロセスを明らかにすることを目的とする。そのために韓国の高度成長と都市化の象徴的場所である江南《カンナム》の成長過程に注目し、江南を中心とした再構造化《リストラクチュアリング》(restructuring)――空間組織と場所アイデンティティ、場所イメージの変容――が、いかにソウルという場所をめぐるまなざしと消費のあり方を質的に変容させたのかを探る。これは、今や年間一〇〇〇万人以上の観光者によって消費されているメトロポリス・ソウルの場所性が、急速な産業的近代化と民主化、国際化にともなう再構造化によってどのように変容してきたのかを歴史的に考える作業でもある。

2　場所性の再構造化と観光

一九八〇年代は、グローバルとローカルのさまざまな水準における再構造化が世界規模で起きた時期である。S・サッセンによれば、一九八〇年代は、全世界的にも第二次世界大戦後から一九七〇年代のあいだに構築されたものがグローバル化していく転回点であった。グローバルなレジームのナショナルな領域への参入が、脱ナショナル化の特定の形態をつくり出し、それをさらに強化することで、国家内部の編成転換を促したのである（Sassen 2006=2011: 31-36）。こうしたそれまで固定されたものとして捉えられていた場所の不確実性と不安定性は、再構造化という概念に注目を集めさせ、場所の政治的、経済的、文化的変容に対する関心を高めた。「場所」と「ローカリティ」（Massey 1994）、「場所の消費」（Urry 1995）などの概念が「ポストモダン論」と絡み合いながら、あるいは一定の距離を置きながら新たに展開されたのも、このような文脈のうえでのことであった。

この再構造化を問題化する作業の根底にあるのは、空間を「社会的なもの」として捉える観点である。H・ルフェーブルは、一九七四年にすでに出版されていた『空間の生産』で、空間は、政治的、経済的、社会的力によって生産され、またそれらの力がつねにせめぎ合う「社会的生産物」であると述べている。空間は、思考はもちろん行為においても道具の役割を果たすと同時に、生産の手段でもあり統制の手段でもある。つまり支配と権力の手段になりうるのだ。ルフェーブルの空間概念は、中心性を「移動するもの」として捉えているため、再構造化を分析するための重要な視座を提供する。中心性は、諸時代と生産様式、個別社会を通して、宗教・政治・商業・文化・産業の中心のようなかたちで生産され、移動し続けるため、「中心性─周辺性」の運動を探ることで、空間における権力構造とアイデンティティ、戦略を理解することができるのである（Lefebvre 1974）。

こうした空間論は、一九八〇年代を経てさらに新たな「場所論」へと拡張していった。ルフェーブルと同じく、空間を「動かない表面」として捉える既存の観点を拒否したD・マッシーによれば、あらゆる「空間的なもの」は、金融と通信のグローバルな拡張から国家的政治権力の地理の次元を経て地域社会や町、家庭、職場における社会的関係にいたるまで、重層的な空間のスケールにまたがる多様な社会的関係から構築されるものである。とくにマッシーは、空間と時間、空間と場所を二項対立的に捉える空間論を批判的に読み直し、場所を「地方的な」「特定な」「具体的な」「描写的な」といった固定されたものではなく、多様な社会的関係と理解が境界を行き渡りながら相互作用し続ける開放的なものとして再概念化している。当然「場所アイデンティティ」も、境界の設定によって固定されるのではなく、さまざまな相互関連性を通じて構築されるものである。つまり「空間は社会的に生産される」という観点が一九七〇年代に提起されたとするなら、一九八〇年代に入り、「社会的なものもまた空間的に構築され、その空間的なものが差異をつくり出す」という観点へと拡張したのである（Massey 1994）。

こういった「空間」と「場所」の概念は、一九八〇年代における再構造化の意味と新たに浮上した「場所の消費」を理解するにあたってきわめて重要な視座を与える。「場所の消費」を構成する場所間のヒエラルキー（Bourdieu 1979=1990）とそれをめぐる記号や表象（Baudrillard 1970=1979）は、再構築された場所性とともに生み出されるからである。このプロセスにおいて、まさにその場所性の変容が生み出した「場所の消費」の質的変容を表すものとして注目されたのが文化の側面である。これについてJ・アーリは、一九七〇年代から八〇年代にかけてほぼすべての場所で生じた経済的変容による再構造化が、一九八〇年代以降、政治と文化を中心としながらいかに変化したのかを示すものとして、場所の経済的、文化的変容をもたらす文化産業（芸術、観光、レジャーなど）に注目している。アーリによれば、場所はしだいに商品およびサービスの消費のためのコンテクストを提供する中心地として再構築され、それ自体が消費されるようになっている。つまり、場所の消費は商品およびサービスの消費と複雑に相互依存するものであるため、ある場所のイメージというのは特定の商品およびサービスから構成され、消費されるのである（Urry 1995）。

「場所の消費」について考えるべき点は、場所イメージが構築されるプロセスがきわめて複雑な手続きを必要とするということである。ある場所に新しい記号と象徴が選別され、付与されていく過程は、境界内の資格（membership）を確認するために戦略的かつ選別的に用いられてきた「文化的特徴」（Barth 1969: 12-15）や、それまで禁止・許容されながら構築されてきたさまざまな規律（Foucault 2004=2007）を再検討することである。この過程をさらに複雑にするのは、場所をめぐる境界が一つではないということである。ある場所のアイデンティティは、重層的な空間のスケールにまたがる社会的関係によるさまざまな水準の境界によって構築、変容していくからである。つまりある場所のイメージが生産、消費される過程は、マスメディアを中心としたナショナル・アイデンティティの構築過程（Schlesinger 1987）であり、「国民の物語」の内部と外部をまたがるさまざまな主体による文化的アイデンティティがせめぎ合う、不安定かつアンビヴァレントな過程でもある。そのため、その文化的な場所は、本質的なものではなく混淆的なものによって構成される（Bhabha 1990）。

空間と場所をめぐるこれらの議論は、さまざまな歴史的転換点を経験しながら、新たに認識されてきた一九八〇年代前後の再構造化を理解するにあたって重要な理論的視座となる。本章では、このような理論的視座を踏まえて、場所性の再構築が「場所の消費」の変容を生み出す再構造化のプロセスを、次の三つの次元で提示する。

第一に、「空間の再編成（reorganizing space）」の次元である。すでに固定されているかのように見える空間の秩序は、新たに設定された境界によって再配置される。一九六〇年代から八〇年代に世界で起きた「開発」の過程が示しているように、あらゆる空間——住まい、労働、余暇の空間——の再組織は、新たな社会的関係をともに再組織させる。この次元は、急速に変化する経済的基盤に基づいて、国家の内部と外部、ローカルなものとグローバルなものを複雑に行きかう力が、空間的基盤を再組織し、既存の権力構造を転換させるという意味で、きわめて政治的なものでもある。

第二に、「場所アイデンティティの再構築（reconstructing of place-identity）」の次元である。場所は、再編成された空間とそのなかで変容した社会的関係と権力構造を通じて新たに認識される。経済的、空間的基盤に基づいて設けられた差異を通じて、場所間のヒエラルキーと移動が生じ、住まいと労働の空間的基盤やそれをめぐる意識や感情が変容するのである。こういった場所アイデンティティの変容は、国家あるいは都市内部の権力構造に対する感覚と意識を変化させ、場所をめぐる闘争と戦略を生み出す。つまりこの社会的次元で、さまざまな認識と感情、関係が空間的に構築されるのである。

第三に、「場所イメージの再生産（reproducing place-image）」の次元である。経済的、社会的変容とともに再編成された空間と、それによって新たに構築された場所アイデンティティは、メディア——新聞、雑誌、テレビ、映画、旅行ガイドブックなど——によってまなざされ、特定の記号と表象を与えられることではじめて消費の対象となる。「場所の消費」と商品およびサービスの消費の相互依存は、この場所イメージを通じて可能になるのである。しかしそこには場所の内側と外側をまたがるさまざまな主体による文化的アイデンティティが存在するため、場所アイデンティティと場所イメージはつねにさまざまな「ズレ」を生み出しながら葛藤し、接合する。またイメージの消費は生産による効果ではなく、むしろつねに相互作用するものである。たとえば、この新しい場所イメージを消費するために訪れる観光者は、場所の消費者であるが、同時に場所をめぐるコミュニケーション行為者でもあり、場所イメージを構成する記号でもある。

この三つの次元による再構造化が生み出すもっとも重要な文化的効果は、場所をめぐる「感情の構造（structure of feeling）」（Williams［1961］2001）の変容を生み出すということである。R・ウィリアムズによれば、一つの時代の文化であり、あらゆる共同体のなかで深層かつ広範囲に所有される「感情の構造」は、もっとも繊細で、不可解な部分で作動する（Williams［1961］2001: 64-65）。つまり空間が社会的に構築され、同時に社会的なものを構築していく場所性の再構造化は、場所をめぐる「感情の再構造化」を生み出す空間的、社会的基盤となるのである。本章は、この三つの次元から現代ソウルの再構造化のプロセスを分析する。そのねらいは、急速な経済発展と社会変動とともにメトロポリスと化していった現代ソウルをめぐる組織と認識、欲望とまなざしを捉え直すことで、「場所の消費」の質的変容をソウルの空間的組織から考えることにある。

3 「江南」の誕生と現代ソウルの再構造化

朝鮮戦争を経験した一九五〇年代まで前近代的な姿をしていた首都ソウルは、一九六三年から新しい行政区画によって既存の面積を二倍に拡張し、後に「漢江《ハンガン》の奇跡」とも呼ばれる大都市に成長し始めた。この新しい境界の設定は、農村地域からの労働力を急速に流入させ、都市の生産性の向上を促したが、同時に一九六五年の時点ですでに三七五万人に達していたソウルの人口は、住宅難と首都防衛の不安など、多くの問題を生んでいった。六〇年代のソウルを振り返る際に、必ずともいっていいほど引用される小説『ソウルは満員である』(イ・ホチョル著、一九六六年)のタイトルが示すように、爆発的に増え続ける人口は、ソウルの急速な都市化とそれによる人びとの住まいと労働の変容をもたらすもっとも重要な要素であった。

このような状況のなか、新たな境界設定による再組織の方法として展開したのが江南の開発である。ここで「江南」という言葉が重要になってくるのは、今のソウルが漢陽と呼ばれていた朝鮮時代以来、漢江が、ソウルの空間を組織するもっとも重要な境界であったからである。朝鮮時代はもちろん植民地時代における都市計画もこの漢江を基準に立てられたし、植民地時代を経て独立後の都市化・近代化が始まろうとしていた一九六〇年代まで、ソウルといえば政治、経済、社会、文化が集中

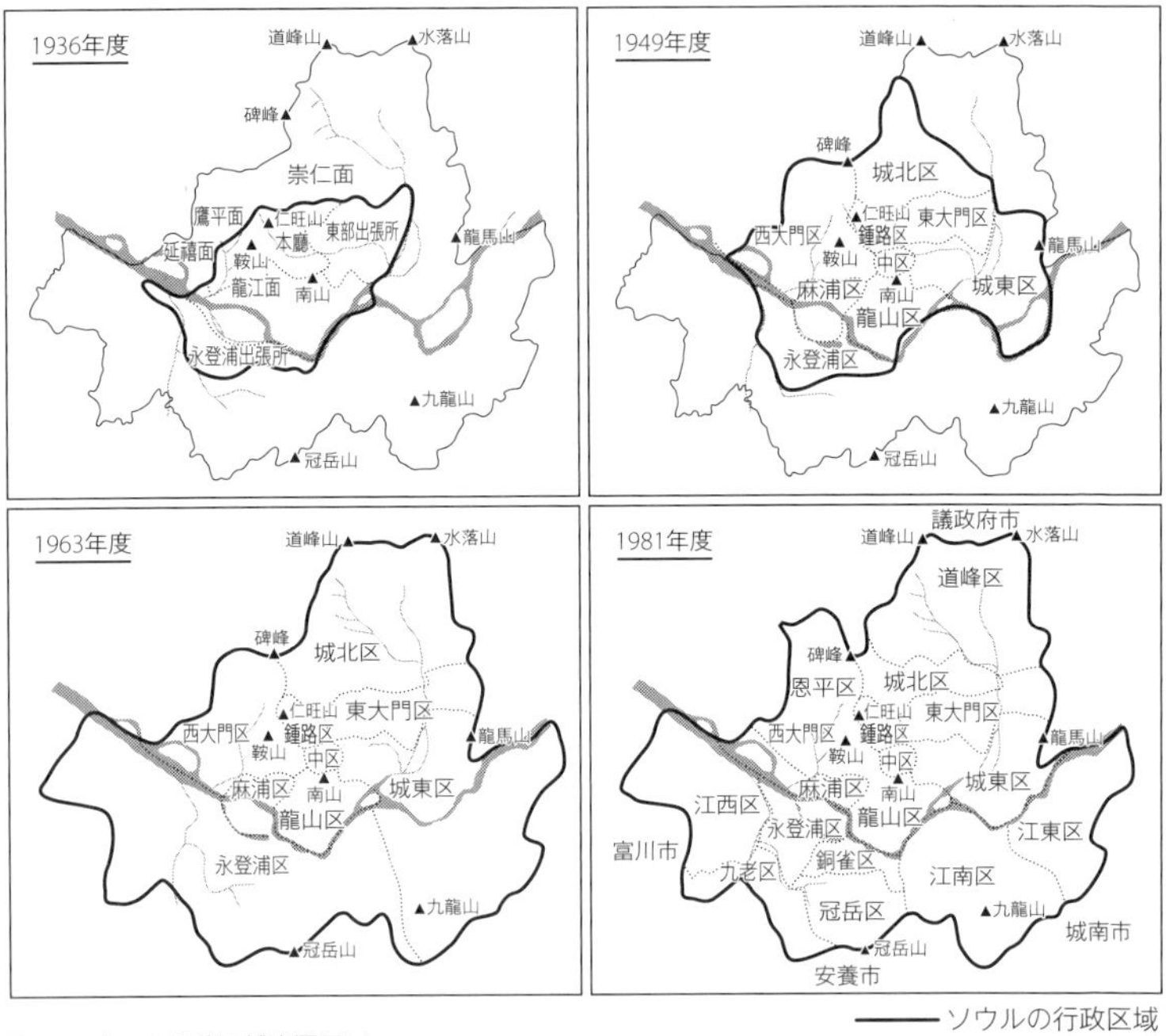

図1　ソウルの行政区域変遷図*4

していた四大門の内側のことを意味していたのである。図1でも分かるように、植民地時代の京城の境界も、独立後はじめて都市拡張が行われた一九四九年にもソウルはそのほとんどが漢江の北側に留まっており、一九六三年の行政区画変更によってソウルの境界が漢江の南側まで再設定された際も、その土地のほとんどは都市行政の手が届かない、農村地域であった。なにより、数百年にわたって構築された、漢江を取り巻く中心（北側）と周辺（南側）のあいだの地理的、心理的距離は、当時の人には簡単に埋められない権力構造の産物だったのである。

　しかし漢江を中心に構築されたソウルの場所性は、当時の人びとの想像をはるかに超えるスピードで変容していった。それはソウルの都市化が高度成長と絡み合いながら、都市の経済的基盤を大きく変えた結果であった。ソウルの都市化に関する諸研究は、「第二次経済開発五か年計画」の下でソウルと釜山を結ぶ京釜《ギョンブ》高速道路が開通し、「南ソウル開発計画」「ソウル市人口分散政策」などの国策の下で江南の生活圏が形成され始めた一九七〇年を、江南開発の起点として捉えている（アン二〇一〇、ソン二〇〇三、ハン&カン二〇一六）。一九六九年に完成した第三漢江橋（現在の漢南大橋）を渡って都心を出、そのまま高速道路に乗って五時間で釜山まで移動できるようになったことで、全国の生活圏が転換し、京釜高速道路の起点となった江南がその生活圏の新たな中心として浮上し始めたからである。

旧都心に集中していた国家の「中心」が急速に解体していくなかで、最初に江南に移動したのは経済的基盤であった。一九七〇年に江南の八三七万坪の土地に六一〇万の人口を流入させるための「史上最大規模の土木事業」[*5]が発表されて以来、ソウル市が買い占めて売り出した「ソウルの希望を抱いた黄金の土地」[*6]に建てられ始めた膨大な量の集団住宅と商業施設を中心に起きた建設ブームと不動産バブルが、人口と資本の爆発的な流入を促したのである。実際、一九六三年に約二万七〇〇〇人で把握された江南地域の人口は、一九七六年には約二三八万人、一九七九年には約三二〇万人にまで増加し、ソウル人口約八一一万の約四〇パーセントを占めた[*7]。また一九六三年に一坪あたり四〇〇ウォンだった江南の土地価格（現在の新沙洞《シンサドン》基準）は、京釜高速道路が開通した一九七〇年に二万ウォンに上昇したのを期に不動産への社会的関心を集め、一九七六年には一五万ウォン、一九七九年には四〇万ウォンまで上昇した[*8]。人びとはそれを、京釜高速道路の起点となったところの地名をつけ、

「マルチュク通り《マルチュコリ》の神話」と呼んだ。

一九八〇年代になると、経済的基盤の移動による社会的、文化的中心の移動が加速した。韓国電力を始めとする公営および民間企業、最高裁判所、検察庁のような司法施設、世界貿易センター、バスターミナルのような交通施設、ソウル・オリンピック競技場や関連施設、商業施設、教育施設、宗教施設、大学病院を始めとする大型医療施設、ロッテワールドのようなホテルと高級デパートなどの商業施設などが旧都心から移転、あるいは新たに建設された。そして一九六〇年代から八〇年代にわたる開発独裁期および高度成長期がその終焉を迎え、ソウルの人口が一〇〇〇万人を超えた一九八〇年代後半には、江南は、宗教・商業・文化・産業・教育の集中による中心性を担う新しい都心に成長し、民主化、国際化のような社会変動と絡みながら、江南を中心とした新しい社会意識を生み出していった。

そのもっとも大きな現象は、漢江を境界とした江南と江北《カンブク》のヒエラルキーの逆転である。次の新聞記事が示すように、京釜高速道路が開通してからたったの二〇年で、逆に「江北開発」を必要とする状況へと転換されたのである。

〝まだ江北に住んでいますか〟という流行語がもう古く感じられるほど、江北住民の被害意識と疎外意識が深まるなか、所得階層による居住地の分化という都市構造上の病理現象が根付いている。（「ソウル市江南・北均衡発展対策背景」『ハンギョレ新聞』一九九〇年一月五日）

しかし同時にこの記事は、「現在江南と江北は、人口、経済力、住居環境、都市基盤および便益施設の面で数字上は大体均衡を維持している」とも書いている。実際一九九〇年の人口は、江北が五四八万人、江南が五一四万人で、その均衡はその後も二〇〇五年まで続いている[*9]。それにもかかわらず一九九〇年の時点ですでに江北の住民が特記されるほどの被害意識と疎外意識を抱き、後に「城壁」（イ 二〇〇三）とも呼ばれるほどの差異の境界が生じているのである。その理由は、都市基盤の下でますます拡大していった、それまで韓国人が経験したことのない社会関係資本、文化資本の差異にあった。

江南やその住民に付与された地位の動力となったのは、不動産であった。開発独裁期が幕を下ろした一九九〇年になると、韓国の土地価格は、高度成長期が始まった一九六五年とくらべて一六四倍上昇しており[*10]、韓国人にとって「マイホーム」は、もはや「財産所有の次元を超え、社会的地位と生活水準の反映指標」[*11]になっていた。そのなかでも一九九〇年に一坪あたり三四七一万ウォンまで上昇した江南の土地価格（現在の新沙洞基準）[*12]は、いわゆる「不動産長者」を量産し、韓国の富裕層の地図を描き直したのである。その富裕層の地図は、半分はデカルコマニーのように既存のものと一致し、残りの半分は、それまでになかったかたちで描かれた。前者が既存の経済資本を利用して江南に進出した階層であるなら、後者は早期に買い占めた江南の不動産を拠点に新たな経済資本を手に入れた階層であった。

この新しい階層は、韓国の社会的規範そのものに大きな影響を及ぼした。一九六〇年代から八〇年代の開発独裁期において順応的な「国民」としての規律が優先されていたとするなら、民主化と都市化、国際化を同時に経験していたこの時期には、「住まいの場所」をめぐって新たに構成された「階層」

を中心に、新たな共通意識とネットワークが構築されていったのである。

高級アパートが並ぶ新しい江南の地図のうえでそのアイデンティティをつくり出したのは、学歴資本に基づいた江南住民の社会関係資本であった。一九九一年の調査によれば、政治家、法曹、公務員、言論人、企業家など、韓国でいわば「社会指導層」と呼ばれる人びと一万五〇〇〇人の三〇パーセントが、全国人口のわずか二パーセントを占めている江南に居住しており、江南乙《カンナムウル》という選挙区の場合、有権者の四六パーセントが大卒の学歴をもっていた[*13]。不動産と学歴資本を持った江南の住民は、さまざまな「階層の場所」を通じて社会関係資本を強化し、他の地域とは区別されるアイデンティティの同質性を確認し、共有した。「八学群」と呼ばれる名門校を中心とした教育のコミュニティ、巨大教会を中心とした宗教のコミュニティ、高級レストランやデパートなど、商業施設を中心とした消費のコミュニティが築かれていった。教育施設が教育水準による階層の拡大再生産の機能を担う場所であったとするなら（オ 二〇一五：二一六－二一七）、宗教施設は中産階層の社会階層的同質性（ソ 二〇〇三：一六四－一六六）を、商業施設は消費による他の階層との差異（キム 一九九二：八一－八五）を確認する場所であった。一九九二年の総選挙から、江南の団地を中心に「居住地」や「所得水準」がそのまま政治意識に表れ始めたのも[*14]、新たに構築された場所のアイデンティティと階層意識が生み出したものであった。

江南開発は、政治的、理念的にはきわめて抑圧的でありながら、経済的には特権と自由が与えられる「開発国家」の経済的変容が空間的に現れた現象であった。つまり江南は、韓国の政治的、経済的、社会的、文化的変容によって構築された空間であると同時に、韓国社会のあり方そのものが再構築された空間でもあるのだ。とくに国家による開発のプロセスが生んださまざまな差異によってつくり出された欲望は、江南という「場所の消費」を促し、さらにグローバルとローカルが交錯する新たな場所性を江南に与えた。「江南に住むこと」が、国民国家の秩序に基づいたローカルなスケールで、その強固な経済資本や社会関係資本に基づいた場所のアイデンティティを再生産することであるなら、「江南を消費すること」は、資本主義の力が都市を中心に再編されるグローバルなスケールで、江南のアイデンティティが生み出した欲望とまなざしを再生産することだったのである。

4 新たな「韓国的なもの」の生産と消費

こうした江南のアイデンティティとそこへ向けられた欲望とまなざしは、一九八〇年代後半から積極的に表象、消費され始めた。高級アパートとデパート、海外のファストフードや小売店が並ぶ大通りは、韓国の資本主義文化を象徴するものとしてまなざされ、繁華街に集まる若者のファッションと消費パターンは、「産業化時代」との断絶を表象するものとして認識された。そのイメージは、きわめて混淆的なものであった。アメリカ発のラップ音楽とファッションが流行する街には、「瞳子夢」「あさ」「ゆき」「梅花」などの日本語看板が並んでおり*15、日本のメディアや大衆文化など、韓国社会でその公式的な消費が「禁止」され続けたいわゆる「倭色」が、江南では場所のイメージを表象する記号として消費された（金 二〇一四）。

江南の場所イメージをもっとも積極的に生産し、消費したのは、メディアであった。一九九〇年代に入ると新聞と雑誌は、江南のなかでもその欲望をもっとも象徴的に表す場所として認識されていた狎鴎《アック》亭洞《ジョンドン》に注目し、「狎鴎亭洞文化論」「オレンジ族論」などのさまざまな江南論を通じて、韓国社会の新たな文化的アイデンティティを捉えようとすると同時に、自ら江南のイメージをつくり出し、流通させた。一方で人びとは、ドラマやバラエティ番組、広告など、テレビがつくり出したさまざまなイメージを通じて、江南を体験した。江南文化を描いた文学や映画に映し出されたのも、複雑に交錯する江南の内側と外側の欲望とまなざしであった。

江南のイメージは、それまで都市イメージを構成していた記号と表象、社会意識と規律との複雑なせめぎ合いを通じて構築されていった。それは、江南という場所をめぐる言説がイメージとのさまざまなズレを生み出しながら展開したことでも分かるだろう。たとえば狎鴎亭洞を「脱政治的かつ脱理念的」「腐敗した資本主義の温床」「怪物のような人間を複製する場所」と規定しようとするまなざしからは、それまでの「大きな物語」が民主化と冷戦構造の崩壊によって解体され、新たに到来した大衆消費社会に対する衝撃と不安を読み取ることができる（チョ 一九九二：三七–五六）。またそこで活発に消費されるアメリカと日本の文化やそれを映し出すメディアを批判し、それまでのナショナリズムの下で社会的に共有されていた一種の罪悪感（金 二〇一四）を呼び起こそうとしたのは、国際化およびグローバル化の流れとともに韓国の文化的アイデンティティの変容を促しながら浮上した「混淆性」に対する反感と違和感として捉えることができる。つまり江南イメージをめぐるせめぎ合いには、それまでの韓国社会を構成していた社会意識と感情が強く反映されていたのである。

こうした江南の場所イメージは、ソウルの都市イメージはもちろん「韓国的なもの」のイメージそのものを再構築した。江南が日本のメディアや観光者によって発見されたのも、江南のイメージが生産、消費され始めた一九八〇年代後半であった。左の『読売新聞』の記事で分かるように、江南は、ソウルのもっともモダンな場所として認識されている。

ソウルは、南へ行くほどにモダンになる。歴史と活力の混在する旧城内を抜けて、南山(ナムサン)南ろくに回ればショッピングと若者の街、梨泰院(イーテウォン)。さらに漢江を渡ると、そこは今、最もナウい文化都市、江南(カンナム)だ。江南を象徴する風景は、高層アパート群と縦横に走る広々とした道路網、そして眼下に広がる漢江の流れと豊かな緑である。団地には、ポニー、ステラ、ルマンといった国産乗用車がずらりと並び、しゃれた商店街が周囲を埋める。一戸あたりの広さも百二十平方メートル以上、日本の団地よりははるかにゆったりした生活空間だ。昼下がり、子供連れのヤングミセスがファッショナブルに行き来する。ソウルっ子が「東京と変わらない」と自負する〝幸福な都市生活〟の光景。(「[’86ソウル・ムクゲの秋」(9)高層住宅が地位の象徴」『読売新聞』一九八六年一〇月二日)

つまり日本のメディアにとって一九八〇年代後半から、江南は、高度成長とともに拡張し、オリンピックを期に国際化に乗り出そうとする「新しいソウル」を表す場所であった。一九八八年のソウル・オリンピックを目前にして『朝日新聞』は、「因習と変容の間に息づくソウル。東京と同様の膨大な人の営みの累積に耐えながら、地球という舞台に乗り出そうとしている」[*16]と書いた。

こういった「江南の発見」の過程は、旅行ガイドブックを通じてより明らかになる。一九八〇年代半ばまで、日本の観光ガイドブックに掲載されているソウルの観光地は、旧都心に集中していた。一九八四年に刊行された『韓国旅行ガイド』（三修社）と一九八四年と一九八五年の情報をもとに書かれた『地球の歩き方――韓国編・八六－八七年版』（ダイヤモンド社）を見ても、「ソウルの主な見どころ」として紹介されているのはすべて旧都心で、江南は言及されていないのが分かる。

南山、ソウルタワー、ソウル駅、ソウル市庁、徳寿宮《ドクスグン》、世宗路《セジョンロ》、光化門《カンファムン》、景福宮《キョンボックン》、国立中央博物館、昌徳宮《チャンドックン》、秘苑《ピエン》、昌慶苑《チャンギョンウォン》（現在の昌慶宮《チャンギョングン》）、宗廟《チョンミョ》、パゴダ公園、曹渓寺《チョゲサ》、仁寺洞《インサドン》、南大門・南大門市場、東大門・東大門市場、明洞、忠武路《チュンムロ》、コリアハウス、奨忠壇《チャンチュンダン》・奨忠壇公園、北岳《プガク》スカイウェイ、汝矣島《ヨイド》、ウォーカーヒル、明洞、新村・梨大前、梨泰院《イテウォン》

しかし一九八〇年代後半以降の情報が反映された一九九〇年からは、各旅行ガイドブックが積極的に江南を紹介し始めた。たとえば、一九九一年に出版された『韓国 Korea』（昭文社）は、江南の方背《バンベ》洞《ドン》を「韓国で最も新しいアミューズメントタウンになってきた、スーパーモダン・カフェエリア」とし、ソウルの観光地として取り上げている。また『地球の歩き方――韓国編・九一－九二年版』は、江南について次のように述べている。

漢江から一歩、南へ踏み込む。そこには、旧市街から三〇–四〇分でタイムスリップしたような現代的な街が展開する。センスのいいブティック、しゃれたカフェ、高層アパート。高度経済成長を続けてきた韓国の姿が目に見える形で現れたのがここ江南なのだ。最先端の街を歩きながら、世界のニューパワー韓国の未来像を想像してみるのも悪くないだろう。(『地球の歩き方——韓国編・九一–九二年版』:一九四)

以降観光ガイドブックは、狎鷗亭洞、江南駅周辺、方背洞などのエリアを中心とした江南を、「高級アパートが立ち並ぶショッピング街」[*17]として、また「中産階級の象徴」[*18]として取り上げていった。とくに狎鷗亭洞が「ここの若者のライフスタイルは韓国社会全体に影響を与える流行の発信基地」と紹介されるなど、江南は、「庶民的な良さがある江北側」と対比される、「新しいソウルの顔になっていると同時に、韓国でもっとも先端を行く街」として日本の読者や旅行者に伝えられた[*19]。

韓国を訪れる日本人旅行者の質的変容がなされ始めたのも一九八〇年代後半であった。「クチコミで知った日本人客、大学生やＯＬ風の若者が急に増えた」(榎本 一九八六:五〇)という旅行記でも分かるように、ソウルを訪れる個人と女性、若者の旅行者が増加していったのである。とくに女性観光者の場合、韓国を訪れる日本人観光客が一四九万人を超えた一九九三年には、その割合が四〇・八パーセントを占めるまで増加した[*20]。こうした新しい旅行者層の台頭は、一九八八年に一〇〇万人を超え(一一二万人)[*21]、その量的拡大に注目が集まっていた日本人のソウル観光の質的変化において、きわめて重要な意味を持つ。「妓生観光を楽しむ四〇代以上の男性」[*22]が日本人観光者のおもな層だった一九七〇年代以来続いていたソウル観光のあり方が、この新しい旅行者とともに変容し始めたからである。

韓国を訪れる一部の旅行者の派手な夜の観光ぶりは、若い世代を中心に韓国国民の反日感情を高めてきた。また、韓国とのあいだをひんぱんに往来するのは、自民党特定派閥などの限られた議員か、経済的な利害関係を持つビジネスマンが主体だった。このところ、若い世代や婦人層に、韓国の文化遺産や自然の豊かさに触れようとする人が増えている。（「広がりのある日韓交流を（社説）」『朝日新聞』一九八八年二月二六日）

すでに多く知られているように、日本人のソウル観光において「ソウルブーム」とも呼ばれるほどの量的拡大の引き金になったのは、いうまでもなく一九八八年のソウル・オリンピックであった。しかし長い間「妓生観光」で象徴されていた日本人のソウル観光の質的変容を単発の国際イベントだけで捉えることはできない。観光者層や観光地の多様化など、一九八〇年代後半以降の日本人のソウル観光の変容は、一九七〇年代以降の再構造化の産物であるソウルの新たな場所性――空間組織と場所アイデンティティ、場所イメージ――が、ソウル・オリンピックといった国際イベントと絡み合いながら、ソウルという「場所の消費」のあり方を量的・質的に変化させた効果の一つだからである。

つまり一九八〇年代半ばまでの日本人のソウル観光が旧都心を中心に植民地時代に形成された「朝鮮的なもの」を再生産・消費するかたちで行われたとするならば、一九八〇年代以降は江南を中心に再構造化された現代ソウルのアイデンティティとイメージが生み出した新しい「韓国的なもの」が発見、消費され始めたのである。そしてその変容は、現時点で分かっているように、一九八九年から自由化となった韓国人の日本観光と絡み合いながら、日韓の新たな観光空間を構築していった。

5 場所から考える観光

韓流ブームが起きる前の二〇〇〇年に五か月間ソウルに滞在した四方田犬彦は、当時の印象について次のように述べている。

> わたしがふたたび居住することになったソウルのまちは、七〇年代とはあらゆる点で異なっていた。まず都市の大きさが二倍以上に膨らんでいるように見えた。かつては旧市街の境界線であった、川幅一キロに及ぶ漢江の向こう側が、旧市街を完全に圧倒するほどの繁栄を見せ、アメリカ西海岸の都市のようなたたずまいを見せていた。（四方田二〇〇一：五）

四方田が目撃したソウルの変貌は、本章で見てきたように、高度成長と産業的近代化、民主化と国際化といった韓国社会の急速な経済発展と社会変動にともなう、ソウルという空間の再編成と場所アイデンティティの再構築の産物であった。そのなかでも江南の形成がソウルにもたらした意味は、その変貌を理解するためのもっとも重要なものである。その意味は次の三つでまとめることができるだろう。

第一に、江南の開発で、植民地時代から続いた「国土」内部の境界を新たに設定され、「国家」の権力構造が根本的に再編成された。とくに膨大な量の資本と人口の移動にともない、韓国社会の中心性が移動すると同時に、権力そのものの質が大きく変容した。第二に、建設ブームと不動産バブルを起こし、新興財閥と中産階級を量産した江南の形成で、それまでになかった「階層」と「階層意識」に基づくアイデンティティが構築され、場所をめぐる社会意識そのものに多大な影響を及ぼした。その根底にあったのは、江南という場所が生み出した「差異」によるヒエラルキーとそれをめぐる欲望であった。第三に、江南の場所イメージは、国際化およびグローバル化のなかで越境したさまざまな記号、表象と接合し、混淆しながら生産、消費された。そのイメージは、旧都心を中心として構築された「朝鮮的なもの」と対比される新たな「韓国的なもの」としてまなざされていった。

日本人のソウル観光は、その「韓国的なもの」が構築されることによって大きく変容した。韓国の産業的近代化と民主化、国際化による日韓の権力関係の変化がそれまで「朝鮮的なもの」を中心にソウルに対する「観光のまなざし」を変容させたとするならば、再構造化されたソウルの新たな場所イメージは、日本で新たに浮上した女性、若者の観光者と接合しながらソウルに対する新たな「観光のまなざし」を生み出したのである。

もちろんそのなかには、「ソウルの繁栄をそのまま象徴するかのような魅惑に満ちている江南の高級サロンを訪れ、日本円の強さをバックにして夜を過ごすリッチ好きな日本人客」*23もいた。しかし重要なのは、そのような風景が、一九七〇年代の妓生観光のような、日本人によるソウルの消費を表象する記号として捉えられなくなったということである。それが意味するのは、日本人の「観光のまなざし」が向けられるソウルが、それまでのような「ノスタルジックで受動的な場所」ではなくなり、「ノスタルジックで受動的な場所」を消費する日本人観光者がもはやソウルの場所イメージを構成する要素ではなくなったのであろう。

冒頭で述べたように、本章の目的は、一九八〇年代後半以降の日本人のソウル観光の変容をソウルの場所性の変容の産物として捉え、そのプロセスを明らかにすることであった。もちろんすでに検討したように、ソウルの場所性の変容は、さまざまな政治的、経済的、社会的、文化的文脈のうえで日本人のソウル観光の変容を生み出した一つの要素であるが、ソウルに対するまなざしを構成していた権力関係そのものを変容させたという意味で、きわめて重要なものである。つまりソウルという「場所の構造」を把握することで、これまでの説明では捉えきれなかった日本人観光のあり方を新たに理解することができるのである。またその理解は、二〇〇〇年代の「韓流」ブームが促したいわば「コンテンツ・ツーリズム」にも重要な視座を与えるだろう。韓国ドラマやKポップなどのポピュラー文化が描いた都市イメージと中産階級の生活、社会的関係などは、その多くが江南を表象しているからだ。

***1 註**

「公演禁止喜劇選集」『ハンギョレ新聞』一九九〇年九月二一日。

*2 韓国交通部、一九六八『韓国観光振興のための総合対策』二四八－二五二。
*3 韓国科学技術処、一九七三『わが国の観光振興のための諸法案研究』九五。
*4 ホ・ヨンファン（허영환）、一九九四『定都六〇〇年ソウル地図』汎友社から引用。
*5 「永東第二地区中心南ソウル開発確定」『東亜日報』一九七〇年一一月五日。
*6 「替費地売却公告」一九七〇年一一月二八日。
*7 ソン、二〇〇三：七一、「急増した江南人口」『毎日経済』一九七七年一月一五日、「ソウル市人口江南――北平均化五〇対五九」『東亜日報』一九八一年一月二六日。
*8 「江南地域の地価現象（一九六三－一九七九年）」『江南区誌』一七二、ソウル歴史博物館報道資料「ソウル半世紀総合殿Ⅱ〈江南四〇年：永東から江南へ〉特別殿開催」（二〇一〇年一二月二八日）から再引用。
*9 「ソウル人口江南集中深化」『ハンギョレ新聞』一九九一年四月一三日、ソウル・データベース・サービス「地図で見たソウル二〇一三」ソウル研究院、五一（http://data.si.re.kr/map-seoul-2013）。
*10 土地開発公社の調査「横説竪説」『東亜日報』一九九一年二月二七日。
*11 「外形より内部の構造をみるように」『毎日経済』一九八九年二月一五日。
*12 「新沙洞、一坪三、五〇〇万ウォン」『ハンギョレ新聞』一九九〇年七月一日。
*13 「国籍なき子供たち」『ハンギョレ新聞』一九九二年一月一七日。
*14 「ソウル富裕層地域、国民に投票」『京郷新聞』一九九二年三月二七日。
*15 「オレンジ族の世界」『韓国日報』一九九二年一〇月一九日。
*16 「Seoul Seoul Seoul（ソウルよ：一〇）」『朝日新聞』一九八八年七月二一日。
*17 『地球の歩き方――韓国編・九二－九三年版』ダイヤモンド社、二〇一〇。
*18 『地球の歩き方――韓国編・九四－九五年版』ダイヤモンド社、二〇一〇。
*19 『地球の歩き方――韓国編・九四－九五年版』ダイヤモンド社、二〇一四－二〇一五。
*20 「韓国旅行の女性が急増」『朝日新聞』一九九四年二月五日。
*21 韓国観光公社による「韓国観光統計」（ソウル市政開発研究院、一九九五「ソウル市観光開発基本計画方向研究」一八九から再引用）。

*22 「一九七二年（四）」『京郷新聞』一九七二年一二月二一日。
*23 阿部剛、一九八六『プレイタウンソウル・韓国』新声社、二四。

参考文献

〔韓国語文献〕

アン・チャンモ、二〇一〇「江南開発と江北の誕生過程考察」『ソウル学研究』第四一号、六三－九七。

チョ・ヘジョン、一九九二「狎鷗亭空間を見つめるまなざし――文化政治的実践のために」『狎鷗亭洞――ユートピア・ディストピア』現実文化研究、三五－五九。

ハン・ジョンス&カン・ヒヨン、二〇一六『江南の誕生――大韓民国の心臓都市はいかに生まれたか』ミジブックス。

ホ・ヨンファン、一九九四『定都六〇〇年ソウル地図』汎友社。

韓国科学技術処、一九七三『わが国の観光振興のための諸法案研究』韓国科学技術処。

韓国交通部、一九六八『韓国観光振興のための総合対策』韓国交通部。

キム・ヒョソン、一九九二「狎鷗亭洞で聞いた話」『狎鷗亭洞――ユートピア・ディストピア』現実文化研究、七七－八九。

イ・ジェヨル、二〇〇三「〈江南呪い現象〉の社会学的考察」『新東亜』二〇〇三年一二月号。

オ・ジェヨン、二〇一五「京畿高校移転と江南〈八学群〉の誕生」『歴史批評』一一、一九八－二三三。

ソ・ウソク、二〇〇三「中産層大型教会に関する社会学的研究」『韓国社会学』第二八輯夏号、一五一－一七四。

ソウル市政開発研究院、一九九五「ソウル市観光開発基本計画方向研究」ソウル市政開発研究院。

ソン・ジョンモク、二〇〇三『ソウル都市計画物語』ハヌル。

〔日本語文献〕

金成玟、二〇一四『戦後韓国と日本文化――「倭色」禁止から「韓流」まで』岩波書店。

京城観光協会、一九三七『観光の京城』京城観光協会。

榎本美礼、一九八六「マイ・ソウル・ストーリー」尹学準ほか編『韓国を歩く――こんなに楽しめるとなりの国』集英社。

四方田犬彦、二〇〇一『ソウルの風景――記憶と変貌』岩波書店。

〔英語・仏語文献〕

Bhabha, H. K., 1990, Introduction: narrating the nation, Bhabha, H. K. (ed.), *Nation and Narration*, London: Routledge, 1-7.

Barth, F., 1969, *Ethnic Groups and Boundaries: The Social Organization of Culture Difference*, Middleton: Waveland Press.

Baudrillard, J., 1970, *La societe de consommation: Ses mythes*, ses structures Editions Planete.（＝一九七九『消費社会の神話と構造』今村仁司・塚原史訳、紀伊國屋書店。）

Boley, B. B., McGehee, N. G., Perdue, R. R., & Long, P., 2014, Empowerment and resident attitudes toward tourism: Strengthening the theoretical foundation through a Weberian lens, *Annals of Tourism Research*, 49, 33–50.

Bourdieu, P., 1979, *La Distinction; Critique Sociale du Judgement*, Paris: Éditions de Minuit.（＝一九九〇『ディスタンクシオンⅠ——社会的判断力批判』石井洋二郎訳、藤原書店。）

Foucault, M., 2004, *Securité, Territoire, Population: cours au Collège de France (1977-1978)*, Gallimard/Le Seuil.（＝二〇〇七『安全・領土・人口：コレージュ・ド・フランス講義 一九七七—一九七八年度（ミシェル・フーコー講義集成七）』高桑和巳訳、筑摩書房。）

Lefebvre, H., 1974, *La Production de l'espace*, Paris: Anthropos.（＝二〇〇〇『空間の生産』斎藤日出治訳、青木書店。）

Massey, D., 1994, *Space, Place, and Gender*, Minneapolis: University of Minnesota Press.

Sassen, S., 2006, *Territory, Authority, Rights: From Medieval to Global Assemblages*, Princeton: Princeton University Press.（＝二〇一一『領土・権威・諸権利——グローバリゼーション・スタディーズの現在』伊豫谷登士翁監修、伊藤茂訳、明石書店。）

Schlesinger, P., 1987, On national identity: some conceptions and misconceptions, *Social Science Information*, 26: 219-264.

Ruoff, K. J., 2010, *Imperial Japan at its zenith: the wartime celebration of the empire's 2,600th anniversary*, Ithaca, N.Y.: Cornell University Press.

Urry, J., 1995, *Consuming Places*, London: Routledge.（＝二〇〇三、『場所を消費する』吉原直樹ほか訳、法政大学出版局。）

Williams, R., [1961] 2001, *The Long Revolution*, Peterborough: Broadview Press.

第2章

「軍艦島」における真正性の構築とその複数性

木村至聖

1 「真正性」へのアプローチ

観光研究において、観光の対象となる文化的産物や行事、またはその体験が「本物」であるかどうか、すなわち「真正性」が重要な概念として検討されるようになって久しい。D・ブーアスティンは『幻影の時代』において、観光客はマスメディアによって仕組まれた（つまり現実とは異なる「偽物」としての）「疑似イベント」を体験しているに過ぎないと論じた（Boorstin 1962=1964）。これに対しD・マキャーネルは、そもそも観光客にとっては対象や体験が「本物」か「偽物」かよりも、いかに「本物らしい」かが重要であるとして、「演出された真正性」という概念を導入した（MacCannell 1973:

1999=2012）。こうした初期の議論は、どこかに客観的かつ絶対的な「本物」が存在するという前提に立って展開されていた。

ところが一九八〇年代以降、ポストモダニズムの興隆のなかで、この前提は疑われ始めた。たとえばE・ホブスボウムとT・レンジャーは「伝統の発明」という議論を展開し（Hobsbawm & Ranger 1983=1992）、E・コーエンは時間の経過とともに非真正なものも真正性を帯びるようになるという「創発的真正性」という概念を提起した（Cohen 1988）。こうした議論のなかでは、そもそも物事の意味は異なるステークホルダーによって異なる意味が与えられることで多面的なものとなり、そのさまざまな主体の相互作用のなかで構築されていくものであるとされた。N・ワンは初期に議論された真正性を客観的真正性とする一方で、客観的絶対的な存在ではない真正性を構築的真正性として区別した（Wang 1999）。

さらにワンは、これらいずれの真正性も観光の対象に焦点を当てた真正性であるとして、対象が真正であるかどうかに関係なく、自己にとってそれが真正であると感じられるかどうかという実存的真正性という概念を提唱した。その要素は二つのカテゴリーに分類され、一つはたんに日常生活と異なる体験をしているという実感に基づく「個人内的真正性」であり、もう一つは友人や家族、旅行者の共同体のなかでの感情的相互作用から生まれる「相互関係的真正性」であるとした（Wang 1999）。このように、観光研究においては真正性と非真正性、すなわち本物と偽物の境界は必ずしも二項対立的ではなく、曖昧で流動的なものであるという前提がすでに広く共有され、また同時に人々はその前提のもと自分なりの納得や相互作用を通して、それぞれの「真正」な体験を観光のなかで得ていることが了解されているといえるだろう。

しかしその一方で、素朴な客観主義も観光の現場から消え去ったわけではない。その一つの例として、世界遺産観光が挙げられる。今日では多くの国や地域において世界遺産は観光資源として捉えられており、観光客にとっても、数ある娯楽の選択肢のなかから観光旅行を選び、かつその目的地を選ぶ際にそれが世界遺産であるかどうかということは一つの指標として機能している。こうした世界遺産への「信頼」を支えているのは、それが専門家による厳正な審査を経て、「客観的」に価値が保証されているという事実である。実際、世界遺産登録の重要な基準の一つが、まさに対象の「真正性」とされているのである[*1]。

とはいえ、このような客観的真正性を根拠とする世界遺産観光の現場であっても、そこにはさまざまなステークホルダーが存在しており、観光客たちも世界遺産としての客観的真正性をそのまま受け入れているとは限らないだろう。本章では、二〇一五年に世界遺産に登録された「軍艦島」の事例を取り上げ、そこでいかなる真正性が観光客あるいは地元の人々のあいだに立ち現れているのかを検討していく。

2 世界遺産としての軍艦島の「真正性」

2.1 「明治日本の産業革命遺産」の構成資産として

「軍艦島」(図1)は二〇一五年七月、「明治日本の産業革命遺産 製鉄・製鋼、造船、石炭産業」の構成資産の一つ「端島《はしま》炭坑跡」として、UNESCOの世界遺産に登録された。この「明治日本の産業革命遺産」は、日本国内八県にまたがる二三の資産のシリアル・ノミネーションによる登録だが、なかでも「軍艦島」は新聞やテレビによる報道においても大きな写真を掲載されたり(『読売新聞』五月五日一面、七月六日一面)、見出しでも「軍艦島など世界遺産」と紹介されたりするなど(『朝日新聞』五月五日一面、『毎日新聞』五月五日一面)、とりわけシンボリックな地位を与えられている(図2)。

そもそも端島は一八九〇年代に三菱によって開発された海底炭鉱の島であり、小さな島の上に労働者と家族を住ま

図1 東側から撮影した軍艦島(2007年8月27日筆者撮影)

わせるため、発展とともに高層アパートや学校、病院、娯楽施設などが建設されていった。その結果として島の形が軍艦に似ていたため、端島には「軍艦島」という通称が与えられたのである。最盛期には約五〇〇〇人が住んでいたとされるが、一九七四年には炭鉱が閉山し、その後は無人島となった。それからというもの、炭鉱労働者家族が住んでいた高層アパート群は、数十年のあいだ潮風にさらされ「廃墟」となった。こうした離島の廃墟群は、一部の冒険家や写真家たちの「ロマン主義的まなざし」（Urry 1990=1995）の対象であった。だがインターネットの普及や相次ぐ「廃墟」写真集の出版によって、軍艦島は徐々に知名度を獲得していく。一九九〇年代末頃からは周遊クルーズ船の運航も始まり、この島への「集合的まなざし」（Urry 1990=1995）が形成された。

軍艦島など世界遺産へ
ユネスコ機関登録勧告
「明治日本の産業革命」
製鉄・造船・石炭 8県23件
日本式技術革新を評価

図2　UNESCOの諮問機関が世界遺産登録を勧告したことを報じる新聞記事（2015年5月5日の読売新聞）

　こうしたなかで、二〇〇一年、軍艦島の地元の高島町は、三菱マテリアルから島の土地と建物を無償で取得することになる。とはいえ、当初は観光活用の可能性は不透明で、相次ぐ不法侵入に対する安全対策という面が強調されていた[*2]。

　だが二〇〇〇年代半ば頃から、九州の複数自治体によって近代化遺産の保存・活用に向けた動きが活発化し、二〇〇九年には軍艦島（端島炭鉱跡）を含む「九州・山口の近代化産業遺産群」が世界遺産暫定リストに記載される。そしてちょうどこの年の四月、長崎市（二〇〇五年に高島町を編入合併）により軍艦島島内が整備され、上陸ツアーが解禁されたのである（図3）。以降、上陸ツアー参加者数は増え続けている（図4）。二〇一三年九月には日本政府が「明治日本の産業革命遺産」を世界遺産推薦候補に決定し、その翌年九月から一〇月にUNESCOの諮問機関であるICOMOSが現地調査を実施、二〇一五年五月には世界遺産への「登録」が勧告されたのである。

図3　軍艦島上陸ツアーの様子（2009年8月25日筆者撮影）

2.2　真正性をめぐる「すれ違い」

ところで、こうして世界遺産登録を目指して推薦された「明治日本の産業革命遺産」は、いかなる価値を持つものとされているのだろうか。文化庁ホームページの「明治日本の産業革命遺産　製鉄・製鋼、造船、石炭産業（平成二七年記載）」によれば、その「顕著な普遍的価値」について以下のように記載されている[*3]。

「明治日本の産業革命遺産：九州山口と関連地域」は西洋から非西洋への産業化の移転が成功したことを証言する産業遺産群により構成されている。一九世紀後

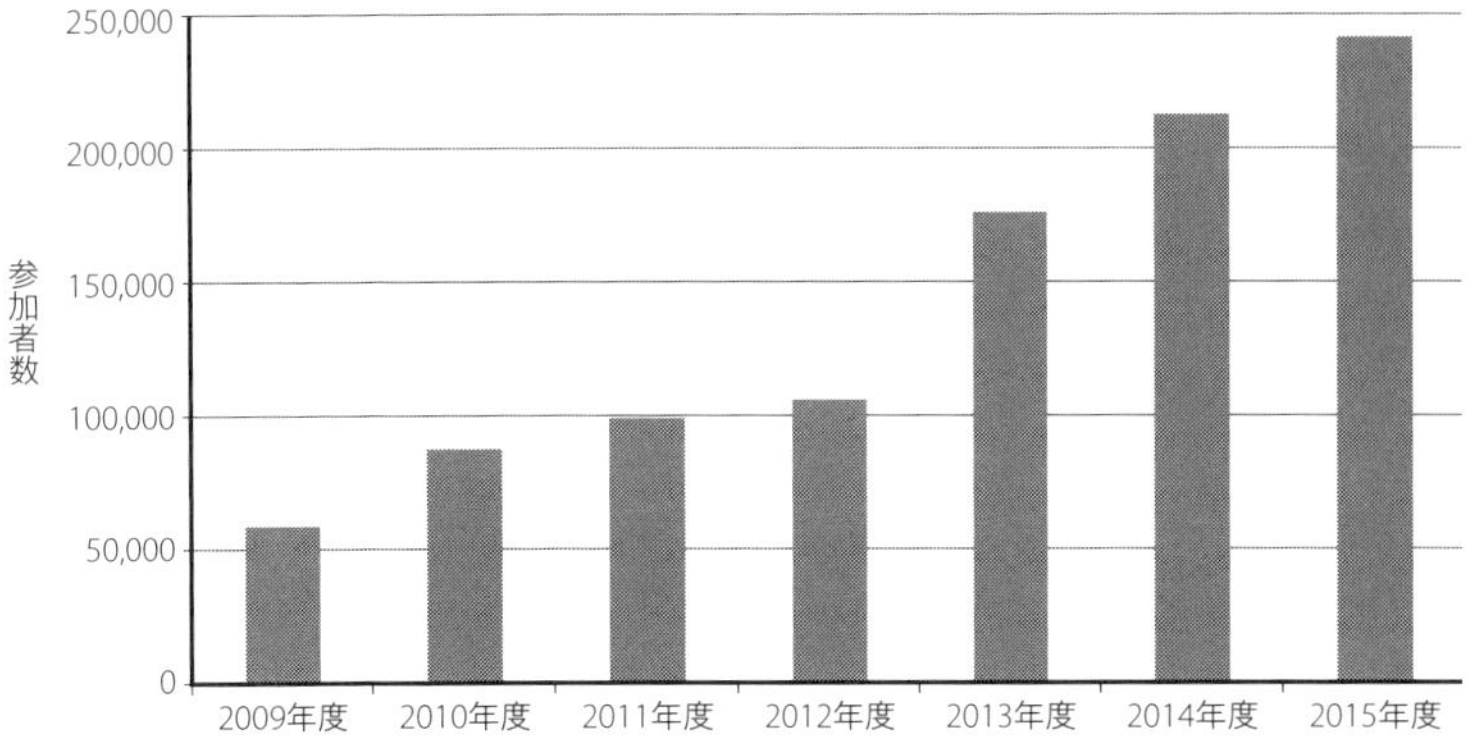

図4　軍艦島上陸ツアー参加者数（長崎市経済局文化観光部観光政策課提供の資料による）

半から二〇世紀の初頭にかけ、日本は工業立国の土台を構築し、後に日本の基幹産業となる造船、製鉄・製鋼、石炭と重工業において急速な産業化を成し遂げた。一連の遺産群は造船、製鉄・製鋼、石炭と重工業分野において一八五〇年代から一九一〇年の半世紀で西洋の技術が移転され、日本の伝統文化と融合し、実践と応用を経て産業システムとして構築される産業国家形成への道程を時系列に沿って証言している。（文化庁二〇一六）

すなわち、本資産は非西洋における産業化の「成功」の記念碑であり、日本の産業国家への道程を証言する遺産として「顕著な普遍的価値」を持つとされているのである。先述の通り、UNESCOの諮問機関であるICOMOSが現地調査の結果、本資産の世界遺産への登録を勧告したことは、こうした価値を持つという点での本資産の「真正性」を専門家がおおむね認めたということを意味している。

ところがこのICOMOSによる勧告が行なわた

二〇一五年五月四日、韓国の尹炳世《ユンビョンセ》外相は国会審議のなかで「強制労働が行われた歴史的事実を無視したまま、産業革命施設だけを美化し、世界遺産に登録することに反対する」と表明した。そして同月一二日には、韓国国会で日本政府の登録推進を糾弾する決議が可決され、二〇日には朴槿恵《パククネ》大統領が訪韓中にUNESCOのイリナ・ボコヴァ事務局長と会談し、日本の登録推進を批判している。これに対し、日本側では、岸田文雄外相が「遺産の対象は一八五〇年代から一九一〇年で、韓国が主張している旧民間人徴用工問題とは、年代、歴史的な位置づけが異なる」（二〇一五年五月八日）と発言している。また「明治日本の産業革命遺産」の立役者であり、二〇一五年の世界遺産委員会の開催中に内閣官房参与に任命された加藤康子氏は、「韓国の執拗なプロパガンダにより、第二次大戦中の徴用問題という本遺産群の価値とは異質の政治問題を持ち込まれ、議論の論点がすり替えられた」と主張した（加藤 二〇一五：三九）。

こうした韓国での登録反対声明をうけて、同月二二日には東京で文化担当の事務レベル会合、六月二一日には東京で日韓外相会談が行われ、両国が互いの推薦案件（韓国は「百済の歴史地区」）の登録へ向けて協力することで一致した。ところが、ドイツのボンで世界遺産委員会が開会してからも、登録決定後に韓国側が行う予定の意見陳述の表現をめぐって調整がつかず、審議が一日先送りされる事態となった。最終的に「明治日本の産業革命遺産」は委員国の全会一致で世界遺産登録となったが、韓国側の意見陳述のなかにあった、「多くの朝鮮半島出身者が自らの意思に反して連れて来られ、働かされた（forced to work）」という表現が物議を醸《かも》した。これによって日本政府が「強制労働」の事実を認めたのかどうかという点が問題となったのである。これに対しては、登録後に岸田文雄外相らが、「forced to workという発言は、強制労働を意味するものではない」と述べ、政府の公式見解をあらためて確認しており、もともと韓国側が用意した意見陳述にあった「強制労働（forced labour）」との表現を直前の調整によってあらためさせたものであったことがわかっている（『朝日新聞』二〇一五年七月六日二面）。

こうした一連の経緯を通してみえてくるのは、「明治日本の産業革命遺産」（あるいは軍艦島）の意味づけをめぐる日韓の「すれ違い」である。とくに注目したいのは、韓国側が一貫して主張してきた「強制労働が行われた歴史的事実を無視したまま、産業革命施設だけを美化し、世界遺産に登録することに反対する」（先述の韓国尹外相の発言など）に対して、日本側は「今回申請の対象となるのは一八五〇年〜一九一〇年であり、朝鮮半島から労働者が徴用された期間にはあたらず、歴史的な位置づけや背景も異なる」と対応したことである。先の加藤氏の主張のなかにも「議論の論点がすり替えられた」という表現があったが、これは見方を変えれば韓国側でも同じように受け止められうるものであろう。日本側の主張を素直にそのまま受け取れば、世界遺産登録という目的のためにテーマを明確化するというあくまで合理的な戦略であったとも解釈できる。一方、韓国側からすれば（そして実は日本側にとっても）近代日本の産業化は東アジアの植民地支配と切り離して理解することができないものであり、明治以降も稼働していた産業施設というものを、そうした歴史認識と無関係のものとして捉えるのは不自然なことであろう。つまり、日本側はあくまでこれは世界遺産という「文化」の評価の問題であると（少なくとも表面上は）主張し*4、韓国側は歴史認識という「政治」の問題であると主張していると解釈することができる。とすれば双方ともが確かに「議論の論点がすり替えられた」と感じるはずなのである。

これをあらためて「真正性」の問題として解釈してみよう。すなわち、日本側は先の引用のなかにあったように、日本という国家が非西洋において初めて産業化に「成功」したというストーリーを証明するための根拠として、遺産群がいかに「本物」（=「真正」）であるかを世界遺産登録の手続きに則って示そうとした。これに対し、韓国側はそもそもこれらの遺産群が「真正」であるかどうか以前に、日本側が示した産業化に関する文脈（ストーリー）自体が「真正ではない」と考えたと捉えることができる。これはつまり真正性をめぐる「すれ違い」ということができ、きわめて重要なものであると考えられる。というのは、文化遺産の真正性について考える上で、比較的客観的な基準で評価しやすい「モノの真正性」だけではなく、その真正性を評価するための「文脈の真正性」も検討する必要があることを、この日韓の「すれ違い」の事例は教えてくれるからである。

こうした「文脈の真正性」は、第1節で確認した構築的真正性や実存的真正性に関わるものと解釈することができる。すなわち、その真正性をどのような文脈から評価・判断するかによって、そこで構築される真正性、実存的に感じられる真正性は異なってくるはずである。そこで、次にこうした「文脈の真正性」を視野に入れ、まずその文脈の多様性を捉えるためにミュージアムの展示を分析し、その上で観光の現場でどのような真正性が実際に立ち現れているのかをみていくことにする。

3　軍艦島の真正性とその「文脈」

3.1　ミュージアムの展示にみる「真正性」

ここでは、軍艦島の近隣にあるミュージアム（資料館などの施設）における展示を分析する。といっても、実は世界遺産としての軍艦島の真正性を説明することを目的とするミュージアムは長崎市内には今のところ存在しない（二〇一六年三月現在）。だが、市内には軍艦島に関連する四つの施設がある。こうしたミュージアムの展示をみていくことで、そもそもどのような視点で軍艦島を観るべきかという「文脈」の多様性を確認できるはずである。

図5　高島石炭資料館の外観（2008年8月筆者撮影）

高島石炭資料館

軍艦島にあった端島炭坑は、正式には三菱高島礦業《こうぎょう》所端島坑といい、端島の隣にある同じく離島で三菱の炭坑があった高島は、端島と密接な関係にあった。近代的な炭坑としても高島の歴史は古く、石炭産業が唯一の基幹産業とされるなか、明治、大正、昭和にわたって発展したが、国の石炭政策の変更などの影響により、一九八六年に閉山した。

この高島町にある高島石炭資料館は、労働組合の事務所を改装して一九八八年に設置されて以来、炭坑の貴重な石炭資料を保存・展示してきた（図5）。二〇〇四年には建物の改修工事などを行うとともに、展示方法が変更されている。施設は無料で一般に開放されているが、スタッフは常駐していない。

館内では、まず一階で高島の歴史をパネルで紹介しており、高島炭鉱坑内外図、高島炭鉱職員クラブの模型、採掘・掘進用の機械や作業時の装備品などが展示されている（図6）。このようにパネルによる解説などによって、整然とした展示となっている一階に対し、二階には、高島の民具、化石資料、端島神社の神輿、炭坑組合等記念品などさまざまな資料が展示されている。おそらくは、二〇〇四年の展示の変更にともない、一階の展示の流れに当てはまらなかったものが二階にまとめられたのであろう。

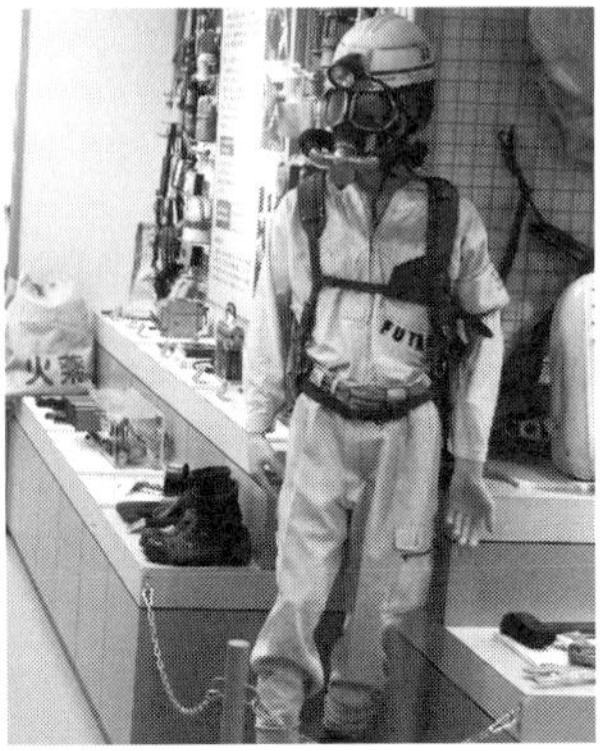

図6　資料館内の展示の様子
（2007年8月筆者撮影）

この資料館のなかでは、直接的に軍艦島に言及する展示はない。それだけでなく、高島の島内には「明治日本の産業革命遺産」の構成資産の一つである「北渓井坑跡《ほっけいせいこうあと》」があるにもかかわらず、それについての説明もほとんどない。端島神社の神輿などは、端島坑が先に閉山した際に、高島へ移されたものであろうが、高島炭坑の技術開発の歴史のなかには、それは関連づけられてはいない。展示が変更された二〇〇四年には、資料館前の屋外に端島（軍艦島）の模型が設置されたが、この模型にも説明のパネルなどはなく、高島（炭坑）とどのような関連があるのかも示されていない。この展示施設はあくまで三菱鉱業高島炭鉱の歴史や技術を説明するものであり、軍艦島はそのなかの端島坑として部分的に紹介されているに過ぎないのである。

図7　岡まさはる記念長崎平和資料館外観（2016年2月7日筆者撮影）

岡まさはる記念長崎平和資料館

炭鉱での強制労働という観点からの展示を行っている施設も存在する。岡まさはる記念長崎平和資料館は、牧師・長崎市議・「長崎在日朝鮮人の人権を守る会」代表であった岡正治氏を記念して一九九五年に開設された（図7）。公式ホームページによれば、この資料館は日本の戦争責任・加害責任を明らかにし、戦後補償を実現することを目的とし、行政や企業の援助はなく、市民の手によって企画運営されているという（岡まさはる記念長崎平和資料館 二〇一六）。

一階の展示は手作りの飯場や坑口の模型を中心に、戦時中に国内の炭鉱などで労働に従事した朝鮮半島出身者たちが、いかに劣悪な環境で働いていたかを直感的に伝えようとする工夫がなされている。加えてこの資料館の展示は、強制労働に関しての稀少な資料や地道に収集された証言などによって構成されており、それは一階と二階をつなぐ階段の壁面や踊り場までも埋め尽くしている。そのなかで端島（軍艦島）に関する展示は、二階の大きなスペースを割いて取り上げられており（図８）、強制連行の象徴的場所のように扱われている。

図8　資料館内の展示（2016年2月7日筆者撮影）

軍艦島資料館

軍艦島は二〇〇五年一月に高島町が長崎市に合併される以前は、「長崎県高島町端島」だったが、一九五五年までは「長崎県高浜村端島」（高浜村は一九五五年に他三村との合併で野母崎町《のもざきちょう》となった）であった。とくにかつて、端島の対岸の集落である高浜（旧野母崎町）の女性は舟で端島に通い、鮮魚や野菜を売って多くの現金収入を得るなど、密接なつながりがあったという（井上二〇一〇）。現在、軍艦島資料館がある長崎市野母町は、このように先述の高

図9　軍艦島資料館の入口
（2009年8月26日筆者撮影）

図10　軍艦島資料館の展示（2009年8月26日筆者撮影）

島とはまた異なるかたちで軍艦島と関係の深い地域であった。それが炭鉱閉山後、ほとんど忘れられてしまっていたことは、高島町の場合とまた同様である。

ところが二〇〇三年一二月、地元の野母崎町商工会青年部（現長崎南商工会）が中心となり、野母崎町郷土資料館の一部を借りて手作りの「軍艦島資料館」が開設された（『西日本新聞』二〇〇三年一二月一六日朝刊）（図9）。その一年ほど前から軍艦島を新しい観光資源にできないかと考えていた商工会青年部は、NPO法人「軍艦島を世界遺産にする会」と連絡を取り、NPOからかつて軍艦島に人々が暮らしていた頃の写真などの資料の提供を受けた。開館当初から長らく、基本的に入場料は無料であり、管理人を雇用することもできずにいたが、二〇一六年七月、旧野母崎福祉センターに移転して再開館した。これにともない運営は長崎市に移り、入館料も二〇〇円に設定された。

展示は何度かリニューアルされているが、基本的にかつての軍艦島に人々が暮らしていた頃の写真を中心に、廃墟としての軍艦島でも、産業遺産としての軍艦島でもなく、人々の生活の営みがそこにあったことを伝えようとするものである（図10。ただしこの写真はリニューアル前のものである）。

図11　軍艦島デジタルミュージアム外観（2016年2月8日筆者撮影）

軍艦島デジタルミュージアム

このミュージアムは、軍艦島上陸ツアーを手がける企業によって二〇一五年九月に長崎市松が枝町に開館し、最新のデジタル技術によってかつての軍艦島の生活の様子や海底炭鉱の現場を疑似体験できるようにした施設である*5（図11）。一階の受付を通ると、展示はおもに二フロアで構成されており、まず二階では奥行きのある壁一面をスクリーンとして利用した「軍艦島シンフォニー」が目に入る。ここでは、過去から現在の軍艦島に関する三〇〇〇枚の写真およびドローンで撮影された素材をコラージュした映像が流されており、圧倒的なスペクタクルを構成している。その向かい側にはテーマ別に整理された軍艦島に関する写真を観ることができるタッチパネルや、上空も含めたさまざまな角度から自由に視点を変えて軍艦島を眺めることができる3Dモデルがある。また同じフロアには軍艦島のアパート一室を再現したスペースや、実際に地下の坑道へ降りて採炭現場への道のりの移動を疑似体験できる映像コーナーなどがある。

続いて三階にも最新のデジタル技術を活かした展示がいくつかあるが、なかでもとくに「シマノリズム」という展示について触れておきたい（図12）。この展示は、実寸の一五〇分の一の軍艦島のジオラマ（それ自体は真っ白）に、プロジェクションマッピングで人々が生活をしていた頃の島の一日の様子を映し出すものである。背後のスクリーンにはそれに連動した写真が投影され、たとえば朝になれば建物に陽があたり、高層のアパートから次々に人々が出てきて炭鉱施設のほうに向かっていく（こうした人の動きは小さな明かりの点とスピーカーから流れる「声」によって表現されている）。お昼には屋上で子どもたちが遊び、夜になればアパートの窓に明かりが灯る。

興味深いのは、このジオラマが基本的に昭和四〇年代の軍艦島をモデルに作成されているにもかかわらず、同時期には存在しなかったはずの建物も混在している点である。こうした点で、このジオラマは軍艦島の「真正な」姿を表していないということもできる。しかしながら、筆者が来

図12　軍艦島デジタルミュージアム内の展示（2016年2月8日筆者撮影）

館した際に説明をしてくれた「ナビゲーター」の男性（軍艦島の元住民）は、廃墟として朽ち果ててしまった現在の軍艦島よりも、こうしたデジタル技術で再現され、場合によっては厳密さを無視した軍艦島モデルのほうが、「記憶に近い」ということであった[*6]。

3.2　観光の現場での「真正性」

「明治日本の産業革命遺産」がその対象を厳密に「明治」（実際には一八五〇年から一九一〇年のあいだ）だけに限定したことについては先述したが、これは決して初めから明言されていたものではなかった。二〇〇〇年代半ばに複数の自治体が世界遺産登録運動を始めたときから、徐々にその「文脈」は洗練され、世界遺産登録を確実にするための戦略的な手段として、「一八五〇－一九一〇年」という時期区分が導入されたのである[*7]。しかしこの時期区分は、本遺産群のシンボルのように扱われていた軍艦島にとって、思わぬ「副作用」をもたらすことになった。すなわち、明治（この遺産群の区分でいえば「一九一〇年」）より後の大正時代以降に建設された軍艦島島内の高層建築物群は、世界遺産の「真正性」と直接的には関わりのないものになってしまったのである。その結果、具体的に世界遺産の「真正性」に関わるのは明治時代に築かれた軍艦島の護岸部分だけということになった。

このことは、「軍艦島が世界遺産になった」という認識でやって来る多くの観光客にとって、受け入れがたい事実であることは容易に想像できる。そうした多くの観光客は「軍艦島が世界遺産になった」というとき、おそらくその島を「軍艦」（の形）に見せている建築群こそが重要（＝真正なもの）

と考えるだろう。これは、いわば客観的真正性という点では観光客が「誤解」しているということに過ぎないかもしれない。しかしながら、初めに確認したように、観光の文脈における真正性は、客観的真正性だけでなくより多面的に捉えられる必要がある。

そこで、こうした多面的な真正性のあり方を示すために、実際の軍艦島観光の現場から、二つほど例を挙げたい。

一つは、「元島民」ガイドの事例である。二〇一六年二月現在、軍艦島への上陸ツアーを実施している業者は五社あり、基本的に上陸に際しては各社のスタッフが説明（ガイド）を行っている。会社によって船のクルーや安全誘導スタッフがガイドを兼ねるものもあれば、専属のガイドを置いているものもあり、なかには数少ないが実際に軍艦島に住んでいたことがある方がガイドを担当することがある。「元島民」のガイドは、実際に自分自身が軍艦島で体験した労働や生活のエピソードを話してくれるため、観光客にとっては「本物」の（＝真正な）話を聞くことができたと解釈される。しかしながら、こうした「元島民」ガイドであっても、「世界遺産」の対象となっている明治時代はいうまでもなく、戦時中の炭鉱を知る者さえ一人もいない。また、「元島民」といっても当時子どもであったりして、炭鉱で働いていた経験がない場合もある。しかし、たとえそうであったとしても、観光客は「元島民」の語りをもっとも「本物」に近いものとして体験する。つまり、世界遺産としての真正性と観光客が求め、実際に体験する真正性は必ずしも一致しないのだ。

もう一つの事例は、上陸ツアーで観光客たちが目にするものについてである。軍艦島といって最初にイメージされる島内の高層建築物が、実は明治時代より後の時代に建てられたもので、世界遺産の価値と直接には関係のないものであることはすでに述べた。それでも観光客たちはそうした事実に関わりなく、「真正性」を体験しているのだが、上陸ツアーでは安全上の問題から、観光客が実際に見学できる場所は非常に限られており、有名な高層建築物（かつて炭鉱労働者とその家族が住んでいたアパートや、学校や病院）については遠くから眺めることのみしか許されていない。上陸が許可されているコースは、そうした住居エリアではなく、以前の炭鉱の生産施設エリアを通っているのである。ただし、その生産施設も実はほとんど残っておらず、壁だけなど一部をとどめるのみである。

図13　第二見学所から見える通称「命の階段」（2010年2月7日筆者撮影）

こうした条件下で、ガイドたちが工夫を凝らし、観光客たちに提供しているのが「命の階段」の物語である。「命の階段」（図13）とは、かつての炭鉱の地下の労働現場への入口（坑口）に続く階段である。これは軍艦島に限ったことではないが、地下の炭鉱の労働環境は非常に厳しいものであり、落盤や出水、爆発事故などで命を落としてしまうこともしばしばあったため、労働者たちはいつもこの階段で今日も生きて帰って来られるようにと内心で祈り、無事戻って来られればまたそこで命があったことに感謝したという。この労働者たちのエピソードにちなんで、この階

図14　ガイドによる「命の階段」の説明（2016年2月8日筆者撮影）

段は「命の階段」と呼ばれているのである。ガイドによるこの「命の階段」の話は、観光客たちにとってやはり「本物」らしく、強く印象に残る。しかしここでも触れておかなければならないのは、この「命の階段」という名前はもともと炭鉱操業当時から呼ばれていた名前ではなく、あくまで上陸ツアーが始まってから、ガイドたちによっていつの間にか作り出され、ツアーに参加した観光客たちの口コミによって広められたものであるということだ。その意味で、「命の階段」とその物語は観光客にとっての構築的真正性としてあらわれているといえる。

4　複数の「真正性」

観光者たちにとって「世界遺産」というブランドは非常に魅力的なものである。そしてその「世界遺産」というブランドは、対象の客観的真正性を専門家たちが保証してくれていることへの「信頼」によって成り立っている。ところが一旦あるものが「世界遺産」というブランドを獲得すると、人々は必ずしもその客観的真正性について深く追究しようとするとは限らない。これは、A・ギデンズが論じた専門家システムへの信頼の議論と重なる。ギデンズによれば、「専門家システムとは、われわれが今日暮らしている物質的、社会的環境の広大な領域を体系づける、科学技術上の成果や職業上の専門家知識の体系のこと」（Giddens 1990=1993: 42）である。高度に複雑化した現代社会では、この専門家システムに依存せずに生きていくことはできないのだが、我々はその専門家システムの内容について実は詳しく知らない場合が多い。それでも、我々は専門家システムに依存できてしまう。ギデンズはこのことを〈信頼〉という言葉で説明する。これにならうと、観光者の「世界遺産」ブランドへの関心は、「世界遺産」という専門家システムへの〈信頼〉と読み替えることができるだろう。

ところが同時にこうした専門家システムへの〈信頼〉はリスクともなる。U・ベックは、たとえ専門家といえどもあらゆる知識に精通しているわけではなく、そのリスクを完全にコントロールできるわけではないので、専門家システムを信頼することによるリスクは、結局我々自身が負わなければならないと論じている（Beck, Giddens, & Lash 1994=1997）。俗に「がっかり世界遺産」[*8]という言葉もあるが、それは世界遺産の保証する真正性（およびその文脈）を十分に理解せずに、その専門家システムを素朴に信頼し、それを裏切られたことによるリスクを端的に示しているといえるだろう。

だが、本章で検討してきた真正性に関する議論、および観光の現場において観察できる多様な真正性のあり方は、こうした専門家システムの問題を超えていく可能性を示している。

第1節では、客観的真正性、構築的真正性、実存的真正性という次元の違いについて触れたが、結局のところ、世界遺産の真正性はあくまで登録の対象となるモノの客観的真正性を問うものでしかないことが、ここからも確認できた。第2節では、まず軍艦島の世界遺産登録をめぐる日韓の軋轢《あつれき》をふりかえりながら、一口に真正性といっても、たんにその対象のモノとしての真正性（本物か偽物か）だけでなく、そもそもその真正性を評価・判断するための「文脈」が一つではなく、それが政治的な問題になりうることを確認した。

第3節では、そうした「文脈」の多様性を知る手がかりとして長崎市内の四つのミュージアムの展示を分析した。軍艦島を炭鉱というシステムのなかで捉えるか（高島石炭資料館）、戦時中の強制労働の象徴として捉えるか（岡まさはる記念長崎平和資料館）、かつて人々が生活していた暮らしの場として捉えるか（軍艦島資料館）、あるいはそうした歴史的文脈もおさえつつある種のスペクタクルとして捉えるか（軍艦島デジタルミュージアム）など、その文脈は実に多様である。そのなかでどのような文脈において軍艦島を評価するか、すなわちどのような「まなざし」を向けるかによって、その真正性のあり方も当然変わってくるはずである。

第3節の軍艦島デジタルミュージアムのジオラマが、現在の軍艦島よりも「記憶に近い」という元住民の声や、あるいは観光の現場で生み出された「命の階段」をめぐる言説は、軍艦島の真正性というものが決して世界遺産「明治日本の産業革命」に関わる真正性だけにとどまらないということを雄弁に物語っている。こうした観光の現場では、さまざまなアクターによって異なる真正性がそのつど構築され、実存的に体験されているのである。

もっとも、こうした構築的真正性、あるいは実存的真正性は、世界遺産という専門家システムが保証する（モノの）客観的真正性の観点からいえば、たんに真正性の「誤解」「誤読」でしかないかもしれない。しかし、観光の現場においては、場合によっては世界遺産の客観的真正性はしばしば意図的に無視や誤読がなされており、そうした誤解や誤読こそが豊かな観光の場を成立させているともいえるだろう。そしてさらに、世界遺産の客観的真正性さえも、文脈を変えればまた異なったものとなりうるため、こうした観光の場における構築的真正性や実存的真正性は必ずしも誤解や誤読として排除されるべきものではない。

たとえば、高密度空間における生活という文脈でいえば、実際に暮らした人々の証言や文書資料、また類似の場所との関連づけによって、軍艦島の高層アパート群そのものを真正なものとして、世界遺産を目指す可能性もあるだろう。また、「明治日本の産業革命遺産」における空間的限定も、必然的なものとはいえない。というのも、この遺産群は「一九四五年以後」の日本の国土領域を前提としており、仮に「一九一〇年まで」という時間的限定を受け入れたとしても、その当時は日本領となっていた台湾などを想定していない。文化というものはそもそも近代国家の領域に限定して語られるべきものではなく、地域から地域へ伝播し、変容していくものである。「非西洋」における産業化の成功を論じるのであれば、そもそもここでいう「非西洋」とはどこなのか、その成功はいかなる広がりを持ちえたのかについても論じるべきであろう。

そのためにはやはり、東アジアという領域・スケールの再発見が重要ではないだろうか[*9]。先にも触れた台湾を例に挙げれば、日本領時代に伝えられた技術や産業の基盤が多くあり、昨今まさに産業遺産として注目されつつある[*10]。こうしたものについては、しばしば本土の技術が輸出されたという視点からその共通性が指摘されるが、共通点は決して技術だけにとどまるものではない。技術は人が伝えるものであり、人の交流があればそこに文化の交流も生まれる。図15、図16は台湾・新北市にある新平渓《しんぺいけい》炭鉱の共同浴場の写真であるが、こういった炭鉱の共同浴場の文化はアジア独特のものである。確かにヨーロッパの炭鉱の場合も、労働者たちが仕事が終わってから真っ黒になった身体を洗ったシャワールームが確認できるが、この写真でみるような浴槽につかるタイプのものは筆者の知る限り存在しない。一方日本では、二〇一一年にＵＮＥＳＣＯの「世界の記憶 Memory of the World」に登録された炭鉱画家・山本作兵衛の炭鉱記録画でも描かれているように、炭鉱労働者たちは仕事の後、皆一緒になって同じ浴槽につかり、その湯は彼らの身体に着いた炭の汚れで真っ黒になっていたという話がよく聞かれる。時代が下れば、そうした湯の汚れの問題を解決するために、浴槽を複数用意し、最初に身体の汚れを落とすための浴槽と、後でゆっくり温まるための浴槽を区別するようになった。この台湾の炭鉱では、日本の炭鉱と同様に浴槽があるだけでなく、それが複数確認できる。まさにアジアにおける入浴の文化、そして炭鉱における独自の工夫という共通点を見出すことができるのだ。

図15　台湾・新平渓炭鉱の共同浴場（2016年3月1日筆者撮影）

明治日本の「偉業」の顕彰だけでは、日本以外の海外からの観光客の共感を呼ぶには限界があるだろう。それに対して、ここで最後に紹介したような、東アジアという広い視野から歴史や文化の遺産を眺めることで、それらは観光資源としてはもちろん、文化遺産としても新たな価値を帯びることになる。東アジアにおいては「植民者による近代化」という点で負の記憶をともなうことは避けられないかもしれないが、このような生活・労働文化や技術面での共通点の発見は、国家を越えた交流を可能にするはずである。

図16 台湾・新平渓炭鉱の共同浴場・解説パネル（2016年3月1日筆者撮影）

註

***1** 日本ユネスコ協会連盟が公開している「世界遺産の登録基準」によれば、「世界遺産リストに登録されるためには、『世界遺産条約履行のための作業指針』で示されている（……）登録基準のいずれか一つ以上に合致するとともに、真実性（オーセンティシティ）や完全性（インテグリティ）の条件を満たし、締約国の国内法によって、適切な保護管理体制がとられていることが必要」とある（日本ユネスコ協会連盟二〇一六）。

***2** 豊田定光高島町長（当時）は、『西日本新聞』二〇〇一年一二月二日朝刊で、端島を三菱マテリアルから取得した理由として、「上陸者が後を絶たず、安全を考えると、やめさせる必要があると思ったからだ。三菱は無断上陸を禁止していたが、廃墟ツアーや釣りなどで次々と訪れている」と発言している。その上で、「当面は看板を立てて上陸を厳しく制限するが、将来は観光の目玉に生かしたい」としている。

*3 引用文中での表記は「明治日本の産業革命遺産：九州山口と関連地域」となっているが、二〇一五年五月のＩＣＯＭＯＳの勧告を受けて、「明治日本の産業革命遺産　製鉄・製鋼、造船、石炭産業」というタイトルにあらためられた。

*4 とはいえ、「明治時代」は一九一二年までにもかかわらず、この遺産を価値づける物語が一九一〇年までで厳密に区切られたことは、その年が韓国併合の年であったことと相まって不自然にみえても仕方ない。つまりそれはあたかも、「非西洋」における産業化の「成功」というこの遺産群の価値が、東アジアの植民地支配と無関係であると主張したいがために導入された区切りであるかのように映ってしまうだろう。

*5 これまでに紹介してきた施設とは異なり、ここでは入館料が一八〇〇円かかる。これは一般的な映画一作品の鑑賞料金と同程度であり、公立の博物館などとくらべれば割高な料金であるともいえる。しかし同時に、ここで紹介したように最新のデジタル技術を利用した展示やその説明をするスタッフが複数人常駐していることも考えれば仕方のないことなのかもしれない。

*6 二〇一六年二月八日のインタビューの記録より。

*7 この経緯は、筆者の別稿（木村二〇一四）で詳しく述べている。

*8 実際の使用例として、二〇一一年七月二日『読売新聞』「観光の質高めた石見」（「世界遺産・平泉のこれから」という連載の一部）では、「一六世紀に世界の銀の三分の一近くを産出した石見銀山だが、同じ世界遺産の法隆寺などのように象徴的な建造物はない。理解せずに『見る物がない』『がっかり世界遺産』」と揶揄（やゆ）する声もあり……」とある。

*9 ヨーロッパにおいては、「ヨーロッパ産業遺産の道 European Route of Industrial Heritage（ERIH）」というものが存在する。

*10 とくに有名なものとして、技師・八田與一が建設に尽力した烏山頭《うさんとう》ダムなどが挙げられる（胎中二〇〇七）。

参考文献

〔日本語文献〕

文化庁、二〇一六「明治日本の産業革命遺産　製鉄・製鋼、造船、石炭産業（平成二七年記載）」、文化庁ホームページ（http://www.bunka.go.jp/seisaku/bunkazai/shokai/sekai_isan/ichiran/sangyokakumei_isan.html）二〇一六年三月二七日取得。

井上博登、二〇一〇「炭鉱社会像の多様性へむけて――『軍艦島』におけるヤサイブネとアキナイ」『現代民俗学研究』二、八一－九〇。

加藤康子、二〇一五「なぜ世界遺産は政治問題にされたのか」『ニューズウィーク日本版』（二〇一五年七月二八日号）、三八－

四一。

木村至聖、二〇一四『産業遺産の記憶と表象——「軍艦島」をめぐるポリティクス』京都大学学術出版会。

日本ユネスコ協会連盟、二〇一六「世界遺産の登録基準」、公益社団法人日本ユネスコ協会連盟ホームページ、（二〇一六年四月一二日取得、http://www.unesco.or.jp/isan/decides/）。

岡まさはる記念長崎平和資料館、二〇一六「長崎平和資料館とは?」、岡まさはる記念長崎平和資料館ホームページ（http://www.d3.dion.ne.jp/~okakinen/setumei.html）二〇一六年三月二七日取得。

胎中千鶴、二〇〇七『植民地台湾を語るということ——八田與一の「物語」を読み解く』風響社。

〔英語文献〕

Beck, U., Giddens, A., & Lash, S., 1994, *Reflexive Modernization: Politics, Tradition and Aesthetics in the Modern Social Order*, Polity Press, UK.（=一九九七『再帰的近代化——近現代における政治、伝統、美的原理』松尾精文ほか訳、而立書房。）
Boorstin, D. J., 1962, *The Image: or, What Happened to the American Dream*, New York: Atheneum.（=一九六四『幻影《イメジ》の時代——マスコミが製造する事実』星野郁美・後藤和彦訳、東京創元社。）
Cohen, E., 1988, "Authenticity and commoditization in tourism", *Annals of Tourism Research*, 15(3): 371-86.
Giddens, A., 1990. *The Consequences of Modernity*, Cambridge: Polity Press.（=一九九三『近代とはいかなる時代か?——モダニティの帰結』松尾精文・小幡正敏訳、而立書房。）
Hobsbawm, E., & T. Ranger (eds.), 1983, *The Invention of Tradition*, Cambridge University Press.（=一九九二、前川啓治・梶原景昭訳『創られた伝統』紀伊國屋書店。）
MacCannell, D., 1973, "Staged authenticity: Arrangements of social space in tourist setting", *American Journal of Sociology*, 79(3): 589-603.
MacCannell, D., 1999, *The Tourist: A New Theory of Leisure Class*, University of California Press.（=二〇一二『ザ・ツーリスト——高度近代社会の構造分析』安村克己ほか訳、学文社。）
Urry, J., 1990, *The Tourist Gaze: Leisure and Travel in Contemporary Societies*, London: Sage Publications.（=一九九五『観光のまなざし——現代社会におけるレジャーと旅行』加太宏邦訳、法政大学出版局。）
Wang, N., 1999, "Rethinking authenticity in tourism experience", *Annals of Tourism Research*, 26(2): 349-70.

第3章

韓国に対する旅客《ヨーカー》たちの地理的想像と旅行体験

姜明求・南恩瑛

1 はじめに

本章では、すでに多数の研究がある産業面や経済面の議論ではなく、観光が持つ社会文化的意味を考察する。さまざまな観光者は場所に対し、どのような地理的想像を抱いてそれぞれ異なる旅を経験しているのかがテーマである。

現代人の生活において旅行は日常からの脱出であり、せわしい暮らしにおける一時の休息というだけでなく、旅先の文化を味わい、現地の人々と出会い、見知らぬ場所での新たな自分を発見し別の生き方を追求するといった個人的なものからより幅広い社会文化的意味の追求と体験に至るまで、非常に多様である。

しかし、既存の旅行研究においては旅行者（traveler）と観光客（tourist）の「意味のヒエラルキー」が見られる。人生における旅の意味を追求する旅行者と、表面的、商業的な旅行をする観光客という二分法があり、そのヒエラルキーを前提にして研究が行われる。つまり観光客とは大まかにいえば、旅行者とくらべて商業化された旅をする人々を意味する。

本章ではこうしたヒエラルキーを解体し、「誰もが旅行者にも観光客にもなりうる」という観点から話を進める。たとえば既存のメディアや一部の研究には、中国人観光客が買い物中心の観光を行っており、騒がしくて文化的に洗練されていないという批判的なまなざしが存在する。しかしここではこうした批判を超え、観光客の内面の旅行経験を考察する。本章で扱う問題は次のとおりである。

第一に、韓国にはヨーカー（中国人観光客）が年間一〇〇〇万人以上訪れるが、「韓国を旅行する中国人はどのような〈中国人〉なのか」という問いである。すなわち「ヨーカーはある特定の人口学的な特性と社会経済的地位を持った中国人であり、どのような理由で、ある場所を訪問するのか」について考察する。第二に、「ヨーカーはどのように韓国旅行を体験しているのか」について、観光客のまなざしを通じて分析を行う。彼らが旅行をする際のまなざしは、後述するように「愛国的・発展主義的まなざし」、「消費主義的・コスモポリタン的まなざし」、「解釈的・自己省察的まなざし」の三つに分類できる。

観光地が持つ意味に関する既存研究の多くは、景観や気候といった自然的特性や施設などの機能的要素を挙げ、それらを定量化してきた。このような研究のほとんどは観光地に対する個人の認識についてアプローチしている。それにより、観光地が意味を獲得する過程に対する理解よりは、結果に対する評価中心的な解釈をもたらした（Young 1999）。

それに対し、観光社会学および観光地理学の研究者たちを中心に、観光地は地理的・物理的特性のみでは定義しきれず、多様な社会的文脈による社会的・文化的構造の産物であるという主張が提起されている。特定の社会文化的構造のなかで生まれた人は、その構造によって社会化され、個人のアイデンティティを確立するといった社会的・構成主義的観点に支えられており、大衆文化およびメディア、社会的言説の影響力を重視する（Dann 1996a; Hughes 1992）。

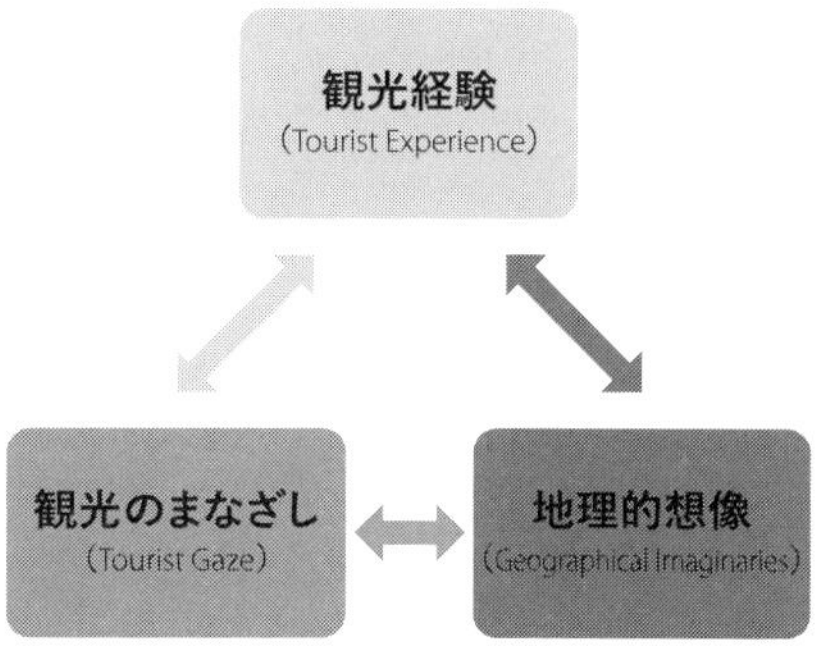

図1　観光経験、観光客のまなざし、地理的想像の相互作用

観光は、訪れたことのない場所に対する観光客の期待感を膨らませる過程でもあるため、直接的な経験を通じて獲得した場所のイメージよりは、メディアを通じて間接的に伝達されたイメージが、観光地を構成する核心的な要素となる（심승희 二〇〇〇）。

本章では、右の三つのまなざし、そして観光者が旅行前にメディアや言説を通じて形成した観光地に対する地理的想像（geographical imaginaries）などが、相互作用しながら観光経験が構成されるとみなす（図1）。そして観光者の動機および都市イメージや観光地選択に関する研究、訪韓中国人観光客の特性と消費文化、真正性と観光客類型、観光客のまなざしに対する研究などを参考に、中国人観光客における観光のイメージや認識、地理的想像や旅行経験、消費文化との関連性について考える。

方法としては、量的研究方法と質的研究方法の二つのアプローチをとり、量的アプローチとして訪韓中国人観光客に対するアンケート調査を実施し、質的アプローチとして韓国を訪れた観光客のインターネット上の経験談などを調査した。アンケート調査は、ソウル大学アジア研究所によって、訪韓中国人観光客を対象に、二〇一五年一〇月三日から一五日まで行われた。中国人観光客が多く訪れる場所で街頭調査を実施し、P旅行社を通して中国人団体観光客を対象にグループアンケートを実施した。インターネットに掲載された経験談は中国のインターネット旅行サイトなどを検索して収集した。

2 既往研究の検討

2.1 観光に対する理論的研究——真正性研究とまなざし研究

一九六〇年代の観光研究において、ブーアスティンは観光をある時代の病的症状とみなし、疑似イベントを追いかける浅い近代の大衆観光客を批判した（Boorstin 1964）。しかしマキャーネルは、観光客は決してブーアスティンが主張するように浅いのではなく、むしろ現代社会における疎外を克服するため、前近代的で、異なる社会にあると思われる真正なものを追求する真面目な人々であると主張した（MacCannell 1973）。

マキャーネル以降、真正性は観光研究の重要な論点の一つとなり、とくに伝統文化の特性や観光客の動機および経験を説明する重要概念として発展してきた。マキャーネルは真正性とは観光の対象に内在している客観的な属性として、「本物としての真正性」を意味し、観光客は本物としての観光対象の真正性を追究していると考えた（MacCannell 1973）。

こうした真正性を前近代社会の特定の対象に内在する属性としてみる視点に対し、ブルーナーは、観光対象に内在するような客観的な属性はないと主張する。さまざまな利害関係者の要求に合わせ、本物は絶えず再構成され、新たな真正性が作られていくのである。このような構成主義的観点では、観光客は各自のイメージや期待のなかにある真正性を求めるようになる。したがって文化の原形としての伝統的舞踏は観光商品として再創造することができ、観光客の期待するイメージに符合する限りは、真正なものとして経験されうる。これは真正性に対する主観主義的観点であるといえる（Bruner 1989）。

この二つの観点は観光対象の真正性についての議論であるが、ブルーナーの観点は、観光対象の属性とは無関係に、観光客の経験のみに焦点を当てている。ワンは、ポストモダンの観光客は対象が本物であるどうか、あるいは自分たちが持つイメージや期待に符合するのかどうかより、観光を通じた肉体的経験や没入の経験を求め、家族や同伴した観光客との共同体的経験のような、実存的経験を追及すると主張する（Wang 2000）。こうした観光経験の真正性を主張する場合には、「真正性の存在と真正性の不在」という二元論として捉えるよりは、旅行経験を通じて誰でも自分なりの真正性を持ちうるという主張が可能になる。

観光研究において大きな影響を与えた重要な主題は、一九九〇年に発表されたアーリの『観光のまなざし』である。アーリは、生活圏と観光の目的地間の「差異」がより重要な要因であると見ている。現代人は時折日常の居住地や仕事場から離れて旅をし、観光をしながら普段の生活とは異なる消費財を消費する（Urry 1990）。すなわち日常的ではない一連の経験や、旅先の景色をまなざすことを通じて「消費する」。観光客は観光の対象地の社会、文化、環境などの非日常的な外部環境に興味深くまなざしを向け、その対象を想像し、またそれに対するある期待を持つ。アーリは旅行者のまなざしが社会や集団、歴史的時期ごとに異なって現れ、変化するとの前提に立っている。

まなざしは言語と同様に社会文化的に形成されており、多様な「見方」がある。われわれは決して一つのものだけを見るわけではなく、つねにものと自分自身との関係を見る。まなざしは世界を反映するよりは世界に秩序を作り、形成し、分類する行為である。

近年では、場所あるいは空間は単なる物理的かつ客観的な実在だけでなく、集合的な主観性によって社会的な意味体系と連想として構成されると考えられる（Shields 1991）。したがって場所は観光地として物理的な属性のみでは定義しきれず、社会的な言説として構成される社会的想像の産物であるといえる（Hughes 1992）。社会的に共有された想像は、異なる社会や場所に向けられることもありうる（Salazar 2012）。すなわち社会化の過程において蓄積された表象が個人の想像力とつながりあい、他者と他地域に対する集合的な世界観を形成するようになる。

こうして文化的に形成された「見方」は、他文化に対するさまざまな偏見や幻想を包括するが、写

真と映像のような視覚的要素、言語をはじめとするすべてのコミュニケーション媒体がものの見方を主導する強力な道具となる（Hughes 1992）。観光地自体は変化しないが、時代や社会的文脈によってそれを解釈する観点が変化することで、場所性の解釈は観光地の客観的な特性よりは、観光客が属した社会の言説が主導しているといえる（송신의 二〇一六）。

2.2　中国人観光客に対する実証的研究

観光に対する実証的研究は、第一に観光イメージと観光客の満足および観光地の選択に対する研究、第二に文化消費としての旅行消費の特性に関する研究、第三に観光産業に対する研究などに分けられる。これまでの中国人観光客に対する研究は以下のような研究主題を扱っている。

まず観光目的地のイメージや観光客の満足度、思い入れの度合いの構造的関係に対する研究でChi & Qu (2008) は、満足要因として買い物やアクティビティ、イベント、宿泊施設、アクセス、魅力のある物、観光、食べ物など八つの次元を提示した。こうした属性に対する満足要因は、全般的な満足とリピート率に有意味な影響を与えている。Hsu, Tsai & Wu (2009) は、台湾を訪れたインバウンド観光客を対象に観光地の選択の影響要因を評価する研究を行った。ヨーカーの観光地の選択は複合的な意思決定の過程であるとし、意思決定の過程は多くの内外部の変数によって影響を受けるようになるという。そして、観光客の動機をクロンプトン（Crompton）のPush（発動要因）・Pull（誘引要因）モデルをもとに区分している。韓国人、日本人、中国人観光客間の観光地選択の属性に対する差異を分

析した研究において、中国人観光客がもっとも好む観光地要因として自然景観、買い物、サービスを選んでいる（임병훈 외 二〇〇五）。

また中国人を含めた、外国人の主要観光ショッピング項目の時代別変化に対する研究もある。以前は土産品や伝統工芸品が中心であったのに対し、近年では衣類、家電、食料品に対する嗜好が急増している。また、外国人が買い物をする場所もかつては空港免税店だったのに対し、近年では市内免税店、市場、百貨店、街頭の店などに変化している。そして外国人が好む店舗のなかでは、明洞《ミョンドン》の店がもっとも高い競争力を持っているという（김현숙ほか 二〇〇九）。

一方で、訪韓中国人の観光地選択および満足度に対する実証的研究では、より具体的な項目が提示されている。中国人観光客が観光地を選択する際に重視する項目としては、宿泊施設の清潔さ、買い物の商品の質、交通の利便性、交通施設のサービス、宿泊施設のサービスなどである。満足度が高い項目はアメニティー、交通の利便性、交通施設のサービス、宿泊施設の清潔さ、気候、また、商品の質などであった。買い物の価格、食べ物の価格、食べ物の多様性、記念品、宿泊料金などの項目は満足度が低いと分析されている（정병웅ほか 二〇〇九）。

近年の、北京市の所得別の文化消費傾向について海外旅行消費を中心に考察した研究が、興味深い結果を示している。北京市は住民の所得水準の向上により、文化消費に対する欲求が高まりつつあるが、所得水準が文化消費において決定的な要因となるため、文化消費においても所得格差が存在する。高所得であるほど海外旅行の消費が急増しているが、中国政府のアウトバウンド観光政策の発展や週五日勤務制の導入、有給休暇制度による余暇時間の拡大は所得水準の向上とともに、北京市住民の海

外旅行での消費の増加を促した。またインターネット普及率の増加によってオンライン旅行会社が急増し、オンライン旅行商品の購買増加も拡大した。近年の中国は旅遊法の施行により、今後団体旅行から個人旅行へ、安価な旅行から高級旅行商品へと消費が移ると予想される（김성자ほか二〇一四）。

最後に中国における国外観光の発展についての研究では、中国国内観光市場の時期別発展過程が段階別に論じられ、中国観光市場の構造や消費の特徴、発展要因などが分析されている。中国の国外観光は、①改革開放初期の香港・マカオ観光、②辺境観光（一九八七年以降）、③国外観光・親戚訪問（一九八八年以降）、④制限付きの発展段階（一九九七年－二〇〇〇年）、⑤高速発展段階（二〇〇一年－現在）に分けることができる。中国人の訪韓観光は毎年平均一八％水準で急速に成長しており、二〇一〇年以降には三〇％台の増加速度を見せている。国外観光の需要の多様化も加速すると推測される。しかし先進国にくらべると発展の歴史が浅いため、国外観光客の大半がはじめての出国だ。韓国観光公社が中国人観光客を対象に実施したアンケート調査によると、「韓国を観光地に選んだ理由」は「買い物」であると答えた比率が八〇・六％でもっとも高い。世界観光機構が二〇二〇年には中国が世界最大の観光客送出国になると推測するほど、中国の国外観光市場の潜在力は非常に大きい（차경자二〇一三）。

一方で、韓流が韓国観光に及ぼす影響に関する研究もある。고정민（二〇一二）の研究によると、現代人の消費文化トレンドの一つは体験型である。観るだけではなく、直接参加し体験してみるもので、これは韓流観光でも同様である。遠くから見て聞いて熱狂するのに留まらず、スターに直接近づいたり、スターがいる韓国の雰囲気を楽しむ欲求が強まっている。韓流コンテンツは放送やオンライ

ンを通して見て楽しめるが、現代人の文化消費形態が体験型に変わるにつれ、韓流観光の人気も高まっている。韓流観光を分類すると大きく三つに分けられる。第一が、韓流コンテンツを直接経験するための直接韓流観光。第二が、ドラマや映画などのロケ地を訪問する観光。第三が、消費者たちが韓流と関連した商品を購買する派生的韓流観光である。韓流を通じて韓国の商品に対するイメージが高まり、化粧品や食べ物を買ったり、美容整形を受けたり、留学したりと、韓流コンテンツと関連のあるものを消費することが目的なのである。韓流観光は生態観光や自然観光とは異なって、文化観光や創造観光の特徴を持っているといえる（고정민 二〇一二）。

韓流が観光商品の消費に与える影響を実証的に分析した研究もある。ドラマ人気からはじまった韓流だが、中国では近年Kポップ人気でその余波が続いている。韓流の影響をもっとも受けるとされる化粧品や衣類の売れ行きに影響を与える韓流コンテンツはドラマとKポップである（김주연ほか二〇一二）。また中国人の観光に対する好感度が韓国の食料品、化粧品、自動車などの韓国商品の購買意識に影響を与えていることを明らかにした研究もある（이준웅 二〇〇三）。

3　中国人観光客の統計と傾向――どのような「中国人」が韓国を旅行するのか

ここでは中国の海外旅行の変容過程と旅行客の特徴を見てみよう。二〇〇一年から中国がＷＴＯに加入し、海外旅行の手続きが簡単になることで、中国人の海外旅行ブームは加速した。二〇〇三年の中国人海外旅行者の数は二〇〇〇万人を超え、二〇〇八年に四〇〇〇万人、二〇一四年には史上最大の一億人に達した。北京市に本部を置いているWTCF（World Tourism Cities Federation）の二〇一四年の報告書では、一〇万人のヨーカーを対象に中国人海外旅行客の特徴を調査している。平均月収は一万一五一二人民元（日本円で約二〇万円弱）だが、これは中産階級以上の都市民の平均月収の三倍である。

中国人海外旅行客の地域別訪問理由としては、韓国や日本は食事、適正な価格、安い商品、最新流行の衣類の買い物などを選んでおり、東南アジアに対しては適正な価格をおもな理由として挙げている。一方、ヨーロッパや米国に対しては歴史や伝統、独特な文化、快適な環境、記念碑、博物館などが訪問理由になっている。旅行回数は「一年に一回」が三七・一％でもっとも多かったが、「一年に数回海外旅行をする」という回答も三六・九％と、ほぼ同じく高い割合だ。個人旅行者は平均月収が一万人民元以上であり、海外で使う金額の大半が買い物である（WTCF 2014）。

近年韓国を訪れる外国人観光客は二〇一〇年の八八〇万人から、二〇一四年の一四二〇万人以上と毎年高い成長率を見せている。成長の中心には「ヨーカー」と呼ばれる中国人観光客が存在する。中国人観光客の数は二〇一三年には四三〇万人、二〇一四年には六一三万人と、毎年爆発的な増加を見せている。アジア圏でも中国と同じ文化圏といえる香港・マカオ・台湾や、保養地として魅力的な東南アジア、また買い物がしやすく、円安で価格競争力もある日本が好まれる。さらに、韓国はヨーカーがもっとも早くから増加している魅力的な市場として注目を浴びている。ヨーカーブームは、近年さらに強まった新韓流の人気と地理的なアクセスのよさ、また香港政局の変化と日本との関係悪化など

対外的な条件が影響を与えていると分析されている（전종규、김보람 二〇一五）。

二〇一四年に韓国を訪れたヨーカーのなかでもっとも多い年齢層は二〇代から三〇代であり、観光客の全体の四一・八％に達する。個人旅行者は五三・八％で半数以上であり、はじめて韓国を訪れたのは七四・三％と大多数である。性別は女性が六二・三％で男性より多い。中国人旅行者の活動のなかでは、買い物が占める割合が八二・二％と圧倒的に高く、中国人がもっとも好むショッピングスポットは市内免税店（六〇・七％）、その次は明洞（四二・二％）、空港免税店（三〇・一％）である。購入しているもののなかでは香水・化粧品（七三・一％）がもっとも多く、衣類（四〇・八％）、食料品（三二・七％）が続く。

4　中国人観光客の観光に対するイメージとまなざし――アンケート調査分析

4.1　韓国観光に対する期待感の形成過程

筆者らが行った調査に回答した中国人観光客のうち、海外旅行がはじめてのケースが約四〇％であるが、五回以上も二〇％に達している。ソウル訪問がはじめての場合が八〇％でもっとも多く、大半の回答者（七七％）が、旅行計画の際に最初から韓国を目的地として選択していた。旅行に関する情報はインターネットから得た場合がもっとも多く（七六・五％）、ガイドブック（二三％）や、航空会社・ホテル（三%）から旅行情報を得る場合は相対的に少なかった。

韓国旅行で「もっとも多く参加した活動」に関する回答は、買い物（八七・一%）、シティツアー（三五・五%）、古宮・歴史遺跡地訪問（三二%）、繁華街散策（二九・四%）、自然景観鑑賞（二七・一%）、遊興・娯楽（一七・四%）の順であった。「もっともよかった活動」も同じ順位であったが、回答比率は買い物が六〇%、シティツアー、古宮・歴史遺跡地訪問、繁華街散策、自然景観鑑賞などはすべて約一七%から一八%で、参加率の割に満足度は低いと考えられる。中国人観光客がもっとも多く訪問した場所は明洞（八六・八%）、景福宮《キョンボックン》（七二・二%）、東大門《トンデムン》市場（七五・八%）、Nソウルタワー（六三・八%）、青瓦台《チョンワデ》（五八・四%）、ロッテワールド（五三%）、清渓川《チョンゲチョン》・光化門《クァンファムン》（四四・三%）などである。

旅行目的は大きく非日常の追求と真正性の追求で分かれた。非日常を求める観光は、さらに二つに分かれる。「休息およびリフレッシュをするため」が三七%、「退屈な日常から脱出するため」が一一・一%を占めている。一方、真正な旅行体験を追求する観光客には、「多様な文化のなかで別の生き方と新たな自分を探す」（三〇・二%）と「見慣れぬ風景や文化に接しながら人生の新たな意味を探す」（二一・七%）の二つを選択した人が五一・九%見られる。過半数以上の観光客は単純な日常からの脱出や休息だけでなく、旅行体験での真正性の追求もおもな目的としていることがわかる[*1]。

4.2 観光地としての韓国イメージ

韓国旅行後のイメージは約八五%が「よかった」と回答している。韓国のイメージに対するいくつかの特徴を調査したが、五点満点で評価した際に、もっとも高い評価がなされたのは「買い物する場所が多い」(三・六二)、「気候がよい」(三・四七)、「楽しい」(三・四五)、「活気がある」(三・四二)、「便利だ」(三・四)、「興味深い」(三・三八)などで、韓国はショッピングができ、楽しく活気あふれる場所だとイメージされていることがわかる。韓国人のイメージについては、「礼儀正しい」(三・六四)、「勤勉だ」(三・五六)、「人情あふれる」(三・五)、「約束をちゃんと守る」(三・四五)、「現実的である」(三・四五)、「計算に明るい」(三・四三)、「人間関係を重視する」(三・四一)の順で現れる。

韓国に対するイメージ形成に影響を与えたもっとも重要な要因は「買い物・商品」(二四%)と「現代の大衆文化」(二二・一%)である。そして、「韓国の伝統民俗文化・韓国の歴史」(一四%)、「高度成長をとげた経済」(一二・九%)、「観光地としての魅力」(一一・二%)、「親密となった韓中関係」(一〇・二%)、「科学技術」(六%)が続く。まとめると「買い物および観光」のような「消費主義的まなざし」が四五・四%でもっとも多く、次いで現代の大衆文化や韓国伝統民俗文化・韓国の歴史のような「文化主義的まなざし」が三六・三%、経済成長や科学技術のような「発展主義的まなざし」が一八・九%を占めている。すなわち、中国人観光客は消費や観光、大衆文化および韓国の伝統文化・歴史などを通じて韓国に対するイメージを形成しているとわかる。

5 中国人観光客は韓国旅行をどのように経験するのか——三つのまなざしから見たインターネット上の経験談

ここでは訪韓中国人によるネット上の旅行記の分析を通じ、中国人観光客が韓国に向ける三つのまなざしについて論じる。すなわち、「愛国的・発展主義的まなざし」、「消費主義的・コスモポリタン的まなざし」、「解釈的・自己省察的まなざし」である。

右の三つのまなざしによって、中国人は韓国をどうイメージしているのだろうか。分析を通じて、観光地に対する理解は、観光客のまなざしのなかで地理的想像や個人の生涯にわたる経験、アイデンティティおよび内的動機などによって影響され、持続的に構成されていることを論じたい。

5.1 愛国的・発展主義的まなざし

中国人観光客の「愛国的・発展主義的まなざし」は両面性を持ち、韓国の発展した姿に対する肯定的な評価やあこがれでありつつも、同時に中国文化と伝統に対する自負心の表れでもある。ソウルを訪れた中国人観光客はソウルは現代的な活力があふれているだけでなく、新しさと伝統がよく交ざりあっている場所として認識している。しかし、一方では中国の歴史的建造物にくらべて規模が小さく、建築スタイルや、宮中の伝統的服装は中国の明・清時代のものと類似していると感じており、親近感とともに中国人としての文化的自負心が見え隠れする。

ソウルには宮殿がとても多い。しかし中国の故宮、頤和園《いわえん》とくらべると規模が小さい。多くの宮殿は塀が低かったが、それは歴史的に朝鮮族の背が高くないことと関係しそうである。中国の建築スタイルを真似たように見えるが、よく保存されている。韓国人が歴史や伝統に対して大きな関心を持ち、大事にしていることがわかる。（北京在住の三〇代男性*2）

また、ヨーカーたちは韓国の衛生状態が中国よりはるかによく、空気がきれいで環境がよいと評価し、それは「経済が発達」したことの反映だとうらやむ。観光客の「愛国的・発展主義的まなざし」を通じて、施設の清潔さが国家の発展の指標になっていることがわかる。

韓国のごみ箱はきれいだった。わが国のごみ箱は外も汚いことにくらべると、韓国のごみ箱はとても衛生的だ。そして印象に残ったのは、ソウルの共用トイレがとても清潔だったことである。このようなささやかな面が経済が発達したという象徴ではないかと思う。（北京居住の二〇代女性*3）

さらに、中国人観光客は韓国の店で丁寧な接客を受け、店員のそうした姿勢を中国も学ぶべきだと高く評価している。韓国旅行に満足した上海在住の三〇代の女性は、とくに韓国での親切なサービスが気に入ったという。韓国では「お客を歓迎し、商品について詳しく説明しながら、熱心に接客」してくれたが、帰国後、上海エキスポの博物館を訪れた時の中国人従業員の不親切な態度を目にして、「韓国人店員の親切な笑顔が懐かしくなった」と話す。

こうした態度において重要なのは、旅行客は「外国人」として旅行するというよりは「中国人」として旅行するということである。ごみ箱、トイレなど日々の暮らしで使うものや日常的な行為について、中国と旅先を絶えず比較しながら、自らの国に対して批判し、改善を望んでいる。一方で、中国の建築物などに自負心を抱くのも自然なことである。それは旅行客の経済的な水準や社会的地位、教育水準に関係なく、自分のアイデンティティ（この場合は民族国家的アイデンティティ）を持ち、そのアイデンティティをもとに旅行地をまなざしているといえる。

中国人旅行客は個人的生活の水準から、文化遺産、清潔さ、親切さなどを評価するというよりも、中国という国や国民の水準で改善することを希望している。それは訪れる地域に対して評価し、比較するのではなく、国同士を比較し、「われわれも」さらによくなっていきたいという愛国的態度と発展主義的態度の表明で、自然な態度といえるだろう。

5.2 消費主義的・コスモポリタン的まなざし

ファッションタウンで爆買い

中国人観光客が韓国を訪れる目的として、もっとも多く挙げられるのは買い物だ。ヨーカーたちはなぜ韓国で買い物をするのだろうか。そこには、韓国商品の価格と品質に対する信頼、中国からのアクセスのよさ、新韓流に対する期待感といった三つの原因があるといわれている。同じグローバルブ

ランド製品であっても、価格と品質の面で韓国は中国本土より絶対的な優位にある。東大門商店街の衣類は中国の百貨店と近い価格帯だが、トレンドや品質の面で優位にあるというのがヨーカーたちの共通の見解である。中国人にとって、買い物のために二、三時間かけて韓国までくるのはまったく問題にならないのである（전종규 김보람 二〇一五）。

多くのヨーカーたちは「消費主義的まなざし」で韓国旅行を体験しており、買い物と大都市ソウルの文化的魅力に溺れる。ヨーカーが買い物のために訪れる場所は明洞、東大門、ロッテ百貨店の免税店、仁寺洞《インサドン》、弘大《ホンデ》などである。明洞は名前通り「ソウルで一番明るく派手な場所」という意味で、昔から韓国のファッション街である（정승일 二〇〇二）。近年あふれるヨーカーのおかげで新たな地図が作られた。明洞の商圏がヨーカー中心に再編されることにより、中国人が必ず買う化粧品を中心に地図が描かれているのである*4。

明洞は女性たちの化粧品購入の必須コースとなり、中国語ができる店員の親切なサービスやバーゲンセールなどはとくにヨーカーの満足度が高い。

明洞は韓国で一番盛んな商業街みたいだ。外国人観光客が多く、店では日本語、中国語、英語などで応対してくれる。夜は、食べ物も、楽しめる風景も多いけど、まるで日本の銀座、香港の旺《ウォン》角《コック》のよう。ほとんどの店員たちが二か国語を話せるため、買い物をするにも不便しない。（…）明洞での買い物で一番いいのは、バーゲンセールが多く、それぞれのお店で免税で品物を購入できることだ。（上海在住の二〇代女性*5）

ヨーカーたちは韓国人女性の化粧やファッションを見ながら、普段より外見を気にかけ、見かけをよくしたいという欲求を持つ。北京から来た二〇代女性は中国では「もともと化粧をあまり気にしなかったけど、韓国に来てからどんどん関心を持つようになった」という。「たぶん韓国の雰囲気に影響をされた」そうである。

ヨーカーたちは、たいてい韓国人のほうが化粧が自然で、ファッションに詳しく、服もうまく着こなしていると感じている。韓国の女性の多くは、肌が白く、スリムな体型で、背が高い。服はかわいらしくて、スタイリッシュなものが多く、スリムな人が着たほうがおしゃれだ。「韓国の女性たちはスタイルがはっきりしていて、街を歩くと、誰が中国人で誰が韓国人なのかが簡単に判断できる」と話す。「ソウルはかわいい女子とかっこいい男子がたくさん。整形をしたのかどうかはわからないけど、肌がきれいで、化粧もナチュラル。学生たちも化粧をしていて、すっぴんだとまるで他の星からきたみたい」で、街でも中国人は浮いてしまう。このように「消費主義的・コスモポリタン的まなざし」は、韓国人女性たちの外見や服装などと、自分とを比較しながら直接表れ、自然にファッションや美容に対する関心、化粧品などの購入につながる。

明洞とともに若い女性観光客がもっとも多く訪れる場所が東大門だ。東大門衣類市場にミリオレやDOOSANタワーなどの大型ショッピングモールが入ってから、この一帯は若者たちの流行の発信地であり、ファッションタウンとして脚光を浴びている。このショッピングモールは百貨店に劣らない最先端の施設を揃えており、価格が安いのが最大の特長だ。中国人観光客がショッピングに訪れる名所で、「必須の観光スポットとして夜もにぎわっているため、旅行中毎晩買い物」をするヨーカーたちもいる。東大門は「最先端の商品を見ることができ、芸能人が着ていた衣装が次の日東大門に並ぶ」という噂もある。しかし価格は期待していた以上に高く、サービスもよくないという声もある。

> 東大門は観光客の必須コース。ここは昼は卸売商店街、夜も眠らない街として有名である。多くの店が夜明けまで営業しているから、観光客たちが夜ここで買い物するにはちょうどいい。DOOTAショッピングモールでは韓国ではやっている新商品もあって、質もよく、値段も東大門では高いほう。私はここが好きで、ソウルに来た数日は毎晩ここで買い物をした。ミリオレショッピングモールにはたくさんのコピー商品があった。値段も安くて、質もよかった。（北京在住の二〇代女性*6）

明洞と東大門が化粧品や服の買い物に訪れる場所であれば、弘大《ホンデ》と仁寺洞《インサドン》は若者の文化と伝統文化を体験できる場所だ。弘大は韓国最高の美術系大学として有名であり、アーティストを志す人が多く、大学周辺にはミニステージを備えたバー、ライブカフェ、クラブなどが多い。文化の最先端にいる若者たちの熱気があふれる街である（정승일 二〇〇二）。

仁寺洞では過去ソウルでもっとも盛んだった鐘路《チョンノ》があり、現在は骨董品、古美術品、ギャラリー、古本店、古くからの喫茶店、民俗工芸店、伝統服店などが集まっている。毎週日曜日には、「仁寺洞街祝祭文化市場」が開かれ、時々サムルノリ（朝鮮の伝統楽器を使った現代音楽）の公演やストリート・パフォーマンスも見られる。

仁寺洞はソウルの文化創造の中心地である。ここにはたくさんのギャラリー、伝統工芸品、美術館、喫茶店などがあり、若者だけでなく、中高年層にも愛されている。コーヒーを飲みながら、往来する人々を見ると、私も心ゆくまで文化の魅力にたっぷりひたれる。（北京在住の三〇代男性*7）

中国人観光客は、旅行中最低一日か二日は買い物に費やす。若い女性など、「旅行かばん一つが一箇所で買った化粧品だけでもいっぱいになり、右手に旅行かばんを、左手には袋をさげて」走るようにしながら次の店に移動する。夢中になるあまり、「一食も食べてないのにお腹がすいたことも忘れて」過ごすこともある。

個人で来た旅行客たちは買い物場所を自由に決められるが、団体客の場合、買い物に費やせる時間は半日程だ。「約三時間の自由時間を与えられ、「戦闘モード」に切り替え、免税店に入って『星から来たあなた』でチョン・ジヒョンが使った四四号リップスティックを探してみたら、すでに売り切れで韓流人気のすごさを感じ」ている。買い物後の空港では「荷物を片づける時間がなくて空港の真ん中で買ったものを広げて一つひとつ整理する不思議な光景」が広がる。

中国人観光客が商品を一度にたくさん購入するのは、親戚や知人に頼まれたものを買うからである。とくにブランド品は、中国より安く買えるので、依頼が殺到する。ルイヴィトンのバッグは三分の一は安く買えるのだ（김난도ほか 二〇一三）。こうした中国人たちの買い物を旅行先では「爆買い」のような言葉で否定的に捉えられることもある。「韓国に来る時は旅行かばんが一つであったが、帰る時は二、三個に増え、さらに空港の床に買ったものを広げて荷物を片づける」のが現実である。

しかし「消費主義的・コスモポリタン的まなざし」のヨーカーたちにとって、買い物は旅行のもっとも大きな目的であり、旅行を充実させる重要な意味を持つ。インターネット上でも観光客は買ったものをベッドの上にいっぱい並べ、まるで戦利品を自慢するような写真を撮ってアップする。ヨーカーにとって買い物こそが「韓国経済にプラスの影響を及ぼす」もっとも可視的かつ活力のある行為なのである。中国人は過去に豊かだった大国の国民として、近代の歴史的屈辱や発展の停滞を超え、再び経済力を持ち、自由に海外旅行をしながら買い物ができるのだという自負心と満足感が「消費主義的まなざし」の基底に存在する。

韓流ブームが生み出す観光

韓国がヨーカーたちにとってショッピングの天国である一方で、ヨーカーが韓国ブランドに溺れる重要な要因に「新韓流」のブームがある。「寒流（韓流）」という言葉は一九九〇年代半ば、韓国が中国文化に激しく入り込むという意味で中国メディアが使い始めたものだ。一九九〇年代半ばに韓国ドラマの人気がアジアに広がり、二〇〇〇年代半ばには停滞気味だったが、二〇〇〇年代後半以降はアイドルグループたちに代表されるようなKポップ人気によって、「新韓流」と呼ばれ、ブームは再燃している（김주연ほか 二〇一二）。「韓流」と「新韓流」の違いは、以前とは異なる「購買力」にある。一九九〇年代に小学生から高校生だった中国の「元祖韓流」ファンの子どもたちが成長し、中国の消費を支える年齢となり、韓国ドラマや映画、Kポップに熱狂しているのだ（전종규ほか 二〇一五）。

一九九〇年代以降、中国の社会経済的変化のなかで、韓流ドラマ・映画は外部世界と長い間断絶されていた中国人たちの、韓国に対する地理的想像力を拡大かつ再構成する契機となり、韓流によって新たに構成された地理的想像力は、中国人たちの訪韓観光の選択に重要な要因の一つとなった。韓流の影響が大きい人ほど、満足度が高く再び訪韓する可能性が高く、観光地としての韓国に大きな愛着を持つようになる（최경은 二〇〇七）。とくに韓流コンテンツのなかで韓国語の学習意欲にもっとも大きく影響するのがＫポップである（김주연ほか 二〇一二）。文化コンテンツが持つ影響力は非常に大きく、それが韓国大衆文化商品の輸出および消費財の輸出増加と同じ経済的効果だけでなく、韓国料理を楽しんだり、韓国に訪問したり、さらに韓国語を学ぼうとする人口も増えている。韓流ファンたちが韓国のドラマや映画のロケ地に訪れたり、Ｋポップのコンサートに参加するために訪韓する人数は増えつつある。韓国文化コンテンツの露出により、海外の消費者たちが熱狂するブームを巻き起こし、波及効果として韓流を好む外国人が韓国をよく知り、楽しむために訪れることにつながるのである。

明洞聖堂は韓国天主教会共同体が生まれた場所であるが、韓流のファンたちは韓国天主教会の象徴である明洞聖堂を見ながら、ドラマのなかで見た明洞聖堂の姿を連想する。ドラマでの明洞聖堂は「実物よりはるかに大きく見えるように撮影」されたことに驚きながら、「ソウルの多くの場所がテレビのなかで見たより小さくて、韓国の演出能力がとても優れている」と感じる。それは一般的に中国の建築物が韓国のものより大きいため、ドラマで見る建築物も実物より大きく思い描くからだろう。大半の中国人観光客が韓国の古宮や住宅、道などがすべて小さいと感じるのも同じ原理だ。

明洞聖堂を見て、友達と私はこんな小さいところをどうやって大きく見えるように撮影したのか驚いた。ソウルのロケ地はどこも実際は小さい。韓国の演出は本当にすごい。でも友達に写真を撮って送ったら、「テレビと同じだ」と言っていた。韓国は本当に不思議な場所だ……。（居住地不明の二〇代哈韓族の女性二名*8）

アイドルグループのSHINHWAのファンとして、友達とコンサートに合わせて韓国ツアーをはじめたKポップのファンたちは、汝矣島《ヨイド》にあるKBS、MBC放送局に訪れ、KYOBO文庫で最新アルバムやさまざまなグッズを買うために半日間過ごすこともあるという。「SHINHWAのメンバーが経営する飲食店に行って食事をして、SHINHWAチキンの店に行ったけど、SHINHWAがいなくてがっかり」したり、「韓国で芸能人に会えなくて残念だったけど、帰る日の空港で芸能人イ・ダへに出会って、興奮した」りする。韓流の影響で韓国に訪れるヨーカーたちは、古宮や観光名所を訪問し免税店で買い物を楽しむ一般観光客とは違い、コンサートの参加がもっとも重要なイベントだ。韓国で「芸能人に出会えること」がまるで白馬の王子様に会うような夢の出来事なのである。

「消費主義的・コスモポリタン的まなざし」から見ると、韓国旅行はどのように経験されるのだろうか。中国人観光客はたいてい四泊五日や五泊六日間、韓国に滞在する。個人の旅行では七泊八日程度の余裕のある日程で、ソウルとともに済州《チェジュ》などを観光する。各自異なる方法でソウルを経験するが、なかでも消費主義的まなざしで、ヨーカーたちは買い物を通じて「本当のソウルを感じる」。ショッピングの天国である明洞に行って、韓流スターたちのきれいな肌にあこがれながら、質の高い化粧品を購入したり、美食家たちはビビンパ、サムゲタン、プルコギなどの韓国料理を食べて、明洞、鐘閣、南大門市場などで美味しくて値段の安い食べ物を味わいながらソウルの魅力を感じて、旅行の意味を考える。消費主義を通じて韓国を経験する中国人観光客は、一般的にコスモポリタン的な特性を持っている。その多くはライフスタイルを追求する若者層で、観光と買い物にも積極的で、観光満足度も全般的に高い。

中国人旅行客は買い物を通じてグローバルな消費文化の世界に入りこみ、自らがファッションやライフスタイルを高めたと感じている。旅行の目的が買い物で、長時間買い物に費やすからといって、その旅行の意味を貶めることはできない。ここで重要なのは旅行客自身の判断と選択を通じて新しい魅力的な自分の外見をつくりあげ、メディアを通じて親しむグローバルな水準のライフスタイルを体験している点である。

5.3　解釈的・自己省察的まなざし

本章での「解釈的・自己省察的まなざし」は、観光地に対して表には現れない裏面の姿を覗くまなざしであり、旅行地の特徴を自分の論理で説明したり解釈しようとするまなざしである。それはマキャーネルが言った「第二のまなざし」に類似する。マキャーネルはアーリが主張する観光客の可視的まなざし、すなわち第一のまなざしも重要であるが、見ようともしない裏面のまなざしが存在し、それをアーリが看過していると主張する（MacCannell 1976）。

解釈的・自己省察的まなざしを持った彼・彼女らは、一般の観光客よりも韓国の文化や歴史に対するより多くの知識を持っており、たいてい自分が住んでいる中国の都市以外の場所を旅行した経験があったり、韓国を何度も訪問して、表で見る韓国の特徴や姿だけでなく、外に表れない側面を観察する能力がある。このタイプの観光客はより深層的なところまで覗き見るまなざしを持っているため、観光地や現地文化を分析する能力は三つのまなざしのなかでもっとも優れている。

ソウルは朝鮮時代には漢陽と呼ばれ、一九一〇年純宗の時代に漢城に変わったが、植民地時代には京城と呼ばれた。しかしどうやって現在の名称がソウルに変わったのだろうか。現在まで伝わるのは、解放して新たな国を建てる時に、首都だけはハングルにしようという意見があってソウルに決められたという。ソウルは「新たな土地」を意味するソラボルに由来する。

ソウルを訪問した北京出身の三〇代男性の中国人観光客は「韓国が昔、漢城という呼び名をソウルに変えた動機がよくわからない」といいながら、その理由を「漢城がソウルより大きいが、台湾のように《脱中国化》を実行するためかもしれない」と解釈する。さらに、「ソウルに着いた時四方から深い母国〔中国〕の影響が感じられた」という感想も述べており、根深い中華意識が見られる。

一方でソウルが「小さい」都市というのは、たいていのヨーカーが感じているだろう。ソウル市内を観光しながら「地図を見て遠いと思ったけど、少しだけ歩いたら着」く距離であり、「色々な観光地を地下鉄に一回だけ乗れば、すべて見回れることにも驚く」「ソウル広場もこんなに小さいのにコンサートもできることが驚く限り」と述べる。

北京から来た二〇代の女性韓国客は仁寺洞が「規模が小さくて上海の田子坊《ティエンヅファン》と似ている」と話す。

仁寺洞の由来も知っており、「古代と現代が共存する韓国文化を具現」していると捉える。多くのギャラリーや美術館、特色のある店もあるが、ショッピングモールで売っている工芸品は中国でもよく見られるもので、特色がなく、値段が高いと感じている。それでも「各種の韓国お土産は韓国の伝統文化が宿っている」という。そして上海を象徴するランドマーク東方明珠電視塔とくらべて「Nソウルタワーは夜に派手な照明がなく」政府の電気節約政策のせいで、夜になると都市が非常に暗くなることも指摘する。ここで韓国の仁寺洞と上海の田子坊、Nソウルタワーと上海の東方明珠電視塔を比較しながら、観光地の特徴と欠点について見極める自己省察的なまなざしを持っていることがわかる。

多くのヨーカーたちは、韓国は日本と中国の中間的な文化を持っていると考えている。しかし実際に訪問してみると、韓国人には多くの中国人の影が見られ、そのためか韓国に来るたびにどことなく親しみを感じる。一方で、韓国人はものを誇張することがうまいと指摘し、「韓流ドラマで見た場面が本当の姿ではない」と失望し、韓国は買い物にはよいが、景色を見るにはおすすめするほどの観光地ではないと考える。それは韓流ドラマを通じて構成された韓国に対する地理的想像が派手でインパクトが大きく、実物とドラマとの差異を感じるからだ。したがって、韓流ドラマを通じて期待感を持った旅行客ほど、失望感も大きいはずだ。そして「韓国は行っても後悔し、行かなくても後悔する場所」になってしまうのである。

景富宮がいかに雄々しくて、Nソウルタワーがいかにロマンティックなのかをメディアで宣伝してたけど、いざ行ってみるとそうではなかった。そして韓国ドラマでよく見るシーンはたいてい

五つ星ホテルや別荘で撮影しているから、私たちが目にするのは理想的な姿であって、日常の姿ではない。つまり、韓国のもの、とくに服や化粧品などはとても安くて買い物にはいいけど、景色を見るにはあまりおすすめできない。一言でいうと、韓国は行っても後悔し、行かなくても後悔する場所である。（成都《チェンドゥ》在住の四〇代男性*9）

自己省察的まなざしを持った観光客は韓国訪問時に文化体験を重視する傾向がある。「韓服やチムジルバン（サウナを中心とする健康ランド）体験」を通して「ソウルが思ったより見どころが多い」と感じる。「偏見を持たずに何でも直接経験してわかる」と考えるのは非常にポジティブで自己省察的なまなざしだ。大半のヨーカーたちは「ソウルは規模が小さく、見どころが少ないので、買い物する都市に適切だ」というありがちな見方をすることもあるが、直接文化を体験し、経験の幅を広げ、単なる視覚的な見物を越え、五感で感じる体験的な旅行を追求する場合もある。旅行を通じて、街や地下鉄、公共の場所で違う国の人々が暮らす日常を観察することもできる。こうした旅行経験を通じて自分や自国の姿を映し、理想的な自分や学びたいモデルを探す経験的な過程にもなりうるのである。自分がどのような観光客なのかによって、多様な文化的体験を通じ、真正性を求める経験にもなるし、現実の疎外感から離れ、人生の新たな意味を探したり別の生き方を模索する体験にもなりうるだろう。

外国に来て文化体験をするべきだと考えて、今回の旅行では韓服とチムジルバン体験も予定に入れた。私と友達は単なる「観光」客になりたくなかった。実はソウルは思ったより見るものが多かった。それで得た結論は、先入見を持たずに、何でも必ず自分で体験してこそ判断できるということである。（北京在住の二〇代女性*10）

6 結論

本章の二つの問いは「どのような中国人が韓国に来るのか」と「中国人観光客は韓国をどのように経験するのか」である。この問いに答えるため、アンケート調査では中国人観光客を対象に社会経済的背景や観光目的、旅行を手配した方法、韓国人と韓国に対するイメージなどについて調査した。また、中国人観光客の旅行記から、旅行経験と韓国に対する印象を紹介した文章を集めて分析した。

韓国は浅くて表面的だと批判されるが、多くの人々にとって旅行は自らの「生活の質」を図る尺度として認識され、日常生活から欠如したものを補ったり、労働を中心に組み込まれている生活のなかでバランスを付与する活動としてみなされる。従来の研究では「旅行の意味を追究する旅行者（traveler）」と「表面的で商業的な旅行をする観光客（tourist）」のあいだの階層的な区分が前提されていた。しかし本稿では、旅行者と観光客を階層からは考察せず、観光客の「内面から」自分の旅行にどのような意味を付与しているのかを明らかにした。

観光客の行為や感想は、アイデンティティと社会意識などを表している。観光者が自分の旅行をどう意味づけるのかを分析するため、本章では三つのまなざしに分類した。それは「理念型（ideal type)」として個々の観光客が単に一つのまなざしだけで韓国を見るわけではなく、さまざまなまなざしが重層的に結合しながら韓国に対するイメージを形成していることを現している。

またこうしたまなざしは旅行をする中国人のアイデンティティとも関連するが、まず中国国民というアイデンティティを持って海外を旅行するまなざしには、強力な愛国主義や発展主義が見られる。韓国を中国が学ぶべき「発展のモデル」にする。ここでは中国人の自負心や中華意識、またあこがれや劣等感などが交差するが、それが「愛国的・発展主義的まなざし」である。中国での経験と旅行先での経験を絶えず比較し、自国を批判し、さらに改善していくことを望む。それを通じて旅行客個人の経済的水準や社会的地位、教育水準に関係なく、自分の民族国家的アイデンティティのなかで旅行地をまなざすのがわかる。

次に、中国人観光客は買い物と消費、ライフスタイルに関心が高い。個人として自分をどのように表現するのかに関心を持ち、とくに中国女性観光客はソウル市民と韓国人のライフスタイルに注目する。「消費主義的・コスモポリタン的まなざし」のなかで、買い物は観光のもっとも重要な目的かつ動機であり、旅行の楽しみを倍にする価値のある行為なのだ。韓流ブームもまた、韓国に対する地理的想像を再構成し、訪韓を促す重要な要因となる。

中国人観光客はたいてい表面的には先述した二つのまなざしで韓国に対するイメージを構成している。しかし、観光地の表には現れない裏面に注目する批判的まなざし、そして観光地の特徴を自分の論理で説明したり解釈しようとするまなざしも存在する。こうしたまなざしはより内面的で自己省察的な観点で構成されるが、それを「解釈的・自己省察的まなざし」と定義した。

こうしたまなざしで韓国を見る多くの観光客は韓国に対する歴史的な知識を持ち、文化的感受性も優れている。一方で他の場所と比較して韓国の特徴や欠点を見る自己省察的な能力もある。また単なる観光だけでなく現地の文化体験を重視しながら、経験の幅を広げ、従来の観光地に対する先入見を超え、五感を通じた経験を活用し認識の地平を広げようとする。

本章で明らかになったことは、第一に、中国人観光客のまなざしは多様であり、観光に意味を付与する過程から見ると「皮相的な観光」と「自己省察的な旅行」という階層があるわけではないことだ。無論、旅行地の歴史や地域生活に対してある程度の知識や情報を持っているのか、いかに現地に対する関心を持っているのかによって、旅行者が経験する意味の深さは変わる。それは文化芸術の消費における文化資本の役割と類似する。第二に、本章では三つのまなざしを分けて分析したが、旅行する人はある一つのまなざしだけを持って現地を経験するわけではなく、むしろこの三つのまなざしをすべて持っているといえる。

第三に、中国人観光客に対して現地メディアや既存研究が付与した冷笑的な視点を超え、観光客の内面を観察し、研究成果を通じて、ホスト社会で一方的に付与した先入見ではなく、観光する中国人自らが旅行に付与する意味が、旅行体験において重要だということが明らかになったと考えられる。

***1 註**

このような類型はコーエンが指摘したように、理念的であって相互排除的なものではなく、一人の個人が観光を通じてさまざまな目的を同時に追求できるため、複数回答できるようにアンケートを構成し、そのなかでの一番めの目的を分析した。

*2　http://360.mafengwo.cn/travels/info.php?id=960726（二〇一六年一二月二九日取得）

*3　http://www.tripadvisor.cn/TourismBlog-t2960.html#_tag242083（二〇一六年一二月二九日取得）

*4　小商工人商圏情報システム資料によると、二〇一二年六月明洞にある化粧品小売店数は三八軒であった。しかし、徐々に増加し、二〇一四年一一月には一二七軒まで増えた。明洞商圏の化粧品ブランド別店舗数は、Nature republic一〇軒、Innisfree八軒、It's skin七軒、The faceshop、Etude house、Tonymolyが各六軒である（전종규ほか二〇一五）。

*5　http://360.mafengwo.cn/i/2848757.html（二〇一六年一二月二九日取得）

*6　http://www.tripadvisor.cn/TourismBlog-t2960.html#_tag242083（二〇一六年一二月二九日取得）

*7　http://360.mafengwo.cn/travels/info.php?id=960726（二〇一六年一二月二九日取得）

*8　http://bbs.qyer.com/thread-645668-1.html?authorid=1266540（二〇一六年一二月二九日取得）

*9　http://360.mafengwo.cn/travels/info_qa.php?id=3117797（二〇一六年一二月二九日取得）

*10　http://www.mafengwo.cn/i/3473442.html（二〇一六年一二月二九日取得）

参考文献

〔韓国語文献〕

고정민、二〇一二「한류문화와 관광」『한국관광정책』Autumn No.49.

김난도、전미영、김서영、二〇一三『트렌드 차이나：중국 소비DNA와 소비트렌드 집중 해부』서울、오우아。

김사헌、二〇〇八「어리의 관광시선론 재론」관광학연구、三二（六）八五—一〇三。

김성자、이중희、二〇一四、베이징시 소득계층별 문화소비추세 분석：해외여행소비를 중심으로『국제지역학논총』七（一）一一三—一四〇。

김주연、안경모、二〇一二「중국에서의 한류콘텐츠 선호가 한국상품 구매、한국방문 및 한글학습의도에 미치는 영향」『한국콘텐츠학회논문지』一二（五）四四七—四五八。

김학준、二〇一三「Urry 관광시선론의 비판적 적용을 통한 일본인 관광객과 내국인의 상호 시선비교」『관광·레저연구』二五（三）五三一—六九。

김현숙、최은정、二〇〇九「서울방문 외국인의 관광쇼핑시 패션상품만족도와 점포경쟁력 지각이 관광만족도와 충성도에 미치는 영향-일본、중국、미국관광객 비교」*Journal of the Korean Society of Clothing and Textiles*, 33(9): 1441-1451.
송신의、二〇一六『인터넷 관광담론으로 보는 한국 관광객의 상상과 시선: 뉴욕과 상해 여행 후기 비교를 중심으로』서울대학교 석사학위논문。
심승희、二〇〇〇『문화관광의 대중화를 통한 공간의 사회적 구성에 관한 연구: 강진·해남 지역을 사례로』서울대학교 박사학위논문。
이준웅、二〇〇三「한류의 커뮤니케이션 효과: 중국인의 한국 문화상품 이용이 한국 인식 태도에 미치는 영향」〈한국언론학보〉四七(五)五―三五。
임병훈 외、二〇〇五「관광지 개성과 속성이 관광지 선택에 미치는 영향에 대한 연구」『마케팅과학연구』一五(三)一四九―一六八。
임영숙、一九九五「문화관광、내용에 충실해야 할 시점」『문화예술』집중기획: 문화관광 시대를 연다。
전경수 편역、一九八六『관광과 문화、관광인류학의 이론과 실제』까치。
전종규、김보람、二〇一五『요우커 천만시대、당신은 무엇을 보았는가』미래의창。
정병웅、진애니、정유리、二〇〇九「방한 중국인 관광객들의 관광지 선택속성 중요도-만족도 연구」『사회과학연구』四八(二)一六五―一八四。
정승일、二〇〇二『Seoul City Tour Bus 서울 명소 체험하기』한림출판사。
차경자、진학문、二〇一三「중국 국외관광의 발전현황과 한국에의 시사점」『국제지역 학논총』六九―一〇三。
최경은、二〇〇七「중국인의 방한관광에 대한 한류의 영향」『대한지리학회지』四二(四)五二六―五三九。
최승담、서정태、二〇〇六「대응분석을 통한 방한 중국관광객의 특성연구: 이미지 속성 및 사회통계적 변수를 중심으로」관광·레저연구、一八(一)一七九―一九三。
최인호、二〇〇五「미디어 담론을 통한 관광지의 사회적 구성」『관광학연구』二九(二)四八七―五〇五。
한숙영、김사헌、二〇〇七「유산과 유산관광의 개념에 관하여: 문헌연구를 중심으로」『관광학연구』三一(三)二〇九―二三三。

〔英語文献〕

Boorstin, D. 1964, *The Image: A Guide to Pseudo-Events in America*, New York: Harper & Row.

Bruner, E. 1989, Tourism, Creativity, and Authenticity, *Studies in Symbolic Interaction* 10: 109-114.

Chi & Qu 2008, Examining the Structural Relationships of Destination Image, Tourist Satisfaction and Destination Loyalty: An Integrated Approach, *Tourism Management* 29: 624-636.

Cohen, E. 1972, Toward a Sociology of International Tourism. *Social Research*, 39(April): 165-182.

Cohen, E. 1979a, A Phenomenology of Tourist Experiences, *Sociology*, 13(2): 179-201.

Cohen, E. 1979b, Rethinking the Sociology of Tourism, *Annals of Tourism Research* 6(1): 18-35.

Dabb, G., & Cohen, E. 1991, Sociology and Tourism, *Annals of Tourism Research*, 18(1): 155-169.

Dann, G. 1996, The People of Tourist Brochure, In *The Tourist Image: Myths and Myth Making in Tourism*, T. Selwyn ed. New York: John Wiley & Sons Ltd.

Hsu, Tsai & Wu, 2009 The Preference Analysis for Tourist Choice of Destination: A Case Study of Taiwan, *Tourism Management* 30: 28 8~297.

Hughes, G. 1992, Tourism and the Geographical Imagination, *Leisure Studies*, 11(1): 31-42.

Fallon & Schofield, 2006, "The Dynamics of Destination Attribute Importance," *Journal of Business Research* 59(6): 709-713.

Goffman, E. 1959, *The Presentation of Self in Everyday Life*, New York: Doubleday.

Graburn, N. H. 2001, Relocating the Tourist, *International Sociology*, 16(2): 147-158.

Jordan, F. & Aitchison, C. 2008, Tourism and the Sexualization of the Gaze: Solo Female Tourists Experiences of Gendered Power, Surveillance and Embodiment, *Leisure Studies*, 27(3): 329-349.

Joseph, C. & Kavoori, A. 2001, Mediated Resistance: Tourism and the Host Community, *Annals of Tourism Research*, 28:998-1009.

Lash. S, 1993 Reflexive Modernization: the Aesthetic Dimension, *Theory, Culture & Society*, 10(1): 1-23.

MacCannell D. 1973 Staged Authenticity: Arrangements of Social Space in Tourist Settings, *American Journal of Sociology*, 79(3): 589-603.

MacCannell D. 1976 *The Tourist: A New Theory of the leisure Class*, New York: Schocken Books. ［어상환 역 『관광객』 일신사、

一九九四]
Maoz D. 2006, The Mutual Gaze, *Annals of Tourism Research*, 33(1): 221-239.
Naisbitt, J. 1994, *Global Paradox: The Bigger the World Economy: the More Powerful Its Smallest Players*, New York, William Morrow & Co.
Perkins H. C. & Thorns, D. C. 2001, Gazing or Performing? *International Sociology*, 16(2): 185-204.
Ritzer, G. & Liska A. 1998, "McDisneyization" and "Post-Tourism:" Complementary Perspectives on Contemporary Tourism, *The McDonalization Thesis: Exploration and Extensions*, London: Sage Publication
Rojek, C. & Urry J. 1997, *Touring Cultures* (eds.) London: Routledge.
Salazar, N. B., 2012, Tourism Imaginaries: A Conceptual Approach, *Annals of Tourism Research*, 39(2): 863-882.
Shields, R. 1991, *Place on the Margin; Alternative Geographies of Modernity*, London: Routledge.
Smith, V. 1989, *Host and Guests: The Anthropology of Tourism*, Philadelphia: University of Pensilvania Press.
Urry, J. 1990 *Tourist Gaze: leisure and Travel in Contemporary Society*, London: Sage Publication.
Urry, J. 1992. Tourist Gaze Revisited, *American Behavioral Scientists*, 36(2): 172-186.
Urry, J. 1995, *Consuming Places*, London, Routledge.
Urry, J. 2002, *Tourist Gaze: Leisure and Travel in Contemporary Society*, London: Sage Publication.
Wamsley, D. & Young, M. 1998, Evaluative Images and Tourism: The Use of Personal Constructs to Describe the Structure of Destination Images, *Journal of Travel Research* 26, 65-69.
Wang N. 1999, Rethinking Authenticity in Tourism Experience, *Annals of Tourism Research*, 26(2): 349-370.
Wang, N. 2000, *Tourism & Modernity: A Sociological Analysis*, Pergamon, An Imprint of Elsevier Science.
WTCF 2014, *Special Report: Rise and Rise of China's Outbound Tourism*, World Tourism Cities Federation.
Young, M. 1999, The Social Construction of Tourist Places, *Australian Geographer*, 30(3):373-389.

第2部

場所をめぐるポリティクスと観光

第4章

写真が変える寺社観光

——訪日外国人の観光のまなざし

岡本亮輔

1 問題の所在——世俗化社会の写真と聖地

観光というと、初めて訪れる場所で未知のものを目にして体験するといったプロセスが思い浮かぶかもしれない。

しかし、少し見方を変えると、観光者はすでにその場所について何らかのイメージや予感を抱いているのではないだろうか。一切の期待を抱かせないような場所に、少なくない費用や労力をかけて出かけることはないはずだ。

まったく情報やイメージのない場所を訪れたいという欲望を持つことは難しい。たとえば日本人のバックパッカーがインドを旅していて、偶然通りがかった街で、偶然見つけたヒンドゥーの寺院を訪れたとしよう。このバックパッカーは、その寺院について何も知らなかったかもしれない。

しかし、少し俯瞰してみると、旅先としてインドを選んだ時点で、バックパックにはうってつけの場所というイメージや知識が事前にあったのではないだろうか。そして、一般的な日本人には馴染みのない宗教文化がインドにはあり、あてどなく歩いていると、ヒンドゥーの寺院や聖地に出くわすかもしれないという予感はあったはずだ。

まったく未知でひとかけらの知識もなく、微塵の予感もない場所を訪れることは、もはや観光を越えた何かではないだろうか。それは冒険や探検と呼ぶべき実践であり、一時的な消費行動としての観光とは異なるだろう。

観光者は、未知の場所であっても、すでに何らかのイメージを抱いて訪れる。そこで自分がどのようなものを目にし、いかなる体験をするのかについて漠然と期待している。こうした期待はさまざまなメディアによってつくられる。旅行ガイドはその典型だ。そこには観光地でどのような体験をすればよいのかが記述してある。また、映画・ドラマ・小説などのフィクションも、その場所のイメージ形成に大きな役割を果たしている。

本章が注目するのは、観光のプロセスにおける写真の役割である。多くの観光者は、どこに行くのかを決める時、ガイドブックやネットで情報を集めるだろう。それらの情報には必ずといってよいほど目的地の写真が添えられている。

観光の最中にも、写真は大きな役割を果たす。事前にガイドブックで見た風景や建築物や食べ物と出会うと、多くの観光者は写真を撮る。さらに、撮影された写真はSNSなどを通じて公開される。

それは旅の記録であるとともに、自分自身を表現しようとする行為である。

写真がまったく収録されていないガイドブックや観光案内がないように、写真ほど観光者の欲求をかき立てるものはない。そして観光地に到着した後も、写真撮影は観光実践の本質の一つになっているのである。

携帯電話やスマートフォンにカメラ機能が搭載されるようになって以降、観光と写真撮影はますます密に結びついている。アーリとラースン（二〇一四）によれば、現代の観光は「写真になりそうなところを探し求める行為」にほかならない。何を見るべきなのか、そして「どういう画像や思い出をもちかえるべきか」は写真が決めてくれるのである。

こうした状況を念頭に置きながら、本章では、日本の寺社を事例として、写真撮影が宗教観光と寺社のあり方に与える影響について考察する。ただし、日本の寺社を考察対象とする際には、一つ確認しておかなければならない条件がある。それは世俗化である。

二〇世紀中盤以降、先進社会においては、宗教が社会に与える影響の低下が指摘されてきた。とくにキリスト教を基層文化とする西欧では、毎週の日曜礼拝の出席者の激減という形で顕著に観察されている（ウィルソン 二〇〇二）。

日本の神道や仏教の場合、日曜礼拝のような信徒が行うべき定期的実践が存在するわけではない。そのため、キリスト教の場合と違って、定量的に世俗化の影響を示すことは難しい。だが、たとえば宗教が政治や教育、個人にとって重要な決定などに与える影響は少なくなっており、日本は世俗化した社会の一つだといえるだろう。

世俗化社会では、寺社や教会は、何らかの仕方で観光と結びつかなければならない。もっとも分かりやすいのは経済的理由だ。宗教を世界観や倫理観の中心に据えるような人が少なくなった社会では、たとえば寄付や布施として宗教集団が得てきた収入も減ってゆく。そして、それを補うのが観光なのだ。

現代では、たとえば京都や奈良の寺社を訪れる人の多くは特段に信仰を持たない観光者だろう。確固たる信仰を持った巡礼者として寺社を回る人が大多数ということはないはずだ。そして観光者にとっては、神道や仏教の教義、あるいはその寺社の由緒などはそれほど重要ではない。彼らは救済や免罪を求めて寺社を回るわけではないのである。

そして、写真撮影が重要になる現代観光では、寺社や聖地が宗教的にどのような意味を持っているかよりも、そこでどのような写真撮影ができるのかが肝要になる。写真化と世俗化の二つの潮流が合わさることで、寺社はかつてない程に観光のまなざしにさらされるようになった。写真によって拡充された観光のまなざしが、聖地の至るところに注がれるのである。

以下では、写真化と世俗化の合流を念頭に置きながら、おもに日本国内の寺社を訪れる訪日外国人観光者の行動パターンや語りに注目する。外国人観光者のほとんどは日本の歴史や宗教文化の深い知識を持つわけではなく、神道や日本仏教の信仰を持っているとは考えられない。こうした点で、彼らは聖地の観光化によって生まれた典型的な信仰のない聖地訪問者であり、世俗化社会の宗教観光を考える際の重要な手がかりになるのである。

2　外国人観光者の移動パターン――ゴールデンルートとその周辺

まず、旅行サイトのトリップアドバイザー（www.tripadvisor.jp）が公開しているデータを参考に、訪日外国人の観光パターンについて概観してみたい。

トリップアドバイザーは、米国マサチューセッツ州に本社を置く旅行関連サイトを運営する会社である。同社サイトでは、世界中のホテルやレストランの情報検索が可能であり、世界最大規模の各国語の口コミ情報を集積している。同社によれば、月間ユニークユーザー数は約三億五〇〇〇万人に及び、四八か国でサイトが運営されている。そして、ホテル、レストラン、観光地に関して、三億八五〇〇万件以上のレビューが掲載されている。各スポットは、投稿者のレビューに基づいて五段階で評価されている。

二〇一四年、トリップアドバイザーは「日本で最も人気のある観光地トップ三〇」を発表した。二〇一三年四月から二〇一四年三月までのあいだ、同サイトに書き込まれたレビューを固有のアルゴリズムで解析したものだ。解析対象は日本語以外で書き込まれたレビューに限られており、したがって、基本的には訪日外国人による評価に基づくランキングだと考えられるのである。

一位　伏見稲荷（京都市）
二位　広島平和記念資料館（広島市）

一六位　ロボットレストラン（新宿区）
一七位　二条城（京都市）

三位　厳島神社（廿日市市）
四位　金閣寺（京都市）
五位　東大寺（奈良市）
六位　高野山奥の院（和歌山県伊都郡）
七位　清水寺（京都市）
八位　新宿御苑（新宿区、渋谷区）
九位　箱根彫刻の森美術館（箱根町）
一〇位　成田山新勝寺（成田市）
一一位　美ら海《ちゅらうみ》水族館（沖縄県国頭郡）
一二位　松本城（松本市）
一三位　三十三間堂（京都市）
一四位　嵐山モンキーパークいわたやま（京都市）
一五位　兼六園（金沢市）
一八位　長崎原爆資料館（長崎市）
一九位　森美術館（港区）
二〇位　明治神宮（渋谷区）
二一位　地獄谷野猿公苑（長野県下高井郡）
二二位　奈良公園（奈良市）
二三位　道頓堀（大阪市）
二四位　渋谷センター街（渋谷区）
二五位　浅草寺（台東区）
二六位　海遊館（大阪市）
二七位　スペースステーション（大阪市）
二八位　トヨタ産業技術記念館（名古屋市）
二九位　錦市場（京都市）
三〇位　心斎橋（大阪市）

右のランキングを所在地別に見てみると、東京都（六件）、京都府（七件）、大阪府（四件）の三都市だけで、半数以上の一七件を占めていることが分かる。これら三都府が日本を代表する都市であることはいうまでもないが、訪日外国人の観光行動としてとらえた場合、ゴールデンルートとの関わりを指摘しておかなければならない。

ゴールデンルートとは、訪日外国人の多くが移動する経路である。成田空港から入国し、東京、箱根、富士山、名古屋、京都と東海道沿いに移動し、最終的に関西国際空港から出国するというルートだ。もちろん、関空を起点とする逆のパターンもある。

観光庁（二〇一四）が発表した二〇一二年の統計では、空路による訪日外国人の出入国では、半数以上（五四・七パーセント）が成田・羽田を利用している。第三位の関空でも二〇・九パーセントにすぎない。以下、福岡空港（六・六パーセント）、中部空港（五・四パーセント）、新千歳空港（四・五パーセント）となっており、割合的に見て、圧倒的にゴールデンルートに偏っているのである。

二〇一四年の都道府県別の外国人延べ宿泊者数にも同様の傾向が見られる。一位から東京都、大阪府、北海道、京都府、千葉県、沖縄県、愛知県、神奈川県、福岡県、静岡県となっている。北海道、沖縄県、福岡県以外はゴールデンルート沿いの都府県だ。そして北海道、沖縄県、福岡県にしても、国際路線が比較的充実した地方空港を有している。つまり、訪日外国人の行動は、どこに空港があるかというインフラ面の条件に大きく規定されているのである。

こうした点を踏まえてトリップアドバイザーのランキングを見直すと、実に二〇件がゴールデンルート上に存在している。外国人観光者は、限られた予算と日程のなかで移動しやすい場所を優先して観光しているのだ。トヨタ産業技術記念館や嵐山モンキーパークいわたやまは、一般的な日本人観光者にはそれほど馴染みがないだろう。しかし、外国人観光者にとっては、ニホンザルや自動車技術といった日本の独自性に触れることができる場所であり、移動の容易さと合わせて高い評価を得ているものと考えられるのである。

日本人には馴染みがないが、外国人観光者には人気がある観光地としては、一六位のロボットレストランや二七位のスペースステーションも興味深い。ロボットレストランは歌舞伎町にあるショー・レストランだ。莫大な費用をかけてつくられたロボットと歌舞伎風、祭り風の衣装を着たダンサーたちのショーが楽しめる。スペースステーションは心斎橋にあるバーだが、ゲームをしながら酒が飲めるようになっている。

トリップアドバイザーを見てみると、ロボットレストランには三二〇〇件以上、スペースステーションには二〇〇件以上のレビューが寄せられている（以下、トリップアドバイザーに関する数値は二〇一六年九月現在のもの）。そのうち、前者は一六〇件程度、後者は三件だけが日本語レビューであり、それ以外は外国人観光者による書き込みだと推測できる。この数字だけからいえば、訪問者の九割以上が外国人である人気観光地が生まれているのである。

別の例も挙げておこう。トリップアドバイザーでは、新宿区には二一四か所の観光地が登録されている。評価の高い順にランキング化されているが、一位の新宿御苑、二位の東京都庁に次いで三位にランクインしているのがサムライミュージアムである。二〇一五年九月に開館した比較的新しい施設だ。英語に堪能なスタッフが複数人常駐し、兜や刀剣について解説してくれる。有料で武将や姫のコスプレができる。さらに一日四回、プロの役者による殺陣ショーが開催されている。

サムライミュージアムのウェブサイト（http://www.samuraimuseum.jp/）にある会社概要では、事業内容に「訪日外国人旅行者をはじめ、来場者が日本の歴史・文化に触れることができる施設の企画運営」と表記されている。歴史学的・学術的に見た場合、同ミュージアムが日本の歴史文化に触れる場所であるかどうかには疑問が残るが、訪日外国人をターゲットにした戦略は奏効している。トリップアドバイザーでは四三七件のレビューがあるが、そのうち日本語は二〇件にも満たない。そして、五段階中四・五という高評価を獲得しているのである。

これらの施設は、日本について知らない外国人観光者の偏見や知識不足を逆手に取ることで成功した施設といえるだろう。ロボット、歌舞伎、忍者、ゲーム、侍といった外国人が持つ紋切り型の日本イメージをあえて正さず利用することで人気を博しているのだ。これらの店の展示やショーは、多くの日本人から見れば、日本の社会や文化の本質に触れるものとは思われないだろう。

もちろん、こうした状況を日本の文化が正しく伝えられていない悲劇と嘆いているのではない。これらは観光化の本質の一つとして理解されるべきだ。アーリとラースン（前掲書）によれば、観光地とは「モノ化された写真」だ。観光の場では、現実は「視覚消費用」に変化させられる。知識のない訪問者にも分かりやすく、簡単に望み通りの写真が撮れる場所がよい観光地なのだ。右に挙げた施設は、こうした現代観光の傾向を敏感に読み取った上で運営されているのである。

さて、トリップアドバイザーのランキングでは、三〇件のうち一一件が寺社である。奈良公園は春日大社を含むものとしてカウントした。ゴールデンルートを踏まえて考えると、寺社についてもやはり地理的偏りがあると指摘できるだろう。とくに成田山新勝寺は、成田空港との近さから上位を確保したものと思われる。

また、厳島神社、東大寺、高野山などは厳密にはゴールデンルート上にはない。しかし、いずれも京都・大阪からは比較的近く、ゴールデンルートの周縁として理解できるだろう。別言すれば、東北、四国、九州の寺社が一つもランクインしていないのは興味深い。そもそも寺社に限らなくとも、本州以外の物件は、沖縄県の美ら海水族館しかランクインしていないのである。

確固たる信仰を持った巡礼者にとっては、聖地や寺社がどれだけ遠くとも、そこは訪れるべき場所である。むしろ、そうした距離を克服して行くこと自体が宗教実践の一部と考えられている。だが、信仰のない観光者は、移動のための費用や時間はできるだけ省きたい。宗教的な位置づけや権威などよりも、その場所へのアクセスの容易さがまずは重要なのである。

3 高くて遠い伊勢神宮

ゴールデンルートという移動パターンを踏まえた上で、ここでは伊勢神宮の事例について考えてみたい。

トリップアドバイザーでは、伊勢神宮について一六九五件のレビューがある。そのうち一五〇〇件以上が日本語のものだ。英語は九四件、中国語は四五件となっている。いうまでもなく、伊勢神宮は神道の最高聖地とされているが、外国人観光者には人気のない場所なのである。そして、こうした低評価の理由の一つが地理的な遠さである。英語で投稿されたレビューを見てみよう。

—①「悪くはないがすでに知っている」（評価三、二〇一五年四月投稿）

大阪から二時間かけて行ったが、印象的とは言い難い。よい庭と川に囲まれた広い場所だが、全体として圧倒されたとは言えない。日本には同じような神社がたくさんあるからだ。わざわざ行く価値はないだろう。

先述の通り、トリップアドバイザーでは、投稿者は五段階で評価をつける。右のレビューは三という「普通」評価であるが、やはり距離的な遠さを最初に指摘している。

②「祈りの場所」（評価二、二〇一四年一一月投稿）
名古屋駅から伊勢まで約二時間かけて旅行した。祈るための場所であり、観光者としては神宮内に見るべきものはほとんどない。あなたが旅に何を求めるかによる。それがスピリチュアルなものであるなら人生に一度は行ってもいいかもしれないが、多くを期待するべきではない。

このレビューで重要なのは、地理的問題に加えて、伊勢神宮は信仰者のための場所であり、観光者のためのものではないことを確認している点だ。この点は①の「日本には同じような神社がたくさんある」という指摘と呼応する。

伊勢神宮には式年遷宮という儀礼がある。伊勢神宮では、内宮《ないくう》・外宮《げくう》ともに東西に同じ大きさの敷地が並んでいる。二〇年に一度、社殿を建て替えて神座をうつすのだ。社殿だけではなく、別宮、鳥居、宇治橋、神宝なども造り替えられる。式年遷宮は第一回が持統帝の時代に行われたとも伝えられ、もっとも重要な祭りと位置づけられている。

式年遷宮は集客力の高い観光イベントでもある。最後の式年遷宮が行われた二〇一三年、三重県全体の観光客数は過去最多の四〇〇〇万人超を記録した。伊勢神宮には一四二〇万人が訪れ、前年比で七六・九％も増加したのだ（『朝日新聞』「観光客四〇〇〇万人超え　昨年推計、遷宮の影響大　伊勢志摩は四割増」二〇一四年五月二二日朝刊）。

しかし、神道の信仰を持たない観光者、とくに訪日外国人から見れば、式年遷宮は見るべきものを破壊するイベントだ。トリップアドバイザーには、たとえば次のようなレビューがある。

---

③「しらけさせられた」（評価三、二〇一五年五月投稿）

つい数年以内に建てられたばかりの社殿を見るために（というか、高い壁があって見えない）、多くの人と一緒に長い道を歩くことになります。私の趣味じゃない！

---

④「簡素で荘厳な神社」（評価四、二〇一六年九月投稿、一部抜粋）

（アマテラスが居ると信じられている）メインの社殿は高い木製の壁で囲まれていることに注意してください。一般人はその外側までしか行けませんし、石の階段から上は写真撮影できません。

式年遷宮の背景には常若《とこわか》という宗教的価値観がある。形は変わらずともつねに新しいままあろうとすることだ。また実践的に見れば、式年遷宮では建物や調度品などもすべて作り替えられるが、それ

によって古来の建築や制作の技が絶えることなく継承されるのだ。

しかし、レビュー③に見られるように、常若は、観光者から見れば、歴史的価値のある建物をわざわざ破壊する思想だ。神道の信仰を持たない観光者は、社殿に込められた宗教性を読み取ることはできない。そこで、建物に歴史的価値を見出そうとするが、式年遷宮はそれを台無しにしてしまう。また、③と④双方で書かれているように、社殿の周囲は高い壁で囲まれほとんど見えず、写真撮影は厳しく禁じられているのである。

さらにいえば、わずかに見える社殿の建築様式は唯一神明造《ゆいいつしんめいづくり》である。この建築様式はもっとも古い神社建築の一つとされ、伊勢神宮だけに見られる格式高いものだ。しかし、古代の高床式倉庫に由来するとされるその意匠は、信仰のない者にとっては簡素すぎるように映ると思われる。

もちろん、信仰がなくとも唯一神明造を肯定的に理解するまなざしも存在する。その典型がドイツの世界的建築家ブルーノ・タウト（一八八〇－一九三八）である。

絵で見ると――写真撮影やスケッチの禁ぜられているのはもっともなことである。――これらの建造物は実に簡素に見えるので、それに捧げられる尊崇の念が不思議にさえ思われるほどである。それは農家を想起せしむるものがあり、たまたま田圃の真中に藁葺きの極めて素朴な作事小屋を見ると、伊勢のあの古典的建築が本質的には同じものであるかのような印象を受ける。しかし実にこの一事こそが、その古典的な偉大さなのである。あの建造物は日本の国土から、日本の土壌から生い立ったのであって、いわば稲田の作事小屋や農家の結晶であり、真の「神殿」、すなわ

ち国土とその大地の精髄の安置所なのである（タウト 一九九一）。

一九三三年に来日したタウトは、数年間の日本滞在中、桂離宮や白川郷などを訪れ、日本に固有の美として世界に紹介したことで知られている。そして右の通り、タウトが桂離宮とともに世界標準と高く評価したのが伊勢神宮なのである。

とはいえ、こうしたタウト流の知識人的な理解は、一般的な観光者のそれではないだろう。あるいは、タウト自身の建築家としての立場を考えると、桂離宮や伊勢神宮をパルテノン神殿と同じようなものとして激賞し、そこに「国土とその大地の精髄」を発見してしまうのは、現代から見れば素朴すぎるオリエンタリズムといえるかもしれない。

タウトの日本文化論に疑問を呈したのが坂口安吾だ。タウトの訳書と同じ「日本文化私観」という文章では、一文目から安吾が日本の古代文化に興味がなく、桂離宮も見たことがないことが述べられる。そして、「タウトによれば日本に於ける最も俗悪な都市」である新潟に安吾は生まれ、タウトが「蔑《さげす》み嫌うところの上野から銀座への街」を愛することが宣言される（坂口、一九四二＝一九九〇）。「日本人の生活が健康でありさえすれば、日本そのものが健康だ」という安吾の主張は極端ではあるが、タウトの伊勢神宮論も極端に主知的であり、安吾の一文はそれに対する反発として読み解くことができるだろう。

トリップアドバイザーの伊勢神宮についてのレビューからうかがえるのは、外国人観光者においては、地理的近接性に加えて、視覚的な分かりやすさや面白さが求められていることだ。タウト流の主知的なアプローチは、外国人に限らず、一般の観光者が行うものではない。

伊勢神宮は、神道の最高聖地であるからこそ唯一神明造の社殿を持ち、式年遷宮という古来の儀礼を継承してきた。しかし、こうした宗教伝統は、神道の歴史や日本文化に知識のない外国人観光者にとってはマイナスの要素にもなる。伊勢神宮は、観光的視覚性という点ではまったく魅力的ではないのである。

外国人観光者が求めるのは、気軽に聖地を訪れ、日本の宗教文化に触れたことが一目で分かるような写真を撮ることだ。しかし、伊勢神宮は写真化しにくい場所である。その結果、大阪や名古屋からの行きにくさと、現地での体験が釣り合わないといった批判が生まれている。最高聖地であるがゆえの地理的・視覚的な隔絶が、観光地としての伊勢神宮に対する低評価を招いているのである。

4　ビジュアル化する聖地

前節では、伊勢神宮を例に、神道の信仰や日本文化に関する知識を持たない外国人観光者にとっては、宗教的な権威や歴史伝統よりも、アクセスの便利さや視覚的インパクトが重要になることを指摘した。

この点を踏まえて、あらためてトリップアドバイザーのトップ三〇を見直してみたい。先の通り、寺社は一一件含まれているが、それらを上位から並べると次のようになる。

一位　伏見稲荷（京都市）
三位　厳島神社（廿日市市）
四位　金閣寺（京都市）
五位　東大寺（奈良市）
六位　高野山奥の院（和歌山県伊都郡）
七位　清水寺（京都市）
一〇位　成田山新勝寺（成田市）
一三位　三十三間堂（京都市）
二〇位　明治神宮（渋谷区）
二二位　奈良公園（奈良市）
二五位　浅草寺（台東区）

これらに大きく共通する特徴として、すでにゴールデンルートとの地理的接近を挙げたが、伊勢神宮についての考察を踏まえ、さらに視覚的インパクトを指摘してもいいだろう。ゴールデンルートからは外れ気味の厳島神社も、海中の巨大鳥居という写真映えする風景が外国人人気につながっているのではないだろうか。金閣寺の黄金、東大寺の大仏、清水の舞台、三十三間堂の無数の仏像なども、宗教や建築の知識がなくとも、一目見れば分かるような派手さを備えている。

これらは要するに写真映えする寺社なのだ。アーリとラースンのいう「写真になりそうなところを探し求める行為」である現代の観光と非常に相性がいいのである。そして、写真映えという点から見た場合、一位が伏見稲荷大社であることもうなずける。

伏見稲荷は全国に三万以上あるといわれる稲荷社の総本山だ。五穀豊穣、商売繁昌、家内安全といった庶民の願いと直結した御利益があるとされ、人気が高い。とはいえ、伏見区深草という立地は、とくに京都市内の観光地としてみた場合、必ずしも恵まれていない。

しかし、伏見稲荷は、二〇一四年だけでなく、二〇一五年、二〇一六年の外国人人気の高い観光スポットランキングでも一位を獲得し続けている。実際に同社を訪れると、一位を連続獲得していることを謳う幟まで立てられている。

そして、トリップアドバイザーでは一万一七四二件という桁違いのレビューがつけられている。しかも、そのうち日本語は二〇〇〇件程度で、六〇〇〇件以上が英語、一〇〇〇件以上が中国語であり、イタリア語、スペイン語でもそれぞれ六〇〇以上のレビューが掲載されているのである。

こうした異常なまでの伏見稲荷の外国人人気の理由は千本鳥居が持つ写真との相性のよさにある。次のような英語レビューが数多く見られる。

⑤「日本の歴史」（評価五、二〇一六年九月投稿）
伏見稲荷は必ず行くべき場所です。鳥居のあいだを抜けて社殿に行きます。敷地のすぐそばに駅があり、簡単に行けます。素晴らしい写真を撮るためにカメラを持って行ってください。

そして日本語では、伏見稲荷の外国人人気の高さに言及したレビューが書かれている。

⑥「外国人人気ナンバーワンのスポット」（評価四、二〇一六年九月投稿）

近年、外国人の人気ナンバーワンスポットとして有名になり、最近は数多くの日本人も訪れるそうで、我が家もその口で行きました。京都駅から奈良線で伏見稲荷駅を出ると目の前です。やはり外国人が多く、とくに中国人が多いように感じました。メインはいうまでもなく千本鳥居ですが、行きはあまりに多くの観光客で、満足できる写真は撮れませんでしたが、戻りは、お互いに写真に人が入らないよう気遣いすることで、とても満足できる写真を撮ることができました。

⑦「外国人の方が多い」（評価五、二〇一六年九月投稿）

十何年かぶりに訪ねました。外国人旅行者に人気とは聞いていましたがこれほどとは。確かに鳥居がトンネルのように連なる様はぜひ一見の価値ありです。以前より鳥居の列も伸びたような気がします。

伏見稲荷の千本鳥居は、願いが「通る」「通った」という連想から、願掛けやお礼参りの際に奉納されるようになったものだ。山全体では一万基もの鳥居があるという。だが、鳥居の奉納は、おもに江戸期から明治期にかけて盛んになったもので、それほど歴史があるわけではない。しかし、観光者にとっては、鳥居奉納の歴史やそこに込められた宗教的意味は重要ではない。それよりも、無数の鳥居が作り出す写真に適した景観が重要なのである。

千本鳥居が作り出す景観という点で、同じく興味深いのが山口県長門市にある元乃隅稲成《もとのすみいなり》神社だ。同社の一帯は海蝕地形になっており、そこに打ち寄せた波が空洞内で圧縮されて吹き上がる龍宮の潮吹と呼ばれる現象が見られる名勝だ。とはいえ、元乃隅稲成はほとんど知られていない神社だろう。元乃隅稲成がつくられたきっかけは、一九五五年、地元の網元の夢に白狐が顕れたことだ。白狐は、自分の守護によって漁が続けられてきたことを告げ、自分を祀ることを命令したという。そこで網元は、島根県津和野町の太鼓谷《たいこだに》稲成神社から分霊して稲成社を設けたのである。建ち並ぶ一二三基の鳥居も、一九八〇年代以降に奉納されたものである。

このように元乃隅稲成の歴史は神社としては極めて浅く、網元の個人的な宗教体験に基づく神社である。風光明媚な立地ではあるが、これまで同社の特徴として取り上げられたのは、せいぜい賽銭を入れるのが難しい神社としてであった。五メートルほどの高さの鳥居の上部に賽銭箱が設置されており、そこに向かってお金を投げるという趣向になっているのだ。この賽銭箱にはとくに宗教的な意味はなく、面白そうだということで始められたという。

こうした状況を変えたのが、米国のニュース専門放送局CNNである。二〇一五年三月、CNNのウェブサイトで「日本の最も美しい場所三一選」が公開された。そして、そのなかに元乃隅稲成が含まれていたのである。

三一選には、ほかに五つの寺社が含まれている。厳島神社、毛越寺《もうつうじ》、宇佐神宮、金閣寺、那智の滝（熊野那智大社）である。評価軸の一つとして世界遺産という点から見てみると、宇佐神宮以外は、すでに世界文化遺産に登録されている。そして、宇佐神宮は全国に四万以上ある八幡社の総本社であり、同社を世界遺産登録しようとする市民運動も存在している。

元乃隅稲成は、宗教的にも文化財的にも明らかに格上の五社寺とともにリストアップされたのだ。

CNNのサイトでは次のような説明がつけられている。

元乃隅稲成社から海を見下ろす崖へ一二三基の鳥居が続く。元乃隅稲成は地元の人たちが願掛けに訪れる庶民的な神社だ。賽銭箱は手の届かない最後の鳥居の上のほうにある。もしも上手くお金を賽銭箱に入れることができたら、すべての願いが叶うと信じられている。

ここからうかがえるように、元乃隅稲成が選定された理由は千本鳥居と海が織りなす風景以外にはない。選んだのはCNNの香港系カナダ人の女性記者だ。詳細は不明であるが、特段に日本の宗教文化についての理解が深いわけでもなく、その意味で、訪日外国人のまなざしを代表するような存在と考えて大過はないだろう。

世俗化社会においては、こうした宗教伝統とは明らかに無関係なまなざしが観光的権威として機能する。長門市観光コンベンション協会のウェブサイト「ななび」では、「CNN『日本の最も美しい場所三一選』に元乃隅稲成神社が！」というページが作成され、次のように告知されている。

アメリカのニュース専門放送局・CNNが三月三〇日にウェブ上で発表した「Japan's 31 most

beautiful places〝日本の最も美しい場所三一選〟」に長門市の『元乃隅稲成神社』が選ばれました！元乃隅稲成神社のほかには金閣寺や厳島神社、鳥取砂丘など、誰もが一度は行ってみたいと思う絶景スポットがずらり。世界遺産や国宝と並び紹介されるなんてすごいですね！

注目したいのは、選定したのが米国の放送局であっても、金閣寺や厳島神社と同格になったことが強調されている点だ。神社には、かつては社格という秩序が存在していた。社格は戦後廃止されたが、宗教的な秩序感覚として引き継がれているといえる。総本社、官幣大社、国幣大社という旧社格を持った神社は、信仰者においても観光者においても、訪問するに際してそれなりの意味を持つ。

建前上は廃止されたものである以上、社格は今後入れ替えられることはない。元乃隅稲成のように戦後つくられた神社には、社格自体与えられていないはずだ。賽銭の投げ入れといった一種の名物の創造は、旧来的な秩序づけを超えて人を集めるための手段としても理解できるだろう。「ななび」には、現在は周辺の交通渋滞に関する告知が出されている。また、トリップアドバイザーには次のような日本語レビューが掲載されている。

⑧「様々な願い成就する神社」（評価四・五、二〇一六年七月投稿）

アメリカのCNNがウェブ上で発表した「日本の最も美しい場所三一選」に選ばれた写真が掲示されていました。女房がテレビで見て行きたいと前から言っていたので言ってきました。（……）

CNNに紹介されて有名になり、到着するまでの三K位は道が狭く一方通行になっていますので、ながと観光ナビ「ななび」を見てください（通行図が乗っています）。断崖の上から崖下まで鳥居があり、景色とともに圧巻でした。又崖下に降りる場所に小さな神社がありますのでお参りしてください。その神社におみくじやお守りが置いてあり金額が書いてありますのでお金を投函してください。入り口の大きい鳥居の上に賽銭箱が固定されており、賽銭箱に賽銭を投げ入れのことが出来ると願いが叶うそうで、皆さん何回もチャレンジされるので、結構順番を待つかもしれません。（原文ママ）

現在、トリップアドバイザーでは、元乃隅稲成について六九件のレビューが掲載されている。そのうち英語は二件だけであり、一つは山口県在住者によるものだ。そして、もう一つが米国からの旅行者による次のようなレビューである。

⑨「素晴らしい景色！」（評価五、二〇一五年一〇月投稿）
この場所は山口のほかの場所からは離れているが、もしも晴れていれば、絶対に行ってみる価値があります。京都の伏見稲荷では多くの赤い鳥居が見られますが、大勢の観光客がいます。しかし、ここにはたくさんの観光客はおらず、美しく深い青色で荒々しい典型的な日本海とともに同じような赤い鳥居が並ぶのを見ることができます。

ここでは、信仰を持たない観光者の立場から、千本鳥居が作り出す風景という点だけを共通項に、元乃隅稲成と伏見稲荷が同じタイプの観光地として一括されている。しかも、美しい写真を撮るという目的から、規模は大きくても観光客の多い伏見稲荷より、元乃隅稲成のほうが行くべき場所であるとされているのである。

CNNの選定は、宗教的格づけを観光的に覆すものとして理解できる。選定は、風景の美しさという宗教性とは無関係の要素に基づいて行われた。しかも、CNNという世界的に知られたメディアによる選定は、UNESCOによる世界遺産登録と同じように、観光的には旧社格よりも強い影響力を与えたのである。

5 小括

外国人観光者は、日本の歴史伝統や宗教文化の一端に触れられる場所として寺社を訪れる。しかし、彼らは一般的な日本人の観光者以上に寺社についての予備知識はなく、日本語ができない場合も多い。その意味で、外国人観光者は、世俗化社会における信仰のない聖地訪問者のモデルの一つとしてとらえることができる。

本章では、伊勢神宮、伏見稲荷、元乃隅稲成などをめぐる外国人観光者の語りをおもに取り上げた。伊勢神宮の場合、地理的問題に加え、最高聖地であるがゆえの視覚的隔絶性があり、それが外国人観光者から見た場合の魅力を低下させていた。聖なるものであるからこそ、他とは区別され隔離されるのだが、観光の文脈においては、写真撮影が難しい対象として扱われてしまう。その結果、立地の悪さと天秤にかけた場合、行くべき場所として推奨されないのである。

一方、伏見稲荷の場合、千本鳥居という写真映えする景観によって外国人観光者を引きつけていた。日本人にとっては鳥居奉納自体は珍しいことではなく、それを隙間なく並べること自体に深い宗教的意味があるわけではない。千本鳥居が作り出す景観が、写真になりそうな場所を求める観光者の目的に一致しているだけなのである。

そして、伏見稲荷の存在が外国人観光者のあいだに広まることで、あらためて発見されたのが元乃隅稲成だ。同社の場合、宗教的権威や歴史はまったくといってよいほど持ち合わせていない。だが、CNNという世俗の文脈で影響力のあるメディアに発見されたことで、伏見稲荷よりも穴場の観光地として語られるようになった。興味深いのは、両社の共通項は稲荷社ということでなく、あくまで稲荷社によく見られる千本鳥居という景観である点だろう。

スマートフォンやタブレットにカメラが搭載されることで、写真撮影はこれまでになく容易になった。カメラが拡充したまなざしが、観光の場のすみずみに及ぶようになった。撮影された写真は、すぐにSNSなどを通じて拡散され、それらの写真を見ることで、その場所へ行きたいという新たな欲望がかき立てられる。

西欧のキリスト教会などとくらべると、日本の寺社は、必ずしも写真に対して寛容ではない。伊勢神宮のように、撮影を禁じるところも少なくない。だが、寺社のような宗教施設も、右のような写真撮影が生み出す観光のサイクルと無縁ではない。むしろ、世俗化社会にあって、寺社の観光との関わりが不可欠になりつつある現在、このサイクルとどのように向き合うのかは今後ますます重要になると思われる。

参考文献

〔日本語文献〕

アーリ・J&ラースン・J、二〇一四『観光のまなざし〔増補改訂版〕』加太宏邦訳、法政大学出版局。

ウィルソン・B、二〇〇二『宗教の社会学――東洋と西洋を比較して』中野毅・栗原淑江訳、法政大学出版局。

観光庁、二〇一四「魅力ある観光地域づくりについて」国土交通省観光庁。

坂口安吾、一九九〇『坂口安吾全集一四』筑摩書房。

タウト・B、一九九一『ニッポン――ヨーロッパ人の眼で見た』森儁郎訳、講談社。

長門市観光コンベンション協会ななび、二〇一五、(http://www.nanavi.jp/) 二〇一六年一二月一四日取得。

〔英語文献〕

CNN, 2015, *Japan's 31 most beautiful places*, (http://edition.cnn.com/2015/03/24/travel/gallery/most-beautiful-japan/)二〇一六年一二月一四日取得。

第5章

沖縄の聖地と宗教的なものの観光的再発見

門田岳久

1　はじめに

現在の沖縄は日本国内でも有数の多文化状況にある。歴史的にも多くの華人が居住し、ニューカマーとしてやってくるアジアの人々も多い。戦後は「アメリカ世」と呼ばれた占領時代を経て、今なお多くの米軍基地が残り、毎年平均して五万人前後の米国軍人とその家族が沖縄に居住している（沖縄県二〇一六a）。基地の集まる本島中部には米軍関係者を客とする飲食店が今でも建ち並び、「アメリカ」的な雰囲気は問題をはらみつつも沖縄を形成してきた一要素である。こうした状況に拍車をかけるのが近年の外国人観光客、いわゆるインバウンドの急速な拡大である。

国内・国外合わせた沖縄への入域観光客数は年々増加し、このところ年率一〇パーセントの増加を見ている。二〇一五（平成二七）年度は八〇〇万人に達し、この数は二〇年前、一九九五年の三四〇万人の二倍超である。他地域から日帰りの困難な沖縄の立地を考えると、観光客増加は経済面でも大きな意味を持っている。その八〇〇万人のなかで、外国からの数は一六七万人と全体の二割を占めている。送り出し国を見れば、台湾が頭一つ抜け出て多く、次いで中国、韓国、香港と続く。二〇一五年度の外国人観光客数は前年比で実に六割の増加であり、人口約一四〇万人の沖縄に多数の外国からの人が溢れているのである（沖縄県二〇一六b）。

大量の観光客が訪れること、それによって他者のまなざしに晒《さら》されること。仮に「沖縄らしさ」や「沖縄的なるもの」[*1]があるとすれば、それが形づくられる一つの重要な契機が観光を通じた外部からの視線にあったことは確かである。沖縄は日本や中国、アメリカといった列強との力関係のなかで自己認識を形成してきたし、多田治がいうように、柳田國男や鎌倉芳太郎といった学術研究者や旅行者、本土復帰ブームに惹かれてやってくる人々など、沖縄にある種の特別さを見いだしてやってくる人々の存在は、そのたびごとに沖縄の再帰的な自己認識形成を促してきた（多田二〇〇八）。こうした特性こそが、日本や東アジアのなかで強いて「沖縄」という空間を区切って本書のテーマに惹きつけて論じる価値のある点である。

ただ近年のインバウンドの増加を、これまでどおりの枠組みで「沖縄らしさ」をめぐる再帰的な認識過程として論じることが可能かどうか、踏みとどまって考えたい。というのも、沖縄の自己表象をめぐる議論（たとえば小熊一九九五）の多くは、近代国民国家日本の形成過程を批判的に捉える観点で沖縄を位置づけていることに特徴があり、あくまで「内」からのまなざしに沖縄が組み込まれていく過程を捉えている一方、外国のような「外」(とされるようになったエリア)からの視線が沖縄をいかに見るかという点については議論の中心になってこなかったからである[*2]。そもそも現在のインバウンド客は、「沖縄らしさ」を求めてやってきているのだろうか。本章はこうした問題に取り組むために、沖縄県本島南部の聖地、斎場御嶽《せーふぁうたき》の観光的な文脈における「発見」を事例として取り上げたい。というのも、ここは宗教的、文化的な意味で「沖縄らしさ」を端的に示す場所として地元では認識されており、外国人訪問者も急増しているからである。沖縄内外の価値観が交錯する斎場御嶽の場所性を事例に、現在の東アジアにおける「沖縄らしさ」をめぐる表現と受容の交渉を明らかにしたい。

2 斎場御嶽の観光的再発見

2.1 ツーリストの視線と斎場御嶽

斎場御嶽が位置する沖縄県南城市は、二〇〇六年に大里、佐敷、知念、玉城の四つの町村が合併してできた新しい自治体である。もともと本島の他地域とくらべ住宅開発、観光開発ともに盛んではないのどかなエリアだったが、近年は那覇都市圏の通勤圏に組み込まれ、住宅地と大規模商業施設の立地が相次いでいる。この自治体の地域開発、観光計画を行うセクターの一つに観光協会があるが、協会では近年、香港やシンガポールからのインバウンド誘致を目指して海外連携事業を行っている。とくに団体客を中心としたスケールメリットの大きい集客ではなく、少人数のグループに対して地域の自治会や家庭が料理や体験型観光を提供する、いわゆるコミュニティベースドツーリズムを仕掛けようと試みている。

その一環で二〇一四年度から香港の大学生をインターンシップ生として受け入れ、地域でフィールドワークをしたり観光施設で職業体験をしたりすることで、将来の「ファン」を増やそうとしている。その際のエピソードとして、二〇一六年度、ひと月の滞在中にその学生数名がもっとも印象深かった観光資源を観光協会職員がヒアリングをしたところ、インターンの休日に出かけた「東村《ひがしそん》でのグリーンツーリズム」と答えたというので、協会職員は少しがっかりしたことがあったそうだ。東村は沖縄本島北部の村で、いわゆる「やんばる」の自然豊かなエリアである。彼らもそれが、自分たちを受け入れてくれた自治体でなかったことぐらいは理解しているだろうから、職員が期待していた回答をあえてしなかったものと思われる。斎場御嶽などの南城市のものに関しては、印象深かったがよく分からなかったそうだ。地元沖縄の大学生との意見交換会でも、聖域に関する議論はそれほど盛り上がらなかったという。

「印象深いが、よく分からない」、というのは斎場御嶽に対して外国人訪問者がしばしば持つ感想の一つである。そこは鬱蒼《うっそう》とした森に囲まれ、切り立った自然岩が見る者に迫り、なおかつそこが地元の宗教的な意味合いを込められた空間だと聞かされれば大方の人は強い印象を受ける。そのような印象は多くの訪問者が得るのは確かだが、さらに踏み込んで、その宗教的な中身はどうかということになると、外国人訪問者には容易に摑みづらい。もちろん斎場御嶽では各国語に訳されたパンフレットがあるし、英語字幕つきのビデオを入場前に観覧することを求められる。香港の大学生はさらに、ボランティアガイドの人から詳しい説明を通訳つきで聞いている。にもかかわらず「よく分からない」のは、むしろ説明が詳細すぎ、大枠を摑むに至らないからではないかと考えられる。斎場御嶽が歴史的に関係していた琉球王国の儀礼や祭祀、宮殿と聖域の構造的類似など、パンフレットやガイドによってもたらされる説明は非常に丁寧で、日本人ならばこの聖地が「本土」とは明らかに異なる宗教的特色を有していることが理解できる。しかしそれはあくまで「本土」との対比の上で立ち上がってくる特色なのであり、対比構造があらかじめ理解できていないと、説明についていくのは難しい。

とはいえ外国からの訪問者が斎場御嶽への関心が低いわけでは決してない。二〇一六年七月の梅雨明け直後、私が南城市の港で久高島《くだかじま》行きのフェリーを待っていると、韓国からの男子大学生二名が汗だくになりながら斎場御嶽の場所を英語で聞いてきた。少し離れたバス停で降りて歩いてきたというのだが、斎場御嶽は別のバス停だというと、そこまで歩いて行くという。車で行けば数分だが、炎天下にバックパックを背負って上れるほどの楽な坂道ではないので車で送って行くことにした。その道すがら、斎場御嶽に行ってスピリチュアルな雰囲気を味わってみたかったのだと随分熱く語ってくれた。今や「ロンプラ」（*Lonely Planet*）など紙の書籍を凌ぐ旅行情報ソースになりつつあるウェブサイト「トリップアドバイザー」を見れば、斎場御嶽を高く評価している外国人のユーザーが多くいることが容易に見て取れる。その多くは台湾や欧米からの、彼らのようなバックパックを背負った若い個人客である。

アジアのツーリズム市場の文脈で沖縄観光はメジャーなものになりつつあり、そのなかで斎場御嶽は既存のよく作られた観光地とは異なる、独特の立ち位置を得つつある。それはいうまでもなくローカルな宗教的世界観に根ざした聖地であるということだが、用意された情報をもとにいざその詳細を知ろうとすると、「印象的だがよく分からない」という感想に至ることがある。これはたんに、外国人観光客に対する情報の出し方がこなれていないという技術的な話だろうか。私にはむしろこのようなすれ違いが、後述するように沖縄の置かれた対外的な自己表象と関係しており、社会科学的な視点で考えていくべき点であると思われる。言葉をかえてやや大きく捉えると、東アジアから沖縄に向けられているまなざしと、当の沖縄が見ている方向が一致しておらず、そこにすれ違いが生じているのではないかという問いである。

2.2　斎場御嶽と世界遺産登録

斎場御嶽（図1）は二〇〇〇年以降、世界遺産の一つとして登録されている。沖縄の世界遺産は「琉球王国のグスク及び関連遺産群」という名称のとおり、琉球王国[*3]の権力基盤と文化を遺産の対象とする。王国は一五世紀において東アジアから東南アジアを交易圏とした海洋国家であり、朝貢をした国だけに交易の許される明・清の冊封《さくほう》体制下に入る一方、一六〇九年の薩摩藩琉球侵攻以降はいわゆる両属の状態にあった。形式上であったとしても一九世紀後半まで独立国の体を保った権力と文化的・宗教的な基盤を支える九つの資産を登録したこの遺産は、後述のようにポストアメリカ占領期において沖縄の歴史的独自性を象徴するものとして、文化財保護だけでなく観光資源の面でも人々の注目を集める存在となってきた。

首里城をはじめとした各構成資産は、定番の観光地として台湾をはじめとした多くの外国人観光客のなかでも地名度の高い場所となっており、ここで取り上げる斎場御嶽にも、実数の計測はないものの近年非常に多くの人が訪れるようになっている。本節では斎場御嶽という聖地が観光を基軸とした地域開発においてどのように「発見」され、整えられていったのか通時的にたどると同時に、一見観光と無縁である聖地や宗教性が、実は沖縄南部の地域開発において比較的長い時間幅を持った「文化資源」であったことを示す。

図1　斎場御嶽のもっとも有名な拝所・三庫理で記念撮影を行う観光客（2015年6月筆者撮影）

斎場御嶽は沖縄県の沖縄本島南部、島尻半島の先端部に位置している。南城市以前の行政区画でいえば旧知念村《ちねんそん》の久手堅《くでけん》集落に位置している。御嶽とは南西諸島において祭祀の行われる聖的な空間・聖域の総称である。斎場御嶽は琉球王国直系の祭祀場として、王の巡拝や王室の祭祀者・聞得大《きこえのおお》君《ぎみ》の即位式が行われたりする、王国の精神面を支える基盤だったのであり、現在でも沖縄の最高の聖地と理解され、庶民の参詣の場所となっている。斎場御嶽は聖域のなかに拝所《うがんじょ》と呼ばれるいくつかの祭祀場を有し、とりわけ三《さん》庫理《ぐーい》という拝所は、二つの巨岩が寄り添って三角の空間を形成しており、特異な景観が各種トラベルジャーナルを通じてよく知られるようになった。

近代に入ると薪炭材のための伐採や沖縄戦の砲火で荒れ地となり、参拝も下火になっていたといわれている。一方で早くから文化財保護制度の対象となっており、一九五五年に文化財保護法（琉球政府）の「史跡・名勝」に指定され、一九七二年の本土復帰と同時に文化財保護法（日本政府）の「史跡」に移行されている。一九九〇年代の地元行政の埋蔵文化財発掘調査では、勾玉や銅銭など国家とのつながりを実証する祭祀品が多数出土され、のちの世界遺産登録に至った。斎場御嶽が登録された直接的な評価点は、御嶽という独特の聖域で見られる信仰や儀礼が、琉球王国由来の文化的・宗教的独自性を今に伝えているということであるが、他方で、たんに歴史学的・考古学的な観点のみならず、ICOMOS審査官の「信仰の場として、一種の冷気が漂う名状しがたい雰囲気」（本中 二〇〇一：六四）という言葉に象徴されるように、西洋社会とは異なる独特な宗教的雰囲気にも注目がなされた。

非西洋的な宗教性という見方と、琉球王国とのつながりという見方の二つが交錯しながら文化財として発見された聖地は、地元の参詣者・巡礼者だけでなく沖縄県外からも多くの訪問者（観光客）を獲得していくことになる。沖縄県のデータ（沖縄県 二〇一六c）によると、首里城を除いた「琉球王国及びグスク群」構成資産のなかで、斎場御嶽の入場者増は他を圧倒する伸びを示している。斎場御嶽の統計開始は二〇〇七年の七万人余りであるが、それまで知名度が低く本土（沖縄県外）からの訪問者も限られたものであったところに、世界遺産化とそれに続く聖地ブームに引っ張られ、二〇一二年度には年間四三万人が訪れるようになった。他の資産に近年大きな変化がないなかで、この間斎場御嶽の入場者数はわずか五年で六倍に増加したことになる。

急激な訪問者増加にともなうマナーの問題や「聖地らしさ」の維持が課題となり、別稿〔門田二〇一六〕で述べたように行政や観光協会による空間管理、ボランティアによる維持活動がなされているが、ここでは地域開発のなかで聖地や宗教性が位置づけられること自体、この地域ではそれなりの歴史性を持っていたことに注目したい。というのも、宗教性のある場所を「商品化」することは、沖縄本島南部の観光地化とほとんど軌を一にした、きわめてローカリティの強い地域開発の文脈で捉えうるからである。

2.3 「精神文化」を軸とした行政の開発

斎場御嶽が観光資源となっていることに関する地元行政のスタンスは、その宗教的環境の維持とローカルな人々の信仰や儀礼の継続に配慮しながらも、むしろ地域開発における最大の資源として位置づけ、聖地のイメージを敷衍したさまざまな振興策を打っていくという方向性である。南城市のウェブサイト、市長のページを開いて目に入るのは、「再生・復活・スピリチュアル」という方針である〔南城市役所 二〇一六〕。具体的に目指されているのは、統合医療と歴史遺産を活用した地域開発計画、滞在型のヘルスツーリズム、スピリチュアルツーリズムを軸とした開発であり、これは斎場御嶽、および対岸にある久高島という沖縄創世神話の島が有する神聖なイメージを下敷きに組み立てられた計画だといってよい。

　また市の観光計画の方針として「沖縄最高の精神文化の聖地であることの誇りと自然、さまざまな歴史・文化遺産を将来へ継承していく」（南城市総務企画部観光・文化振興課 二〇〇八：一六）と書かれているのは興味深い。なぜなら宗教という文言を使用せずに宗教的な習俗や場所を示す言葉として、「精神文化」や「聖地」といった言葉が使用されており、政教分離の原則と宗教的な習俗や場所を基軸とした地域開発の両立を図ろうとする行政の意図が明確に示されているからである。

「聖地」という言葉は今でこそ地域開発やツーリズム市場においてあたりまえのような言葉として流布しており、斎場御嶽もまたその概念を冠せられることが多い。しかし吉野航一が述べるように、斎場御嶽が「聖地」と呼ばれるようになるのは世界遺産化や観光地化、それにともなうメディアイメージの拡大にともなう比較的新しい時代のことであり、それ以前は日本神話との類比で近づきがたい禁忌のイメージをともなって表現されることが多かったという（吉野 二〇一二）[*4]。

　現代日本社会において、聖地という概念自体が地域開発の文脈で語られることが多く、こうした市場概念化した言葉を地元が再帰的に流用した結果が現在の「聖地・斎場御嶽」像であり、展開されているのはその像を基軸とした地域開発である。「聖地・斎場御嶽」が生み出すイメージは積極的に地元行政に取り込まれ、代替医療ツーリズムの誘致や、斎場御嶽を中心とした巡礼路をめぐる健康マラソンイベントの開催などへと具現化し、「精神文化」を強調した開発思想が前景化している[*5]。また民間レベルでもヨガ教室やヒーリングサロンなどが近隣エリアに立地しており、こういった「スピリチュアル・マーケット」（Norman 2011）の空間的展開が見られることと、斎場御嶽や久高島の聖地イメージに下支えされた場所性とが不可分に結びついている。

もちろん斎場御嶽をめぐる行政主導の「商品化」過程に対して市民が一律に賛意を示しているわけではない（門田二〇一七）。また地域住民のなかには観光地化していく御嶽に嘆息する声も少なくない。確かに、地域で篤い信仰を集める聖地を地域開発の中心に位置づけ、外部のまなざしへと開いていき、多くの訪問者を獲得していくことは、その倫理的是非を問う以前にまずもって奇妙な事態かもしれない。他方で沖縄戦後史のなかでは、広義の宗教的な場所こそが他の地域と差異化しうる沖縄の独自性を持つ場所であるとして、近代観光の萌芽となってきたのもまた事実である。それは戦跡観光と呼ばれる戦後沖縄における初期観光形態を形づくる契機となった一大ムーブメントである。こうした慰霊や祈りを基軸に据えた空間的再構築と観光化・地域開発は、聖地観光の拠って立つ歴史的文脈でもある。観光的文脈で再発見されていく斎場御嶽を事例にこの問題を論じていくため、斎場御嶽を取り巻く歴史的コンテクスト、すなわち戦後沖縄における地域開発を次に整理しておきたい。

3　コンテクスト

3.1　戦跡観光

沖縄本島南部では慰霊空間の生成とともに、それをめぐるツアーが定型化し、これが事実上戦後観光の萌芽となってきた。宗教性を中心に据えた地域開発という斎場御嶽の置かれたコンテクストは、一見奇妙なつながりにも見えるツーリズム市場における聖地の発見を後押しすることになったといってよい。

アジア太平洋戦争末期、一九四五年六月まで続いた沖縄での地上戦では、本島中部（読谷村《よみたんそん》）に上陸した連合国軍（米軍）が全域にわたって制圧を続けるなか、日本軍は一般住民をともないながら本島最南端まで撤退戦を繰り返し、最終的に糸満市摩文仁《まぶに》において壊滅するに至った。圧倒的な劣勢のなかにあっても降伏することなく戦闘状態を継続したことが、一般住民を巻き込む膨大な死者数を生み出すことになったのは周知のとおりである。激戦で残された遺骨は、戦後復興のなかでしばらく放置されていたとされている。福間良明が明らかにしたように、一九五〇年代に「野ざらし」の遺骨をめぐる報道によって近隣住民や遺族による遺骨収集や慰霊塔の建設が開始され、一九六〇年代初頭にはそれらの慰霊塔をめぐる、日本遺族会青年部による沖縄戦跡巡拝が開始された。続いて、一九五三年に公開された映画『ひめゆりの塔』はいわゆるひめゆり部隊の悲劇を描き、復帰前の沖縄に対する全国的な同情の念を引き起こしたことで、ひめゆりの塔を中心に南部地域をめぐる戦跡慰霊巡拝の旅が定式化されていく（福間 二〇一五）。

北村毅は「本土復帰」直前の一九六〇年代当時、メディアイベントや旅行を通じて沖縄の置かれた苦境に強く心を痛め、沖縄のために涙する人々が続出したことを「沖縄病」と呼んでいる（北村 二〇〇九）。その「患者」の代表例が復帰運動に大きな政治的関与を行った佐藤栄作首相であるところに、南部エリアの慰霊巡拝のコースが、沖縄と本土をめぐるナショナルな語りへと結びつけられていく過程を見て取ることができる。戦後沖縄の観光は海や南国イメージよりも先に、激戦地をめぐる慰霊巡拝の旅が原型となっているのである。一九六二年からは摩文仁の丘における霊域整備事業が始まり、平和祈念公園に各都道府県による意匠を凝らした慰霊碑建立ラッシュが起こる。戦跡からの遺骨回収と摩文仁への埋葬が進み、さらには沖縄からはるか南に位置する「南洋群島」での死者を悼む場所としての機能もともないながら、摩文仁は沖縄戦以外も含めた太平洋戦争全体の一大慰霊空間として「靖国化」(北村 二〇〇九、二九三)し、沖縄県外からも人の集まる場所として聖域化していく。

戦跡・慰霊ツアーの成立によって、本土からの人々は団体バスに乗って戦跡をめぐり、ガイドの迫真の語りを通じて「戦士」の最期や戦火に巻き込まれた住民の悲哀話に涙した後、当時米ドル圏内で輸入品が安く買えた那覇市内で、舶来品を買い込んで帰路に就く。バスガイドの語りは戦跡や戦争表象のエージェントとしてツーリストを引き込んでいく。こうして沖縄観光には当初から、戦争や慰霊にまつわる静謐なる空間のイメージが中心に存在していたのである。それはのちに沖縄本島北部開発が「沖縄海洋博覧会」(一九七五―七六年)に代表されるように、海や南国の楽園イメージを前景化させながら展開していくのと対照的な、広い意味での宗教ツーリズムのアリーナだったのである。

沖縄本島南部の慰霊空間と観光化は、決して慰霊巡拝やツーリズム市場という日常生活から遊離した領域のみで展開していたことではなく、よりローカルなレベルでも同様のことを見て取ることができる。戦争とローカルな文化の交錯に関しては、村山絵美が述べるように、シャーマニズム(ユタによる祈禱)や観光ボランティアの語りにおいて、戦争の体験談が織り込まれるようになったり、再開発されたゴルフ場などで兵士の亡霊話が語られたりと、人々の日常の語りにも垣間見ることができるようになる（村山二〇一一）。他方、慰霊碑や慰霊塔の建立は「靖国化」された摩文仁だけのことではなく、南部エリア全域でおびただしい数の慰霊碑建立と集落単位での慰霊祭の実施が見られるようになる（上杉二〇一一）*6。

ここからは戦後沖縄において南部全域の聖域化が見られ、慰霊に関わる儀礼、物、観念の空間的展開を指摘することができる。そのような空間的展開はもちろんローカルなレベルの観光にも影響を及ぼし、たとえば修学旅行生などを対象としたいわゆる平和学習において、住民が避難したり集団自決したりしたガマ（洞窟）や病院跡を学習の舞台とした展開が見られるようになる。そこでは、寺石（二〇一三）が述べるように復帰前の戦跡巡礼ツアーのような「殉国美談」を語るナショナルな回路への接続ではなく、そのような戦跡観光への反省に立った平和教育が構想され、新たな観光へと接続されていったという。観光といえばレジャー施設や南国イメージに直結する自然空間を消費することがあたりまえのようになっていた沖縄観光において、通常では観光資源と見なされないような慰霊や聖域が、外部からの訪問者にとって訪れる価値のある場所とみなされるようになった。このことは斎場御嶽の文化遺産化、観光地化の前提として宗教を資源とした地域開発がコンテクストの形として存在することを示唆する社会史である。

3.2 琉球王国の象徴への位置づけ

広い意味で宗教的な意味合いを持つ空間が地域開発の資源として発見され、整えられてきたことは、本島南部を中心とした沖縄観光における独自性の一つの象徴である。この固有性をさらに進めることになったのが「琉球王国」の再発見である。先に述べたように琉球王国は世界遺産になっていることもあり、東アジアからの観光客にとっても認知度の高い観光資源だが、これが当初から沖縄の独自性を象徴する存在であったかというとそうではない。むしろそれは戦後沖縄、とりわけ復帰後における沖縄の文化的アイデンティティの回復・構築運動の一環あるいは帰結として出てきたものであり、開発言説のなかに琉球王国という概念が登場したこと自体が、比較的近年の新しい動きなのである。たとえば櫻澤誠(二〇一五)は、復帰後のそのような運動として「沖縄学」の自立性回復運動などとともに、首里城の再建がメルクマールとなったと述べている。

旧王国の宮殿であった首里城は戦災で焼け落ち、その後琉球政府立の学校(後の琉球大学)が一九八四年まで立地していた。復帰直後の一九七三年に主殿再建の期成会が結成され、一九九二年に尚家(旧王家)所有遺産の寄贈とともに再建がなされるに至った。この背景には海洋博以降のリゾート開発から持続可能な開発への質的転換や、文化財・文化遺産の保護の進展などがあるが、一九九二年前後を中心とした「琉球」ブームにおいて、櫻澤によれば重要なのは「沖縄的なもの」をめぐる自己認識の変容であったという。たとえば一九九五年の米兵少女暴行事件以降、日米地位協定や基地への疑問視から「琉球王国」「琉球処分」「沖縄戦」「日本復帰」の再検討や歴史的再評価が行われ、戦後体制の客観視、基地問題に端を発する本土依存の相対化が進んだ。それと同時に、対米依存というそれまでのアイデンティティに代わる文化的な独自性、政治的・社会的な独立性の模索が盛んになり、その核として再発見されたのが「琉球王国」関連の文化遺産であったという。

斎場御嶽は王家の巡礼地であったが、他方で現在に至るまで庶民の信仰の場所でもあった。東御廻り《あがりうまーい》と呼ばれる習俗は首里から斎場御嶽に至るまでにいくつかの御嶽や拝所を参詣する巡礼行事で、かつては王によって、そして現在では親族同士で行われている。斎場御嶽の位置する久手堅集落や安座真《あざま》集落では、年中行事の際に現在でも御嶽内で儀礼を行っており、世界遺産登録以前には草刈りや清掃も行っていた（知念村文化協会学術部編 二〇〇六）。住民にとって斎場御嶽は普段はあまり近づいてはならない禁忌の場所であり、行事の場であり、また子どもにとってはクワガタを捕る場所でもあった。

世界遺産登録前の斎場御嶽は、このように地域の生活体系に組み込まれた場であり、日常に組み込まれた宗教観で認識される空間だった。「琉球王国」の象徴として、また沖縄の独自性を象徴するものとして大きな文脈に位置づけられ、日常生活のレベルから引き離されていく斎場御嶽に対して、観光化への危惧の声もあるなか、ナショナル、グローバルなレベルでの評価を得たことが「誇り」であるという声も地元には多い。沖縄本島南部のさまざまな宗教的な場所は、戦後日本社会における観光の大衆化のなかで「発見」され、次々にローカルな文脈から引き離され、こうして「沖縄」や「日本」ひいては「世界遺産」へと、より大きな文脈に位置づけられていくことになったのである。

4 東アジアにおける沖縄と越境観光

4.1 まなざしの先

以上概観してきたことから見えてくるのは、戦後沖縄の向いてきたまなざしの方向性である。戦跡観光の成立、琉球王国の再発見、そして斎場御嶽の世界遺産指定という三つのステージは、いずれも対「本土」という文脈において沖縄の地域的独自性を結果として示す機会となった。戦跡観光が生み出した「沖縄病」患者は、帝国主義に巻き込まれていった沖縄への罪悪感を持ち、後に本土復帰や莫大な公共投資へと結びついていく素地を作った。琉球王国をめぐる歴史認識と世界遺産化による「誇り」は、いずれも日本という近代国家のなかで従属的な位置を強いられてきた沖縄に対して、文化的独自性があることを印象づける機会となった。もちろん沖縄の世界遺産を、UNESCOは日本というナショナルな枠組みで評価したわけではない。しかし結果的にローカルな文脈においては、日本という範囲での沖縄の独自性が強く認識されるに至ったことは軽視できない。

「沖縄らしさ」や「沖縄イメージ」は、多くの場合「本土と沖縄」「内と外」という二項対立的な懸隔の幅において語られてきた（多田 二〇〇八、二七〇）。そこには観光開発、知識人の関与、現実政治など多くのファクターがあるが、「琉球処分」という権力を介した事実上の併合によって日本の枠内に沖縄を組み込んで以来、沖縄がまなざす先にはつねに「本土」があった。斎場御嶽をめぐる地域開発もまた同じ構造が存在している。しかしアジアからの観光客が急速に増えている現在、そのまなざし自体に限界が訪れつつある。要するに、沖縄の開発担当者が発信する自己像と、外国人訪問者が求めるイメージのあいだに齟齬が生まれつつあるのではないかということである。こうしたまなざしのすれ違いに関しては、近年の新たな沖縄研究でも論じられるようになっている。

4.2 すれ違うローカリティ

新しい研究成果の刊行が続く沖縄研究にあって、近年一つの重要な視点となっている概念が「越境」である[*7]。グローバル化のなかで人や情報の移動がトランスナショナルになり、ボーダーを越えた視点が必要になってきているのは、人類学を中心とした文化研究の基本的な構えになっている。モビリティターン（移動論的転回）（アーリ 二〇一五）と呼ばれる時代において、国境や民族集団という旧来のボーダーを相対化する手法が求められているが、沖縄研究が明らかにしてきたのは、こうしたボーダーの歴史性である。ボーダーが長い歴史を持っているということではない。むしろ事態は逆であり、現在沖縄と呼ばれている広域ではもともと人の移動や文化の伝播が恒常的に見られており、そこに空間的な境目を構築し、差異を刻み込むこと自体がその都度の国家間の歴史的駆け引きなのであり、境界の線引き自体が政治状況に応じてつねに流動してきたということである。二〇一六年の論集において、編者の小熊誠は次のように述べる。

沖縄は、今でこそ日本の南に位置する辺境と見られがちだが、その視点は近代以降沖縄が日本の一部に併合され、近代国家における国の「境界」のなかで形成されたものだといえよう。前近代の歴史的視点に立てば、沖縄は琉球として独立国家を形成し、中国だけでなく、日本そして東南アジアとも交易を通して文化的交流を行っていた。琉球・沖縄を視点の中心に据えた場合、そこは決して辺境ではなく、国、地域のみならず、さまざまな「境界」を越えて人、モノ、情報が行き交う場であった。（小熊 二〇一六：一四－一五）

こうした地理的な配置から見て、沖縄に国境を越えて多数の「外国人」が訪れること自体は通史的に珍しい話ではなく、また、それが移住者や労働者ではなく観光客として訪れるようになったことも、その延長線上にある。近年急激に観光客が増加しているのは本島だけでなく石垣島、西表島などの八重山諸島でも同様であり、とくに台湾から数多くの人が訪れるようになった。台湾と八重山諸島は、もっとも近い与那国島からだと約一〇〇キロメートルの近さにあり、場合によっては目視可能な距離だといわれている。また中核都市の石垣市から台北には直行便が就航しており、クルーズ船での来航も多い。

同じ論集のなかで上水流久彦（二〇一六）は、台湾人観光客と受け入れ側である八重山側の興味深い齟齬について論じている。台湾人観光客の増加にしたがって、八重山側は団体観光客向けに特別な料理メニューの提供やイベントの開催でもてなそうとしており、クルーズ船の団体客に対しては地元のアピールもかねて大々的な受け入れを行っている。クルーズ船による沖縄旅行は比較的廉価なものが多く、八重山・宮古の諸島をめぐりながら名所旧跡を観光し、昼食は現地でとり、それ以外の食事や宿泊は船舶で行うというのが基本形である。いわゆるマスツーリズム的な色彩を持ったハードルの低い団体観光旅行であり、日本語はもちろん八重山の地理・歴史や地域情報を身につけていなくとも十分に楽しむことのできる旅の形態として人気を博しているという。齟齬というのはこの点に由来しており、一言でいえば台湾の観光客は「沖縄的」なもの、あるいは「八重山的」なものをあまりよく知らないし、そもそもそれに関心も少ない。他方で迎える側の八重山の人々は、観光客に「八重山的」「沖縄的」なものを用意し、受容してほしいと考えている点である。

上水流のあげる例でいえば、地元の商店街や自治会の人々は団体客に対して「八重山そば」と民俗芸能でもてなす。しかし台湾の人々が求めているものはむしろラーメンやショッピングモールでの買い物なのだという。八重山そばはこの地域にやってくる日本人観光客に人気だが、その差異に価値が置けるのは、そもそも麺類全般のなかで沖縄そばを差異化し、さらに沖縄そば全般のなかで八重山そばを差異化できる分類枠組みを有しているからであり、その枠組みを持たない人にとって、「八重山そば」を単体で評価することは難しい。それよりも彼らにとっては人気も知名度も高いラーメンを食したいという欲求なのである。

台湾人観光客は八重山に「日本的なもの」を求め、八重山の人は「八重山的なもの」を提供することで、「日本的なもの」への回収を拒んでいる。八重山側のロジックはそのことによって国内はもちろん沖縄県内でも八重山という地域の独自性を作りだし、ツーリズム市場における自らの立ち位置を確保しようという狙いがあるが、それはあくまで日本や沖縄というドメスティックな領域での話であり、そのロジックを共有していない台湾の人にとってはあまり関心のないことなのである。「ラーメン」は近年のアジアだけでなく、国外からの観光客にとってもっとも分かりやすい日本的なもののアイコンになっており、たとえば那覇でもっとも行列のできる店は福岡に本店のある博多ラーメンの店であり、台湾の観光客がつねに長蛇の列を作っている。そのような事情もあり、八重山側による「八重山的」なるものの演出や提供は台湾観光客にあまり人気がなく、彼ら（八重山側）から見れば何ら地域的な特色がないように見えるラーメンや大型スーパーに引き寄せられていく。台湾側は八重山を「日本」という枠組みで捉えており、八重山側は「八重山」という枠組みで捉えている。その中間項にある「沖縄」をどちらもすり抜けていることが齟齬をより拡大させているのである。

4.3 緯度が生み出す場所の「価値」

このようにドメスティックな位置づけとグローバルな位置づけがすれ違うということは観光の地理的拡大によってしばしば生じている。端的な例が日本国内の「南国」イメージを売りにした観光地の漸次的衰退である。熱海、下田、伊豆大島、八丈島、南紀白浜、高知、宮崎など、東京や大阪などのツーリスト送り出し圏から相対的に南に位置し、近代大衆観光の勃興とともに代表的な国内観光地となったエリアでは、地理的な差異を異郷性・異国性に変換し、実際の地理的・気候的な条件よりも過度に南国イメージを構築していくことで場所の独自性を確保してきた。駅前や海岸沿いの道路に立ち並ぶ椰子の木、ハイビスカスなどの植栽やワニのいる熱帯植物園の造園、余興としてのフラダンスといった一連のセットは、温泉地の持つ温暖イメージと擬似的なハワイイメージを組み合わせたハイブリッドな空間を作り上げた。

長谷川（二〇〇七）や森津（二〇一二）が検討した宮崎の事例は、まさにこうした擬似的な南国の誕生を象徴するケースである。長谷川らによると、宮崎は戦前戦中において「天孫降臨」の場所として皇国史観に基づく聖地扱いをされていたのだが、戦後は地元の交通産業による南国イメージを基軸とした海岸エリアの観光開発が進み、そこに「南国宮崎産業観光大博覧会」（一九五四年）開催や、皇族の新婚旅行地となったことが契機となってハネムーンの場所としてのイメージが重なっていったという。当時の南国イメージの規範はいうまでもなく「楽園ハワイ」であるが、そのイメージは、メディアを通じて多くの地域へと広まっていき、ローカルな場所性をヴァーチャルな南国へと転換させていくことになった。南国イメージを基軸とした開発は、戦後日本社会において交通の発達や可処分所得の上昇、そして日本の「領土」の再拡大（端的にいえば奄美群島や沖縄の本土復帰）とともに南進していき、その都度、古い「南国」は新たな「南国」に凌駕されていった。熱海や宮崎よりも、与論島、沖縄本島のほうがよりリアルな南国として人々に受け止められ、熱海や宮崎は二〇世紀末において、大規模なリゾート施設の倒産や観光地としての地盤沈下が報じられるようになる。こうして国内観光の空間的拡大のなかで、真に南国イメージを纏《まと》うことが消費者に求められた地域は、南西諸島に集約されるに至った。

もちろん沖縄よりもさらに「実体的」な南国として、一九八〇年代の日本社会ではグアム、サイパン、ハワイが現実的な渡航先になったが（山中 一九九二）、それによって沖縄の南国性が揺らぐことがなかったのは、日本における旅行市場の九割以上が国内旅行であり続けたこと、そのなかにあって沖縄は依然「最南端」であり続けたからである。一九七二年の本土復帰以降、「青い海」「白い砂」を島のイメージの核に据えて地域開発を行ってきた沖縄において、あくまでターゲットは北方、つまり「本土」だった。二〇〇〇年代以降の沖縄観光は南国イメージ一辺倒から文化や生活の独自性を観光資源に加え、夏期から通年観光へと脱却を図ろうとしているが、そのことを踏まえてもなお沖縄の優位性の核は日本のなかでもっとも南という立地条件にある。

それは台湾の観光客から見れば、南に張り出した「日本」なのであり、ラーメンにせよ医薬品にせよ、「日本らしさ」をもっとも近距離で手に入れるための先端部である。この「南」をめぐる地政学的ポジションこそが沖縄の国内・国際観光市場における優位性をもたらしていると同時に、沖縄は地域イメージの自己形成においてあくまで「北」に方向性を向けていたために、同様のイメージをさらに「南」に向けた際に台湾側が求めているものと沖縄側が発信したいものとのあいだに、すれ違いが生じているのである。もちろん対「本土」によって生み出された南という沖縄の自己表象は、中国本土や韓国の観光客に対してはある程度有効に作用する。しかし緯度によって場所の独自性を打ち出すことのできない台湾や香港に対して、それだけで差異化を図っていくことは容易なことではない。

5 現在の斎場御嶽と自己提示

5.1 管理体制と「信仰」の尊重

以上を踏まえてふたたび斎場御嶽に視点を戻して考えてみたい。それは自己の文化の理解に基づく他者への表現のことであり、聖域の管理に携わる人々のまなざしの方向が、あくまで日本という範囲に規定されており、外国人訪問者には向けられていないのではないかという点である。

現在の斎場御嶽の管理は、市、観光協会、ボランティア団体が共同で行っている。世界遺産登録以前は地元集落やノロ（集落の祭祀者）が儀礼や日常的な管理を担っていたが、現在では文化財（とりわけ埋蔵文化財）に関わる部分や全体の方向付けに関しては市教育委員会、入場料の徴収や物産館など商業面でのマネージメントは市観光協会、そしてガイドや掃除に関してはボランティア団体が担当している。現場での管理はおもに観光協会とボランティア団体が担当し、近年では御嶽の宗教的な文脈を共有していない観光客が増加して「マナー」が問題化しているため、マナーアップビデオを上映したりボランティアがガイドや注意を行ったりすることで、静謐な空間の維持に注力がなされている。

斎場御嶽は観光化のなかにありつつも、管理をする人々においては信仰を維持しようという価値観を確認することが可能である。なぜなら管理にあたる人のほとんどが地元出身であり、伝統的な信仰を守るのは当然だという意識があるからだ。しかし事情はそれだけではない。宗教的な環境を維持することは観光化（誘客、知名度向上、他との差別化）においても利点があり、とくに前述のように「精神文化」を核とした地域計画を進めたい行政や観光協会にとっては斎場御嶽の聖性こそが重要な要素となる。そのため人材育成の観点からも、ボランティア団体や観光協会を通じて住民に開発実践への参加を促すようになっており、いわゆる住民参加型開発の拡大によって、斎場御嶽が新たな地域開発の中心にあることは変わりない。こうして観光資源化と聖地としての環境維持は、一見矛盾しながらも並立している。

図2　3言語で記された聖域内の注意書き（2016年9月筆者撮影）

　現在斎場御嶽には一日平均でおおむね一〇〇〇人ほどの訪問者があるというが、そのなかで外国人訪問者は三〇人から一〇〇人程度という。ただ明確に統計をとっているわけではないので実数は不明で、とくにアジアからの個人客となれば日本人との区別がつきづらいため、それ以上に外国からの訪問者は多いものと思われる。国ごとの訪問の仕方に大きな違いがあるわけではない。ただ、台湾や韓国からの訪問者は団体バスでの訪問が多く、必然的に大人数で話しながら散策するため、解説文などから場所の歴史を詳しく読んだり静かに瞑想したりすることが難しく、聖域内には図2のような外国語の立て看板が増えつつある。またボランティアの人々も外国語のマニュアルを作り、最低限度の案内や口頭での注意を促すようになっている。

もちろん外国人訪問者がとりわけ「態度」が悪いというわけではない。しかし多くの観光地と同様に、管理者の感覚レベルでは外国人観光客が聖地の雰囲気を乱しているという意識を持っている人が多いのも事実である。コミュニケーションの不在がその理由の一つにあるのは確かだが、さらに多角的に考えていくと、ここにも冒頭で述べたような外国人訪問者が求めることと、地元側が提示したいものとの微妙な差異があることがうかがえる。管理者にとって外国からの訪問者はあくまで「注意」を促していく対象であり、彼らにのみ向けてしつらえた場所の案内の仕方がそれほど備わっているわけではない。もちろんパンフレットなどの各国語訳は万全に揃っているし、外国語での対応が可能な職員も増えつつある。ただ対応可能ということと、ナショナルな文脈を脱し、グローバルな文脈で斎場御嶽やローカルな宗教性を捉え直していくこととはやはり位相が異なっており、容易なことではない。

筆者が南城市観光協会のインバウンド担当者へのヒアリングで印象深かったのは、「いかに〝日本〟を取り込むかが大事」と述べていた点である。台湾、香港、韓国などから南城市や沖縄にやってくる観光客は「沖縄というより日本に来ているという意識」があるという、八重山と同じような現状が認識されている。買い物であれば日本人観光客向けに特化され「沖縄らしさ」をカリカチュアした那覇の「国際通り」ではなく、「サンエーメインプレイス」や「ライカム」といったショッピングモールに行く（ただし国際通りでは「ドンキホーテ」とドラッグストアは人気である）。また温泉を求める人が多いというのも、一般的な日本イメージから来る欲求だと思われる。台湾からの団体客は数日間のクルーズツアーの一環で那覇港に降り立ち、団体バスで短時間で回るため、「日本的なるもの」を越えた場所には容易にたどり着かない。

5.2　すれ違う聖地

そのなかにあって斎場御嶽は世界遺産というラベルが付いていることもあり、「日本的なるもの」以外では珍しく彼らの心を摑むものとなっている。しかし一方で、外国人訪問者の関心を摑み、より広い文脈の言葉に置き換えて斎場御嶽を表現するには至っていない可能性が高い。それはひとえに、斎場御嶽が聖地であるといいうる根拠、すなわち場所の宗教性が言語化されていないということに集約される。私は斎場御嶽周辺内外でのフィールドワークを通じて、御嶽の掃除や環境を管理し、有償のガイド活動を行うボランティア団体に聞き取り調査を重ねてきたが、そこでつねに彼ら彼女らが非常に勉強熱心であることに感銘を受けてきた。ボランティアは市が実施するガイド養成講座を受講し、琉球王国や斎場御嶽の歴史を詳しく学んだ人だけが採用される「狭き門」である。市内外の退職者や地元住民、観光業と兼業で行う人など、常時五〇名程度のメンバーが登録されており、会の規則や定期的な研修会も整備されこの種のボランティア団体としてきわめて精緻な体系性を有した団体である。

ガイドの過程ではボランティアの人々が勉強を重ね、独自にイラスト入りの資料を作成して案内している。しかし、歴史を中心とした熱心な勉強という彼らの目指す方向性と訪問者の欲求が時に一致しないことがある。たとえば聖地らしさや宗教性をより直感的に体験したいという欲求である。近年では御嶽への訪問者のなかで、多様な訪問動機を持つ人が増えており、とくに「スピリチュアル」な意識を持って訪れる人が、(多くはないものの) 増えている。「普通の」ツーリストのように聖地の風景を見ることで満足して帰って行くわけではない。むしろ彼らは、それだけで満足して帰って行く普通のツーリストから自らを差異化し、「自分はツーリストではない」と称する点に特色がある。かといって彼らは特定の信仰を持っていると主張することはなく、人によっては「無宗教」であることを強調する。彼らは岩や植物に向きあったり、手を合わせたり手を広げたり、時に話しかけたりする。こうしたスピリチュアルな実践への関心は、日本人にも外国人にも多い*8。

詳細は別稿で述べたように (門田 二〇一七)、ローカルな宗教伝統と異なるオルタナティブな宗教性に関心を持った訪問者に対し、ボランティアや観光協会などの現場管理担当者は理解が及んでいない状況にある。もちろん彼らを排除したり非難したりすることはないが、どういう動機を持った人々なのか分からない状況に困惑しているといった様相である。斎場御嶽の入り口には「ここから聖地です」との看板が掲げられている。管理担当者は「聖地」なのだからふさわしい態度で臨むように期待してこの看板を掲げたそうだ。ただ、この場合の「聖地」が誰にとって聖であるのか、というと一筋縄ではいかない。ボランティアの人であれば、あくまで琉球王国やその祭祀者にとって聖なる空間であると認識されているだろう。少なくとも琉球史を中心とした歴史学習に基づく斎場御嶽の理解では、自然とそのような答えに帰結する。

琉球王国にとっての聖地、つまり斎場御嶽を聖地であると意味付ける主体が琉球王国であるならば、訪問者は、そのような意味付けにしたがい、敬意を持って環境維持に協力すべき「他者」となる。いい換えると訪問者には、「あなたにとっての聖地」であるというメッセージが発せられているわけではない。他方で宗教性に興味があり、自らその雰囲気を体験してみたい訪問者にとっては、「他者の聖地」としてではなく「私にとっての聖地」を経験しようと入っていく。現場の管理者にとって、斎場御嶽の聖地らしさとはあくまでその場所が歴史的に積み重ねてきた琉球王国史の一場面であり、歴史知識のなかに存在する。しかし訪問者の興味は、そこに尽きるわけではない。歴史を超越した宗教性を今自ら体得したいと思う人々にとって、歴史的な遺産として学び、その遺産を継承すべく環境維持に協力する、という距離感のある関わり方に留まることは満足がいくものではないものと考えられる。

ここに言語的・歴史的知識によって聖地を説明しようとする現場管理者と、身体的な感覚を含めたレベルにおいて聖地に触れてみたいと思う訪問者のズレが見え隠れする。外国人訪問者のなかで日本語を解し、日本と沖縄のあいだに横たわる歴史的知識を有している人は、言語的・知識的な説明にも満足しうるが、そうでない人にとっては未知の宗教性を身体的に感じてみたいと考えるのは自然である。「興味深いが、よく分からない」と答えた香港からの学生の意見は、まさにこうした管理側が提示したい聖地像と、自らが「感じ取りたい」聖地像のズレによって生じたものだと解釈しうる。

6　おわりに

斎場御嶽へ世界遺産登録前に訪れたことのある人は、後になって再訪した感想を驚きとともに表現する。静かだった空間にあのように人が集まるのが信じられないと。沖縄の人もまた、時に観光地化への嘆きや世界遺産登録による「誇り」など、さまざまな感情をともないながらも同じように急激な変化に驚きを表明する。しかし、手すりや立て看板などが増えたとはいえ斎場御嶽の基本的な部分に変化はなく、変化したのは観光客やメディアを含むまわりや、その見方である。観光的再発見のなされた斎場御嶽は、琉球王国の精神文化を集約した場所として意味付けられ、ボランティアや行政を介し広く知名度が上がっていったが、外国人訪問者を含む外部への自己表象の仕方と、新たなタイプの訪問者が期待する像とのあいだにはすれ違いが存在する可能性がある。それはちょうど、「日本的なもの」を求めて八重山にやってきた台湾人観光客に対して、八重山の人々が「八重山らしさ」をアピールし、そこに大きな関心を得られていない状況と相似形にある。

もちろん私は斎場御嶽の管理を行っているボランティアや団体の人々の実践を批判する意図はまったくない。斎場御嶽や琉球王国の「再発見」は、地元の人々にとって観光的文脈以前にまずもって文化的な文脈での独自性や自立性を認識しうるようになったきわめて重要なメルクマールだったからである。他方で宗教性から距離を取った現在の表現では、旧来型の視覚中心的な観光地に収まってしまう恐れがあり、いつか飽きられてさびれた観光地になってしまう可能性も含んでいる。こうしたサイクルをたどるとすれば斎場御嶽が通常の観光地としてのみカテゴライズされてしまうということであり、そのような流れへと定式化されてしまう前に「聖地である」とはどういうことなのか、また誰にとって「聖」であるのか、といった点について言語化していく必要があるだろう。それはドメスティックな領域で安住していたときには思いもつかなかった観点で場所や文化が解釈されるようになっている、現在の東アジアの観光空間に共通する課題である。

註

*1 もちろん「沖縄的なるもの」を文化やアイデンティティに集約させて語ることはできない。たとえば谷富夫は「ゲマインシャフト的第一次集団の行動パターン」を「沖縄的なるもの」であると定義づけたうえで、さらにそれを自力主義、家族主義、相互主義の三要素に分けている。量的データによって以上を実証する谷のアプローチは社会生活の様式に地域性をみるものである（谷 二〇一四）。

*2 近代史を中心とした歴史研究において、汎東アジアのスケールで沖縄を論じたものとしては與那覇（二〇〇九）などをあげられる。

*3 一般的な琉球沖縄史においては、琉球王国の存続期間は尚巴志《しょうはし》による三山統一が行われた一四二九年から、いわゆる琉球処分により沖縄県となる一八七九年までと理解されている（外間 一九八六）。なお南城市は尚巴志生誕の地でもあるため、地域開発の一環でその顕彰と観光資源化を進めており、斎場御嶽との絡みで琉球王国のルーツという地域イメージを今後強めていくようである。

*4 吉野によると、一九七〇年代までの斎場御嶽は「神境」「神霊地」などの言葉で表象され、「天の岩戸」など日本神話との類似で表現されていたが、徐々に沖縄のエキゾチシズムに沿うように「神秘的な場所」「不気味な雰囲気」といった遠い存在として語られていた。それが「聖地」と呼ばれるようになったのは、近寄りがたさを払拭し、訪れてみたい観光地イメージが増殖することとパラレルだったという（吉野 二〇一二）。

*5 「神のさと南城ウォーク」「ECOスピリットライド&ウォーク」「尚巴志ハーフマラソン」「東御廻り《あがりうまーい》国際ジョイアスロン」など、歴史・精神文化イメージを流用したイベントの開催がなされている（塩月二〇一二）。

*6 上杉によれば、南城市だけで三五の慰霊碑が確認され、自治会ごとに慰霊祭が実施されているという（上杉二〇一二）。

*7 これは民俗学や文化人類学の主潮であり、歴史学に関しては、高江洲が沖縄の自画像をめぐる歴史研究の流れを、①「個性」の時代（沖縄学の誕生から一九七〇年代）、②「自立」の時代（一九八〇年代、アジアのなかや日本のなかで埋没しない沖縄像を模索する時代）、③「自己決定」の時代（一九九五年以降の沖縄に主体的能動性を見いだす歴史研究）という三つのステージに区分している（高江洲二〇一六）。

*8 既存の宗教伝統とは無関係に個人的な解釈に基づくスピリチュアルな関心を持ったツーリストとの対立や競合については宗教ツーリズム研究で論じられつつある（Stausberg 2011）。世界の著名な聖地では、伝統的な信仰を持った地元民・先住民と、それらを荒らす世俗的なツーリスト、という古典的な対立軸があるのではなく、むしろ、新しい宗教観を持った多様なツーリスト／巡礼者が訪れることで、それぞれが聖地の所有・占有を主張し合うという、競合状態が課題となっている。

参考文献

〔日本語文献〕

アーリ・J、二〇一五『モビリティーズ——移動の社会学』吉原直樹・伊藤嘉高訳、作品社。

上杉和央、二〇一二「沖縄県南城市における戦没者慰霊：旧玉城村・知念村域を中心に」『京都府立大学学術報告』六四、九七–一一八。

沖縄県、二〇一六a『沖縄の米軍及び自衛隊基地（統計資料集）』知事公室基地対策課（http://www.pref.okinawa.jp/site/chijiko/kichitai/documents/02kitinogaikyou02beigunnkiti1-7.pdf）二〇一六年一一月二五日取得。

沖縄県、二〇一六b『観光要覧　平成二七年』沖縄県文化観光スポーツ部観光政策課（http://www.pref.okinawa.jp/site/bunka-sports/kankoseisaku/kikaku/report/youran/documents/h27-2_1.pdf）二〇一六年一一月二五日取得。

沖縄県、二〇一六c『第五六回沖縄県統計年鑑』（http://www.pref.okinawa.jp/toukeika/yearbook/yearbook56.html）二〇一六年一一月二五日取得。

小熊英二、一九九五『単一民族神話の起源——「日本人」の自画像の系譜』新曜社。

小熊誠、二〇一六「はじめに」小熊誠編『〈境界〉を越える沖縄——人・文化・民俗』森話社、七—一六。

門田岳久、二〇一六「聖地観光の空間的構築——沖縄・斎場御嶽の管理技法と『聖地らしさ』の生成をめぐって」『観光学術評論』四（二）、一六一—一七五。

門田岳久、二〇一七「聖地と儀礼の『消費』——沖縄・斎場御嶽をめぐる宗教とツーリズム」『国立歴史民俗博物館研究報告』二〇五。

上水流久彦、二〇一六「八重山にみる日本と台湾の二重性—台湾人観光の現場から」小熊誠編『〈境界〉を越える沖縄——人・文化・民俗』森話社、八七—一一六。

北村毅、二〇〇九『死者たちの戦後誌——沖縄戦跡をめぐる人びとの記憶』御茶の水書房。

櫻澤誠、二〇一五『沖縄現代史——米国統治、本土復帰から「オール沖縄」まで』中央公論新社。

塩月亮子、二〇一二『沖縄シャーマニズムの近代——聖なる狂気のゆくえ』森話社。

高江洲昌哉、二〇一六「近代沖縄の歴史経験と変遷する歴史像」『歴史学研究』九四九、一一一—一一九。

多田治、二〇〇八『沖縄イメージを旅する——柳田國男から移住ブームまで』中央公論新社。

知念村文化協会学術部編、二〇〇六『知念村の御嶽と殿と御願行事』南城市知念文化協会。

寺石悦章、二〇一三「沖縄の戦跡観光——慰霊から平和学習へ」『宗教と社会』一九、一九一—一九三。

南城市役所「ようこそ『市長の部屋』へ——南城市公式webサイト」(http://www.city.nanjo.okinawa.jp/about-nanjo/introduction/mayor/index.html) 二〇一六年一〇月二日取得。

谷富夫、二〇一四「沖縄的なるものを検証する」谷富夫・安藤由美・野入直美編『持続と変容の沖縄社会——沖縄的なるものの現在』ミネルヴァ書房、二—二二。

南城市総務企画部観光・文化振興課、二〇〇八「南城市観光振興計画——基本方針編」南城市 (http://www.city.nanjo.okinawa.jp/shisei/kannkousinkoukeikausyo.pdf) 二〇一六年一一月一五日取得。

長谷川司、二〇〇七「演出された『南国』イメージ——宮崎・日南海岸における南国的景観の造成」『KGPS review : Kwansei Gakuin policy studies review』九、一—一四。

福間良明、二〇一五『「戦跡」の戦後史——せめぎあう遺構とモニュメント』岩波書店。

外間守善、一九八六『沖縄の歴史と文化』中央公論新社。

村山絵美、二〇一一「『南部戦跡』の観光資源化に関する研究―沖縄戦の語られ方の変遷」『旅の文化研究所研究報告』二一、三一―四七。

森津千尋、二〇一一「宮崎観光とメディア（一）」『宮崎公立大学人文学部紀要』一八（一）、二五九―二六九。

本中眞、二〇〇一「最近の世界遺産登録をめぐる動向」『月刊文化財』四五〇、四―一〇。

山中速人、一九九二『イメージの「楽園」――観光ハワイの文化史』筑摩書房。

吉野航一、二〇一二『沖縄社会とその宗教世界――外来宗教・スピリチュアリティ・地域振興』榕樹書林。

與那覇潤、二〇〇九『翻訳の政治学――近代東アジア世界の形成と日琉関係の変容』岩波書店。

〔英語文献〕

Norman, A., 2011, *Spiritual Tourism: Travel and Religious Practice in Western Society*, Bloomsbury.
Stausberg, M., 2011, *Religion and Tourism: crossroads, destinations, and encounters*. Routledge.

第6章

台湾・金門における冷戦後の戦場観光とその持続可能性[*1]

鄭根埴・呉俊芳

1 戦場観光と何か

一九八〇年代からはじまった中国の改革開放や経済成長、そして一九九〇年代以降進んでいる世界的な脱冷戦は、東アジアの観光産業のあり方を変化させている。自然観光や文化遺産観光はもちろん、韓国や台湾の場合、民主主義への移行や過去の国家による暴力が生んだ傷痕の治癒という文脈から、災害や悲劇的な事件が発生した地域をふり返るダークツーリズムが形成され、冷戦の最前線であった地域をまわる戦場観光なども新たに形成されている。

戦場観光はもとはアメリカの南北戦争やヨーロッパの第一次世界大戦、あるいは第二次世界大戦の戦跡を探し、戦争の悲劇を繰り返さないための反省からはじまったものである（Lloyd 1998; Seaton 1999; 2000; Cooper 2006; Chambers 2012）。東アジアにおいても戦争の跡が残る地域を訪れる戦場観光は行われてきたが、長期にわたる冷戦による分断は本格的な戦場観光の形成を妨げてきた。

一九七〇年代の沖縄を嚆矢とし一九九〇年代に韓国や台湾で進んだ脱冷戦により、従来の安保観光は平和的な戦場観光に変化したり、もしくは両者が組み合わさった観光が生まれている。韓国では、休戦ラインや板門店観光を超え、金剛山観光プロジェクトが南北間の和解協力の一環としてはじまり、台湾では両岸間の対峙の最前線であった金門が新たな戦場観光地として脚光を浴びるようになった。冷戦下における戦場観光が総じて民族主義的かつ安保志向的なプロジェクトの一部であったとすると、脱冷戦下での戦場観光は反省的かつ平和志向的なプロジェクトに属するといえる（Herborn 2014）。過去の安保観光がそうであるように、戦場観光も観光地の企画者側と旅行者側がつねに同一のパラダイムを共有するわけにはいかず、時に意図せぬ結果を生み出す。

本章では、東アジアにおいて新たに形成された戦場観光の代表的な事例の一つとして、両岸、より詳しくいうと小両岸（あるいは金廈《キンカ》地区）に属している金門の事例に注目し、戦場観光の形成過程や観光の実践、影響について検討する。金門は両岸分断の出発点となった古寧頭《グーニントウ》戦役の現場で、両岸の対峙期における砲撃戦の現場でもあり、台湾側の最前線の境界であった。脱冷戦とともにはじまった金門観光は戦場観光でありながら、境界地点をまわる国境観光を兼ねた。金門観光はおもにお互い異なる方向性を持った二つの集団、すなわち台湾から訪問する観光客と中国大陸、とくに金門の対岸に位置した廈門《アモイ》と福建省地域から訪れる中国人観光客を対象とする。本章では、観光の具体的な動向を観光客と地域住民のあいだの相互作用の過程として捉え（Maoz 2006）、観光の主体である台湾人観光客と中国人観光客のまなざしと行動の違いを検討し（Perkins & Thorns 2001）、さらに金門の戦場観光に対応して対岸の廈門がどのように戦場観光を発展させてきたのかを探る。そのために、文献研究と現地調査とともに、二〇一五年末から二〇一六年はじめにかけて金門の戦場観光の関係者へのインタビューを行った。インタビュー対象者は旅行会社の社長一名、ガイド二名、国家公園ガイド三名、タクシー運転手一名の計七名である。彼らの証言を通じて、おもに台湾と中国の観光客のあいだの差異を把握した。

これまで金門の脱冷戦と戦場観光に関する多くの研究がなされてきた。マイケル・スゾーニ（Mychael Szonyi）の『冷戦の島』が二〇〇八年に出版されて以来、金門は東アジアだけでなく世界的に知られるようになり、砲撃戦の遺産である弾皮で作った包丁製造業は、職人呉増棟《ウツンドン》氏とともに有名になった（Zhang 2010）。

金門の戦場観光の発展に関する研究において侯錦雄（一九九九）は、金門の観光産業が開放の初期に急速に発展していたにもかかわらず一九九八年に停滞し始めるが、その理由を台湾からの観光客の「開放六年の限界効用の減少」、すなわち金門を台湾観光客に開放して六年が経ったことにより、神秘感や魅力が減じたためであると指摘した。それまでは大陸からの観光客はほとんどいなかった。侯の指摘は、「金門の戦場観光」の持続可能性に関する問題を提起する。郭美芳（二〇一二）は金門の戦場観光の一つの問題として、資源の喪失を指摘した。一九九二年に戒厳令を解除した後、金門の人々は自分たちの生活の場が持つ「戦場」イメージを捨てようとした。一九九〇年代から多くの軍事的防衛施設を撤去しはじめ、重要な歴史的痕跡だけでなく、住民が記憶する場所の精神的意味も消そうとしたのである。趙乃嘉（二〇一二）は、金門の戦場景観は国際的な資源であるため、戦場景観を先に保存し、それらが持つ文化的価値を復旧することで観光振興を図るべきであると主張した。また施沛琳（二〇一四）は、金門の観光振興のためには、米国の南北戦争の州をまたいだ旅行コースのように、金門の対岸である廈門との協力が必要と説いている。

以上の研究から、金門の戦場観光の形成過程ではじめに提起された論点が、戦場観光とレジャー型観光のあいだの選択であったことを再考する必要性があると考えられる。戦場観光が形成されていた初期に、金門の軍事施設が魅力的な資源として流用できたかどうかは定かではない。また脱冷戦以降時間が経過するなかで、冷戦的対峙を自ら経験してない世代が成長し、戦場観光の持続可能性が争点として浮かび上がった。戦場観光の持続可能性という問題はそれが成功の逆説的産物でもあることを示す。増加している観光客をすべて受け入れると、資源が枯渇し、さらに住民の生活様式が破壊されうるからである。このような文脈から、ここでは金門の戦場観光の形成過程に加え、その持続可能性を探る。

2　金門戦場観光の基盤

2.1　戒厳令の解除と脱冷戦（一九九二年）

金門は中国大陸に隣接する島であり、国民党軍と人民解放軍との戦いである古寧頭戦役（一九四九年）と砲撃戦（一九五四年と一九五八年）、そしてそれ以降の冷戦期に建てられた軍事的防衛施設の痕跡が多く残る「冷戦の島」である。この島で行われた戦闘を記録し記念する歴史館が冷戦期にすでに造られていた。一九九二年の島の戒厳令解除以降、このような軍事的対峙と心理戦の遺産を活用した観光計画が立てられ、観光産業が成長している。

古寧頭戦役を記念するための古寧頭戦史館は、この戦闘に国民党が勝利する姿を記録する戦争歴史館として一九八四年に建てられた。また一九五八年八月二三日から四四日間続いた砲撃戦を記念するための八・二三砲撃戦戦史館も、一九八八年に開設している。このような冷戦期に形成された歴史館に加え、脱冷戦期の軍事施設を活用した戦場観光が新たに計画された。

戒厳令期には、金門の住民はもちろん台湾の住民も金門を自由に旅行することはできなかった。一九八七年に台湾政府が大陸の親戚への訪問を許可したが、中国沿海で金門を狙う二〇〇門の大砲は撤去されず、台湾の国防部は開放と国家安保のあいだで進退窮まる。一九八七年台湾の本島で戒厳令が解除された後、金門の住民たちは金門でも戒厳令を解除しようと努力し、その結果として一九九二年に金門と馬祖島《マーズーダォ》の戒厳令が解除された（鄭根埴・呉俊芳 二〇一五）。この二つの島における戒厳令解除は、戦地政務の解体を意味した。もちろん解除がすぐに金門の観光産業を呼び起こしたわけではない。「菜刀王」という呼称を得た王天相は、中国側が撃った砲弾を研いで包丁にし、その上に「八・二三砲撃戦記念」という銘を入れ、台湾で一本当たり五〇〇〇台湾ドルで販売したという。このエピソードから金門の戦争遺跡が金門の住民にとっていかに重要なのか、金門から遠く離れている台湾本島の住民に金門のイメージがどのように形成されているのかがわかる。しかし、観光地になるためにはその場所の魅力とともに、自由に往来できる交通手段が求められた。観光客が自由にアクセスできる交通路を整える必要があったのである。

2.2 台湾・金門間の民間機就航（一九九六－二〇〇一）

一九六〇年代の冷戦期に、金門と台湾の本島をつなぐ交通手段は定期旅客船が週に一回就航するのみだったが、一九七〇年代の半ばにはさらに悪化し、八日から一〇日に一回しか就航しないほど、金門は孤立した島であった。旅客船の就航時間は決まっておらず、乗船時間も長かった。他の交通手段として飛行機もあったがすべて軍用機で、高い職級の公務員や軍人しか搭乗できず、一般住民は留学や治療のためであっても乗ることが難しかった[*2]。戒厳令時代の金門の住民は、島内だけでなく島外へ移動する際にも通行証が必要で、台湾本島に行くためには、通航申請をして許可を得なければならなかった。金門防衛司令部では、一回限り有効な許可証（中華民国金門地区往返同意書）を発給した[*3]。

一九八七年に台湾で戒厳令が解除された後、国防部は民間機が金門に就航することを許可する。もとは中華航空が就航を検討していたが、金門の住民は長期間閉鎖的な空間で生活しており、節約する習慣を身につけていたため、運賃の高い航空機を利用しないだろうという推測から諦めていた。その後一九九〇年に遠東航空が台湾と金門の航路を開設。当時は軍用機に対する不満が多かったこともあり、この民間機の就航は金門の住民に大いに歓迎された。一九九〇年六月に国防部は金門と馬祖の住民に対して許可証の代わりに身分証を利用し、台湾と金門、馬祖の往復を許可する。一九九二年に金門防衛部と県庁は台湾本島から金門を訪れるための申請方法を示した「人民入出金門地区申請作業程序」を公表し、台湾住民の金門旅行と親戚訪問を許可した(金門縣政府二〇〇七)。

以降五つの航空会社が金門への路線を追加し、金門と台湾は一日生活圏に再編された。

2.3 金門と廈門間の航路開設(二〇〇一年)

一九九三年二月台湾の国防部と交通部、内政部は金門と馬祖地域の観光許可を出し、「金門馬祖地区開放観光弁法」を公表した。最初は観光客数を制限したが、観光業者の抗議により、翌年から観光客数を一日一五〇名から七〇〇名に、出入有効期間を二か月から六か月に拡大した。すると一年後に金門の観光客の成長率は一一三・六パーセントになり、それを受けて金門地域の出入統制は解除された。国内外の人々は二回の申請なしに、身分証またはパスポートだけで自由に出入することが可能であった。翌年にも観光客の成長率は四二・七パーセントに上った。

九六年に台湾で初めての総統直接選挙をする際、中国は台湾に向けて誘導弾の訓練を行い、とくに二回目の訓練では、金門西南と澎湖西へ実弾訓練を行った。両岸のあいだに緊張が走り、台湾臺海《たいかい》危機に発展すると観光客の成長率は三パーセントに減少した。この事例から、軍事訓練と両岸のあいだの緊張が観光客の減少にいかに大きな影響を与えるのかがわかる（陳建民二〇〇三：一五）。

一九九二年三月に中国福建省委員会の書記である陳光《チェンクアン》毅《イ》は、「廈門と金門を意味する二つの扉がお互い開き、馬祖島と馬尾島を意味する二匹の馬が先行する（兩門對開、兩馬先行）」として廈門と金門の試験的な通航を行う小三通を提案した。金門の住民たちは歓迎したが、台湾政府は安全性の問題をあげて受け入れなかった。金門住民は戒厳令の解除後、廈門との小三通が成立するように努力した。そしてそれを通じて、戦場イメージと軍事経済から脱却し、新たな生活方式を模索した。

一九九八年に金門の観光業者たちは開放をより推進させるためにデモを行う。二〇〇〇年三月二日、台湾の立法院が「離島建設条例」第一八条を通過させた後、試験的に金門と馬祖、澎湖地域が中国と通航することに同意した。そして、翌年の一月から「金門―廈門」「馬祖―馬尾」「金門―泉州《チェンチョウ》」など三つの航路を本格的に開いた。金門―廈門航路は最初に金門の水頭《シュイトウ》碼頭と廈門の東渡《ドンドゥ》碼頭をつなぐものであったが、二〇〇四年四月に廈門の東渡碼頭が国際埠頭に指定され、二〇〇八年に廈門の五《ウー》通《トン》碼頭の航路が追加された。二〇〇九年に、金門の水頭碼頭から廈門の東渡碼頭間では一日二〇便、廈門の五通碼頭では一日八便の定期船が就航した。この航路を利用して金門と廈門の間で三六往復の定期船が運航し、運行時間も六〇分から三〇分に短縮され、価格も五五〇台湾ドルから四五〇台湾ドルへと値下がりした[*4]。五通碼頭から廈門の繁華街である中山路《チョンシャンルー》までは遠く離れており、中山路近隣の不動産に投資した人々は自分たちの家まで着くのに一時間半もかかったため、さらに不便になることもあった。しかし小三通航路を利用する人は二〇一一年に二二〇万人に達し、二〇〇〇年から二〇一一年の成長率は年平均一四・二五パーセントであった(經建會管制考核處二〇一二：四六)。

多くの金門住民は、小両岸を往復する際に運賃がつねに割引される台湾の船舶をより好む。台湾の会社が運営する東方之星号が金門住民に対して五〇パーセントの割引をすると、大半の住民たちはそれを利用し、中国の船舶会社はそれに抗議した。そのため東方之星号の割引率は三五パーセントに下がったが、それでも中国の船舶会社は金門住民に割引などを提供していないため、相変わらず金門の住民たちは東方之星号を利用する人が多い。

3 観光計画と観光資源開発

3.1 観光振興計画の出現

金門で戒厳令が解除される以前の一九九〇年、すでに台湾の観光局は「金門地域観光資源調査および全体発展計画」を作成し、戦場観光の可能性を探っていた。この計画では、金門の軍事的施設は世界的に顕著な観光資源であり、国家の安全に脅威にならない以上、それらを金門の発展に活用すべきだと明示している。一九九二年には、台湾観光局が「台湾地域観光旅行の体系的な開発計画」を作成し、そこで離島を「緑島《リュイタオ》、蘭嶼《ランユー》系統」「澎湖系統」「金馬系統」など三つの観光地区に分けた。しかし、金門と馬祖地域は国家安保の要地であるため、ほかの地区とは違い観光局以外に国防部も計画と推進に参加した。国防部は軍事施設を観光資源に転換させる可能性と範囲を研究した。

一九九五年、冷戦期に金門が持っていた軍事的重要性を考慮しつつ、台湾政府は戦争をテーマにした国家公園を設立した。この公園は台湾の第六番目の国家公園だ。金門国家公園が管轄する地域は金門の面積の四分の一を占め、「古寧頭区域」「太武山《タイウーシャン》区域」「古崗《グーガン》区域」「馬山《マーシャン》区域」「小金門《シアオジンメン》区域」など、五つに分かれている。この五区域はすべて両岸戦争時の軍事的遺産を保存しており、一般の歴史的遺跡や自然資源もあるため、国家公園当局はこの三つの要素を結合して、複合的な観光地区を作ろうと努力した。

たとえば、古寧頭戦役と八・二三砲撃戦、この二つの戦域の戦争遺跡を中心に、近隣の古跡と村、そして自然経験を一つにまとめてテーマ地域を作った（水牛設計部落有限公司 二〇一〇：五）。金門の西北部にある古寧頭村は、一九四九年の国共内戦において国民党軍と共産党軍が金門でもっとも熾烈に戦った場所である。この戦史館を中心に派生した戦争遺跡が「北山洋樓」「李光前将軍廟」「胡璉将軍紀念館」「排雷記念碑」（地雷除去完遂の記念碑）そして、「心理戦播音牆」（廈門や泉州に向けてプロパガンダ放送を流した建造物）などである。また、この地域には南山と北山村の人文風俗を結合し、金門の資源遺産を紹介する「雙鯉《そうり》湿地自然センター」もある。

金門国家公園の設立にあたって作成された「金門特定区計画」（一九九五）によると、金門の観光体系は国家公園体系と地方体系に分けられる。国家公園体系はおもに内政部が計画するものであり、地方体系は金門県庁が計画するものである。戒厳令が解除された後、金門は軍事行政体制から一般行政体制に転換され、金門住民の生活の質を向上させるため、一九九六年に「国土総合開発計画」と「金門生活圏総合発展計画」が作成された。それまでの金門は地方の生活圏に属していたが、「全国の歴史、文化、観光の特区および生活圏」へと変わり始めた。台湾の離島観光開発課と、それによる金門修訂計画をみると、一九九〇年から金門の地理的特性と金紗《ジンシャ》地域の統合発展が強調され、また観光資源の持続的な運営と利用に関心が持たれ始めたことがわかる（金門縣政府二〇〇七）。

二〇〇〇年に台湾の立法院を通過した「離島建設条例」は合計二〇項目である。そのなかで金門観光に対して直接影響を与える条例が四つある。一つ目は排雷条例である。金門は長期間の戦争状態にあったため、観光産業が発展するには軍事的管理から離れる必要がある。金門では一九四九年に、共産党の攻撃を防止するため、三〇〇ヘクタールに達する地域に一〇万個の地雷が埋められた。この地雷は金門を防御し、生態資源も保護する機能を担ってきたが、観光客は地雷が埋設された状態では恐怖や不安を感じ、ここを訪れなかった。そのため、「離島建設条例」の第九条排雷条例では、地雷の除去を規定するだけでなく、地雷が除去された安全な土地を金門の住民に返すべきであると規定された（오・정二〇一四）。

二つ目に、台湾と中国の観光客の消費を促すため、離島地域の関税と営業税を免除する特権を与える条例を制定した。二〇一五年には金門に最初の免税店「エヴァグリーン金湖廣場」が創立された。

三つ目に、離島に対して大きく役に立った条例が「離島建設基金」である。この基金は中央政府から補助金をもらう方式で、二〇〇一年から二〇一〇年までにおよそ二〇億円の補助金を出した。第一期（二〇〇三－二〇〇六年）の離島建設目標のなかには、金門を「国際観光レジャーの島」に発展させるという内容が含まれている。実際に二〇〇〇年から二〇一〇年には、観光客の成長率が九九・〇七パーセントに達し、金門県は七〇・〇五億ウォンの補助金を得た（經建會管制考核處 二〇一二：四五）。これは全体の補助金のうち三二・八六パーセントで、金門は離島のなかでもっとも多く補助金を得る島になった[*5]。二〇一〇年には金門の使われていない軍事資源を再利用し、観光収益を高めるための離島建設基金の補助により、金門県庁で空いている軍営の活性化の計画を進め始めた。台湾国家発展委員会によれば、二〇一五年には観光客数が三九五万人を突破しており、離島建設基金は確実に金門の発展に非常に役立っている[*6]。

最後に、金門観光の発展においてもっとも役に立った条例が両岸の試験的な航路開発、すなわち小三通であり、これは二〇〇一年に実施された。小三通が実施されて以降、二〇〇四年の「金門県観光発展整備計画第一次通盤検討」により金門の観光は四区域に区分され[*7]、二〇〇七年からはじまった全面的な地雷除去計画によって、海岸レジャーも重要観光項目に含まれるようになった。小三通と大三通[*8]をもとに、金門県は総体的な発展戦略として「国際観光レジャーの島」を目指した（金門縣政府 二〇〇七：三五七－三六〇）。

3.2 戦場観光資源――可視的施設と非可視的資源

金門の戦場観光資源は大きく軍事的施設と軍事的統制によって形成された冷戦的生態、そして軍事文化産業に分けられる。軍事的防衛施設と戦場博物館は可視的であり、より具体的な歴史的言説を持つ資源である。これらは金門の冷戦景観においてもっとも重要な要素であり、脱冷戦によって再び復元され、再活用されている。

とくに、金門の西側は中国の廈門とも近く、その軍事的施設は戦場観光の重要な資源になる。金門の西北部にある慈湖《ツーフー》と古寧頭地域の海岸にはこのような施設がよく保存されており、観光バスのコースの一つ「古寧頭戦場コース」になった*9。この地域は金門戦場観光がもっとも早く発展し、戦場観光地としてよく整備されている地域だ。この地域の戦場観光資源はおもに三つに分けられる。一つ目は、可視的な軍事施設である。ここは軍営とバンカー（掩体壕）が金門でもっとも多い地域である。現在観光施設として活用されている軍営は三つあり、バンカーは二つある。慈湖にある三角堡バンカーが中国廈門の攻撃に対する最初の防衛施設で、観光開放以降は廈門を眺める展望地点となり、ここに来る渡り鳥を観察する名所になった。

このバンカーの周辺は完璧な三層防衛機制を構成していた。一番外にある防衛線は浅瀬に設置される障害物と天然防衛植物であるサイザル麻（リュウゼツラン科）であり、二つ目は地雷原、最後の防衛線がバンカーだ（오・정 二〇一四：一二）。また慈湖自体も防衛機能を持った湖である。一九六九年に共産党軍の廈門上陸を防ぐために、五五〇メートルの海岸堤防を築き、もとは自由に出入りできた海

が二つに分割された。現在は戦場の生々しい雰囲気を生かすために、三角堡の周辺に退役した戦車を展示している。

戦場観光において軍事的防衛施設が過去の歴史を「実物」で見せるものだとすると、戦場歴史館は「言葉」で過去の歴史を説明する場所である。古寧頭戦史館は金門の西側にあり、八・二三戦史館は東側にある。古寧頭戦史館は国民党軍と共産党軍の熾烈な戦いを見せるだけでなく、国民党政府の戦勝記憶の宣伝の場所として、両岸分断の実感を生みだす。とくに銃弾の穴が多数ある西洋式建築の廃墟と戦争記念館が、この戦闘をうまく再現している。

八・二三戦史館は一九五八年の両岸間の砲撃戦と心理戦を再現した場所として、太武山（金門でもっとも高く、国民党の軍隊の重要な指揮所であった山）の麓にある。この戦史館は古寧頭戦史館のように両岸の対峙の象徴であり、政治的なイデオロギーを代理する場所として、金門が冷戦のなかの熱戦の現場であったことを証言している。とくに台湾の観光客は、ここに訪れて冷戦と分断の歴史を反芻する。戦史館の展示は平和よりは戦争を語っており、敗北ではなく、勝利の歴史を語り、住民よりは軍隊と指揮者を主役とした言説を形成している。

戦場観光を構成する資源は、このような可視的で過去の戦争を証言する施設だけでなく、軍事的な統制によって意図せずに生まれた非可視的環境と景観を含む。金門の軍事施設はおもに防衛用施設であり、鉄壁のような防衛機制が金門を守るだけでなく、自然生態も保存していた。共産党軍の上陸を防ぐために備えられた地雷は金門住民の接近を統制し、観光資源を保存するとともに地域開発を抑制した。海岸道路は戦車用の軌道が開設され、海岸の上陸防止用のコンクリート構造物や、山林・田畑の避雷針などが独特な冷戦景観を形成した。このように金門は観光向けの景観がよく保全されていたため発展も速く、都市化された廈門とは強烈に対比され、中国人観光客が訪れるようになった。

また戦場観光において重要なのは、旅行の痕跡を証明できる記念品である。金門でもっとも有名な土産物は、砲弾包丁と高粱酒である。前述した呉氏の家族は、清国の時代から包丁製造を営んできた職人であり、一九三七年に現在の会社を設立。最初は第二次世界大戦の連合軍が日本軍に投下した砲弾の弾皮で包丁を作り、その後は八・二三砲撃戦で共産党軍が発砲した砲弾の弾皮を用いて、本格的に包丁製造をはじめた。呉氏は訪問者たちのために包丁の製造過程を再現しているが、彼の説明によると、一つの弾皮で四〇本から六〇本の包丁が作れるという。観光客たちは、包丁自体というよりもそのなかに入っている物語を買う。とくに店の裏にある鍛冶屋や山のような弾皮は、戦場観光の真正性を証明する要素だ。

もう一つ世界的に知られている戦場観光の商品が高粱酒だ。弾皮包丁の製造業は個人的な事業であるが、高粱酒製造業は公共事業である。この高粱酒は、軍隊で民間人の薬華成から得た施設と方法で作り始めたものが次第に発展。冷戦期から軍人に大きく人気を博した商品であり、台湾本島に入る時には必ず買うべき記念品となった。彼らにとって高粱酒は単なる記念品ではなく異郷での寂しさを慰める薬であり、本島では買えないものである。観光開放以降の高粱酒製造業者は、継続的に過去と現在を記念する商品を作り、消費者向けと旅行者向けの商品を分ける戦略にそって、観光客の購買を促進してきた。金門高粱酒会社の年間収益は一〇〇億台湾ドルを超えており、地方政府の福祉財政の相当な部分を充当する財源になった。

3.3 戦場観光の発展

一九九二年に金門で戒厳令が解除された後から発展し始めた観光産業は、初期は台湾人観光客に依存していたが、その需要拡大には限界があった。そのため金門県庁と住民は次第に大陸からの観光客をターゲットにしはじめた。一九九五年から観光ガイドを務めてきた蔡容英《チェヨンヨン》氏は、金門の観光客の構造変化について以下のように述べている。

二〇年前に私がガイドをはじめた時には、台湾人観光客のみで中国の観光客はいなかった。当時は、六か月間仕事をして六か月は休んだ。台湾人観光客たちはほとんどが団体客。台湾で週五日勤務制度が実施された後にはバックパッカーが現れた。陸客（中国からの観光客）たちは最初は高位公務員だったが、彼らはみな、交流を名目に金門に来た。（ガイド蔡容英氏）

台湾では一九九八年から隔週で週五日勤務が実施され、二〇〇一年から完全週五日勤務になった。以来、台湾住民の生活様式が変化し、観光娯楽産業は急速に拡大する（黃振誼ほか 二〇一一：六七）。週五日制の実施後から金門を訪れる台湾本島の住民は増え、彼らはおもに戦争遺跡を見に来た。とくに金門で兵役を終えた人々やその家族が金門を訪れ、戦争歴史館を訪問し、思い出にひたるのだった。
二〇〇八年六月一九日には台湾の行政院で「小三通人員往来正常化実施法案」が通過し、台湾住民はパスポートなどの証明書があれば、小三通を活用して、中国を往復できるようになった。その結果として小三通を利用する人数が急増した[*10]。

台湾住民と同じく、二〇〇八年から中国国民の小三通の利用も急増。同年九月末に両岸政府が、中国国民が小三通を通して台湾に入国することを許可したからである。面白いことにその決定は、中国人観光客の目的地にも大きく影響を与えた。この法案の実施前に台湾本島を訪れる中国人観光客は一日三〇〇人もいなかったが、法案発表後、台湾本島への旅行客が大きく増加したのである。

中国人観光客が好んで訪れる場所は、台湾人観光客とは異なる。まず彼らは戦史館を訪れない。金門の住民たちは、大陸からの観光客は中国政府によって戦史館の参観が禁止されていると信じている[*11]。ガイドは中国人観光客、とりわけ高位層の公務員たちを案内する時には、言葉に注意しなければならないという。つねに隣で書記が説明内容を記録しているからだ。たとえば、「中国」という言葉は使えない。代わりに「国内」というわけである。お互いの観光交流への悪影響を恐れ、ガイドたちは言葉を慎重に選ぶ。

春節には、中国の団体観光客は大きく減少する。中国人観光客は清明節（旧暦の四月四日から五日）以降に多く金門を訪れ、毎年七月から一〇月が金門観光のピークである。残りの期間はおもに台湾人観光客、とくにバックパッカーたちが訪れる。そのため季節によって観光客の滞在先や利用ルートに分化が生じている。

台湾を訪れる中国人観光客たちは金門を経由する小三通を利用する傾向にあるため、金門は滞在地ではなく経由地に変わったことで、小三通が金門の経済発展に役に立たないという声があがった。そのため金門県庁は、旅行社に中国人観光客をせめて一泊させるように提案し、観光客一人当たり一五〇台湾ドルのインセンティブを与え、金門への滞在を奨励した。観光ガイドの蔡氏の証言によると、二〇一〇年からこのようなインセンティブ制を実行しているという。

二〇一六年一月に台湾の総統選挙で民進党が勝利して以降、中国政府は三月一日より団体観光客の数を減らす政策を発表した。それが公式に発表されたのか、単なる噂なのかが確認されていない段階のインタビューで金門の戦場観光関係者たちは、まだ実感はできないがもし中国政府が本当にそのような措置をとるなら、金門より台湾本島のほうがより大きな衝撃を受けるだろうと語っていた。

4 メディアの報道と嗜好の形成

4.1 台湾の新聞における金門観光の報道と台湾人観光客の嗜好

二〇一五年の一年間のうちに台湾の新聞『中時電子報』に載せられた金門観光に関する記事は四六編であったが、そのなかでは「戦場」や「小三通」に関する記事がもっとも多かった。「戦場」は、台湾のマスメディアが金門を扱う際に必ず言及する単語だ。国共内戦時に金門は台湾よりも深刻な「戦場」であり、数多くの台湾人男性にとって悪夢の場所でもあったからだ。最前線の金門は特に危険な場所で、死者たちにまつわる怪談が多い場所であった。台湾で有名な芸能人の陳為民《チェンウェイミン》は、テレビや本を通じて金門の怪談を語り、金門は「戦場」だったことによって神秘的な場所というイメージをいだかれるようになった。厳粛な歴史と娯楽性のある怪談により、台湾本島の人々にとって金門は開放前から神秘な場所という印象を持たれていた。こうして作られた神秘感は、金門観光の原動力にもなっていた。

二〇一五年に金門県庁は、フェイスブックを通じて「金門で必ず訪問すべき名所探し（金門必訪景點擂台PK賽）」というプログラムを実施し、小さなボートで物品を運搬していた翟山《ツァイシァン》坑道が一位、莒光樓《ジュグァンロウ》と太武山が第二位に選定された。一〇の名所のなかには、両岸の戦争に関連する場所が五か所も含まれており[*12]、台湾人観光客にとって金門の戦場観光は大きな魅力と市場性があることがわかる。とくに翟山坑道では、二〇〇九年から坑道音楽会を開いており、戦争遺跡と芸術の結合を通じた魅力増進プロジェクトが多くの観光客の関心を集めた。

一方で、二〇一五年の「小三通」に関する報道記事は約一一編であった。とくに一月一日から中国人観光客は手順が簡素化された一時上陸ビザを申請できるようになり、小三通を利用する人は二〇一四年から一六パーセント増の一七六万二四一一人になっていた。なかでも中国人観光客は六九万二一八一人と約四〇パーセントを占め、そのうち一時上陸ビザを申請した人は六万六二七二人であった[*13]。中国人観光客が増えたことにより、二〇一五年には彼らのための免税店や薬局、化粧品店、スーパーマーケット、さらに廈門より先にアップルストアがオープンした。

台湾の団体旅行客は、一般的にバックパック旅行で、二泊三日ほど金門に泊まるが、戦場と怪談以外のもう一つの魅力が、食べものである。金門の料理は戦場に関連するものが多い。たとえば戦争期には米が乏しかったため、住民たちは米をおかゆにして食べた。これが広東粥である。数多くの兵士が早く料理を食べられるように、ラーメンや他の食材を一緒に炒めた焼きそば（炒泡麵）や、胡璉将軍が高粱を米に交換する政策で発展した高粱酒もある。このような戦場料理は台湾人観光客と中国人観光客とで好みが異なる。台湾人の旅行ブログではたいてい食べものの写真が大きく載っている。台湾人にとってこれらは比較的に馴染み深いものだが、金門の戦争遺跡や閩南《ミンナン》式建築は目新しいもので、料理とは対照的だ。金門は台湾本島の住民にとって「見慣れていながらも見知らぬところ」であるといえる。

台湾本島の住民は、おもに過去の両岸戦争について、マスメディアや金門に訪問したことのある親戚や知人を通じて知る。一九四九年に国民党にいて台湾に来た軍人たち以外に、台湾本島で生まれた男性たちは軍務の義務があるが、当時の若者たちが入隊後の勤務地でもっとも嫌ったのはまさに「金《きん》馬《ば》奬《しょう》」*14を引くこと、つまり金門島に配置されることだった。しかし、金門島で勤務した軍人たちは除隊後、もっとも辛い軍服務の記憶を懐かしみ、それを反芻するために折々金門島を訪れる。家族づれで訪問する人も多い。筆者がインタビューした人たちの証言によると、台湾人観光客は戦地の思い出やレジャーのために金門島を訪問し、中国人観光客はおもにショッピングのために訪れるという。

二〇一三年、金門県庁では「金門戦地観光芸術祭」というイベントを開催し、「老兵故事館」を開館。「金門の百万大軍が英雄島に戻ってくる（金門百萬大軍重返英雄島）」という企画を行った。おもに金門島で軍服務をした老兵たちを招き、彼らに思いを語ってもらうことで、郷愁を刺激するプログラムだ。映画や携帯のアプリの紹介、そしてさまざまな軍隊ゲームが催され、老兵だけでなく一般の金門住民も多く参加できるようになっていた。このような娯楽型戦場観光は、過去の知識型の戦場観光より多くの観光客の関心を引き出すことができた。ほかにも、「坑道音楽会」「光華園心理戦特展」「金東劇院老電影鑑賞」など、過去の軍事施設を利用した音楽会や戦争の現場を再び感じさせる特別展や上映会で、観光客の好奇心に訴えかけた。また一部の軍事地域は中国の大陸人には開放を許可せず、台湾住民のみに開放することで、必ず訪れたいと思わせる工夫をこらした。

台湾人観光客にとってさらなる金門の魅力は、目の前に見える「対岸」の風景である。筆者は古寧頭戦史館の前で、台湾本島から出張に来た観光客にインタビューを行った。彼は公務を終えて半日間の金門観光を予定しており、古寧頭戦史館は彼が最初に訪れた場所であった。

幼い頃に教科書のなかだけで知った金門と対岸について、とても気になって古寧頭に来ました。会社の同僚が昔金門で軍の服務経験があり、いい観光スポットを紹介してくれました。八・二三戦史館もぜひ行きたいです。実は対岸も見たいのですが、今日は天気がよくないので廈門が見えないのは残念です。（台湾観光客A氏）

台湾本島の住民たちが金門に来てもっとも不思議に思うのは、中国大陸が肉眼で見えることである。金門と中国がこんなに近いのに、金門が台湾の島であることが奇妙なのだ。こうした経験を通じて、台湾の人々は両岸間の重要な戦闘についても、より関心を持つようになる。

4.2 中国人観光客の金門観光と嗜好

廈門の有名な観光コースに「海から金門島を眺める（海上看金門）」ものがある。これは廈門と違い金門島のいくつかの島がまだ開放されていないためである。とくに台湾に属しながら中国にもっとも近い大膽島《ダーダンダオ》には、「三民主義統一中国」と書かれた大きな立て看板があり、台湾の国旗「青天白日旗」もあることから、ここを通る航路は有名なコースになった。廈門にも一国二制度を意味する「一国両制・統一中国」と赤い色で書かれた看板が、廈門の海岸と大膽島にある。観光客たちはこれらを見ながら冷戦期の心理戦を回想し、中国との将来に不安を抱く。

中国人観光客が金門島を訪れるためには「大陸居民往来台湾通行証（略称大通証）」という身分証が必要であり、さらに「入金証」も申請しなければならない。入金証は金門島と馬祖、澎湖などの離島のみ行ける通行証で、持っていると金門島に一五日間滞在できる。しかし、台湾に入国するためには、「入台証」をほかに申請する必要がある。入台証は台湾のすべての地域（金門島も含む）に行ける通行証である。大陸住民が小三通を利用して台湾に行く場合、普通入台証を申請する。

中国から金門島に来る旅行客のなかにはバックパッカーが多いが、彼らは金門島に来ると、必ず観光バスや自転車、電動バイクを利用する。自転車は入金証を提示すると無料で三日間借りることが可能だ。多くの大陸バックパッカーは短い休み期間中に金門島を選択し、休暇が長い場合は台湾を旅行する。

中国の観光客も戦場に対する関心はあるが、台湾人観光客よりは少ない。両集団がともに不思議に感じるのが、携帯電話の通信範囲によって生まれる現象である。金門島は廈門と非常に近く、どの地域でも中国通信社の電波を受信できる。廈門の一部の地域でも同様に台湾の通信会社の電波を受信でき、両岸の観光客たちはそのことを非常に面白がっている[*15]。

中国人観光客たちが持つ金門島に対する肯定的なイメージのなかでもっとも重要なのは、金門島の人々が親切で情熱的だということ、金門島が静かできれいなこと、そして物価が安く品質もよくて満足度が高いことである。中国人観光客は金門島の物価が「白菜の値段」だと冗談を言う[*16]。急速に都市化された廈門の住民たちにとって金門島はいまだ「田舎」であるが、自然環境にめぐまれており、廈門の人々の「裏庭」なのだ。

しかし、一般の中国人観光客が両岸戦争に関する歴史館を参観することは難しい。とくに団体客は戦史館をまわることができない。旅行ガイドの董氏と黄氏の証言によると、二〇一一年、中国人観光客に「台湾自由行(バックパック旅行)」を許可した後、ひそかに戦争歴史館をみたいという中国人観光客が増えた。

> 中国の団体旅行客は戦史館を見ることができません。しかし自由行の大陸客が見たいと言うと我々も連れて行くしかない。我々はサービス業だから、お客さんが頼むと見せなければならない。それでも、簡単に歴史を説明するだけです。(旅行ガイド董自強氏)

> 昔解放軍だった中国人がここを見たがります。今の若い人たちはこの歴史についてほとんど知ら

――ないし、興味もありません。（旅行ガイド黄紫川氏）

黄氏が証言するように、中国の若者は両岸の戦争の歴史についてほとんど興味がない。筆者はインターネット上で中国人女性二人の金門島一日バックパック旅行記を分析したが、彼らは観光バスに乗って八・二三砲撃戦の戦史館に行き、そこで観光バスのガイドが八・二三砲撃戦の歴史を説明した際に、その話を聞いたこともなく、とりわけ中国の教科書に載っていないため、聞き流したと書かれていた。彼らの無関心を端的に表しているのは、「八・二三」を誤って「八・一三」と書き続けたことだ[*17]。中国の若者たちは戦史館のような場所は厳粛でつまらないと考えている。その点も金門島の戦場観光を計画する際に、頭を悩ませることだった。しかし戦争の遺跡は本来厳粛な場所であるはずが、あまりにも軽々しいものを作ってしまうと、その歴史の真実性や意味が消えてしまう可能性があるという反論もあった。旅行会社の社長である邵維強氏はこの点を恐れていた。

――獅山《シーシャン》砲陣地の大砲発射公演には本来は意味があって、観光客たちが戦争の現場を感じられるようにした場所だったのに、砲撃手たちのなかに女子が多くてむしろ物笑いになっていると思う。（旅行会社の社長邵氏）

獅山砲陣地は二〇一一年八月に本格的に開放され、金門島で唯一大砲の発射公演を行っている。この公演は多くの観光客に好評で、金門島を訪れる観光客必見の公演とされている。砲撃手の仕事は時給のアルバイトで、結婚して移住してきた女性と女子大学生が多い。軍人たちはみな男性だったにもかかわらず、アルバイトの女性を雇用して公演をするのでは真実味がなく、観光客が十分に戦争の雰囲気を感じることができないと酷評されることもある。なんとアルバイトのなかには、大陸から来た女性もいた。

わざわざ戦争遺跡を見に来る中国人観光客は少ない。とくに女性は戦争についてあまり興味がなく、戦争歴史館も単なる観光名所の一つにすぎない。彼らにとって重要なのは買い物だ。筆者は古寧頭戦史館の前でバックパック旅行中の五名の中国人女性に出会い、インタビューを行った。

ここは私たちが最初に訪れた場所ですが、民宿の社長がここが一番近いといったので来ました。実はここは何をする場所なのかまだよくわからないです。（中国人観光客B氏）

インタビュー時、ほかの同行者たちは警戒の目で筆者を見ていたうえ、筆者が古寧頭戦史館について紹介しようと申し出ると断わられてしまった。中国のどこからきたのかを尋ねると、困った表情を浮かべ去っていった。戦史館が両岸関係において非常に敏感な場所であるため、彼女たちは質問に答えたくなかっただろう。中国人女性観光客にとってこの場所は機械的にまわる場所なのだ。しかし中国の壮年男性たちにとって、この場所は特別だ。とくに両岸戦争を経験した人では、金門島に対する異なる思いを抱いている。

普通、年齢が少し高い中国のお客さんは戦史館を見たいと言います。以前、六〇年間共産党党員として務めた中国のお客さんが来ました。彼は戦争遺跡が大好きで、お土産に国民党の党徽を買って私に写真を頼みました。また、ある時、中国の山東から来たお客さんが古寧頭戦史館を見た後、私が記念写真を撮りましょうかと言うと、断られました。あとから知ったのですが、あのお客さんの父親が古寧頭戦役で亡くなったということでした。（タクシー運転手紀家興氏）

古寧頭戦役は両岸を分断させた重要な戦闘であった。台湾の老兵たちが勝利と栄光の気分で金門島に訪れるのに対し、中国の人民解放軍出身者たちは敗北の場所であった金門島に対し、「残念な」気持ちで訪れる。中国のポータルサイトである百度《バイドゥ》で「金門」を検索すると、もっとも先に出てくるのが「国共内戦の時、なぜ金門島を開放できなかったのか」「金門島は廈門と近いが中国か台湾か」という質問だ。金門島は中国に一番近い場所だが、国民党の三民主義思想が貫徹されているため、観光とはいえ「敵の陣地」に来たように慎重で、敏感な場所や標語を避ける解放軍出身の観光客もいた。

あるお客さんは解放軍二九師団の義務隊出身でした。昔、金門島を攻撃する作戦に参加したそうです。米軍の戦車の前で団体写真を撮ることを薦めると、嫌がりました。そのお客さんは、バス停では写真を撮っても、そうした敏感なところでは取りませんでした。（タクシー運転手紀氏）

タクシー運転手の紀氏は、そのお客がなぜ写真を撮らないかを聞いてはいなかったが、政治的なイデオロギーに敏感な人たちは嫌がる場合もあると考えていた。一方、中国の女性は比較的おおらかだ。そして、たいてい買い物への関心が強い。ただし団体客かバックパック旅行客かで買い物する場所が若干異なる。団体客は免税店や土産物店の場合が多く、バックパック旅行客はおもに市内にあるドラッグストアやスーパーマーケット、コンビニで買い物をする。彼らは高価な免税商品やアップルの携帯電話、パソコンだけでなく、マスク、粉ミルク、皿洗い用スポンジ、雑巾など、日用品も大量に購入する。

内陸の観光客だけじゃなく、廈門の人も日用品をたくさん買っていきます。安いですからね。五〇代から六〇代のお客さんは買い物をほとんどしません。買い物をするのは若い夫婦です。でも大体日用品です。高い買い物をするのは会社の旅行で来るお客さんです。彼らはいつも高価な免税品を買っていきます。（旅行ガイド蔡氏）

私のお客さんのなかには購買代行業に従事している廈門の女性がいます。年五、六回ほど金門島に来て、大体化粧品のような女性用品を買います。粉ミルクは購買代行する人が別にいます。でも彼らは観光名所よりも自然のほうが好きです。（タクシー運転手紀氏）

多くの中国人は、台湾の商品は質が高く値段も安いため、金門島で買い物をするという。数年前に中国で起きた毒入り粉ミルク事件以来、乳幼児用品に関心を持つ人が増え、香港や台湾で粉ミルクを

大量に購入するようになった。金門島の代行業者たちは、埠頭の外や切符売り場で廈門に行く人に人民幣一〇〇元を払い、粉ミルクを廈門に運んでもらうのだが、中国側の需要が増加し、この代行業者が増えた。埠頭の取り締まりが行われ、一部の代行業者たちは船の乗客に物品を廈門まで運搬してもらえないか交渉するのである。

中国人観光客の購買力が高まりから、二〇一四年五月五日に金門島初の免税店「昇恆昌（Ever Rich）」が開店した。同じく金門島初の五つ星ホテルと連携しての開店だ。その後、七月には「風獅爺商店街（Wind Lion Plaza）」もオープン。昇恆昌社は台湾でもっとも大きな免税店会社であり、高価な免税商品を販売している。金門島の繁華街では静かな場所にあるため、一般のバックパッカーはほとんど行かず、ホテルに泊まる団体客がおもに利用する。風獅爺廣場も市内にあるわけではなく空港の近隣に位置しているため、団体の観光客が中心だ。

4.3　国境戦場観光における相互作用

金門は一般的な戦場と異なり国境のある戦場だったため、国境戦場観光、または境界観光として捉える必要がある。分断と対峙状態により、これまでふれあいのなかった住民同士をつなげ、互いの新たなイメージを作り出し、さらに対岸の廈門にも影響を与え、同様の戦場観光が形成されるという相互作用の過程でもある。

一九九〇年代はじめには「冷戦の島」の金門島が脱冷戦を経験し、住民たちは生活様式を変え始めた。戒厳令の解除や軍隊の撤収により、金門島の住民は基地経済から脱し、自分たちの故郷の発展について自ら決定したいという欲望が高まった。政治の脱軍事化とともに、逆説的に、経済の軍事化が進んだ。金門島の住民は冷戦の遺産がいかに重要な観光資源なのかを認識するようになる。冷戦的文化資源は台湾ではほとんど存在しておらず、廈門にも多くはないため、金門島の冷戦遺跡の保存は社会発展の重要な課題として浮かび上がった。長期間の軍事統制のおかげで、よく保存された閩南文化や自然環境も金門島において重要な観光資源となった。

中国人観光客にとって台湾は心理的に距離のある場所だが、それとくらべると金門島は近しい場所である。金門島に対する関心が高まり、両岸の政府が金門島を平和交流の実験区域に指定したため、たいてい台湾よりも金門島を先に訪れる傾向がある。

両岸の観光客によって金門島住民の生活はかなり改善したが、問題も生じた。一般的に金門島の住民は、台湾人観光客のほうがより礼儀正しく、衛生水準も高いと思っている。一方で台湾人観光客は購買力が低く、さまざまなサービスに対する要求も多いため、旅行業者たちにはあまり好まれてない。それに対して、中国人観光客は購買力が高いが、さわがしくてマナーや衛生面に問題があると考えられている。また、彼らは運転免許が必要ないバイクをよく借りるが、路上で地図を開くことが多く、バイクの安全教育を強化するべきだと指摘されている。

5　心理戦の遺産と戦場観光の文化的効果

5.1　廈門の対応型戦場観光の形成

金門島における戦場観光の発展は、対岸である廈門の観光産業にも影響を及ぼした。廈門観光はピアノ島と呼ばれる「鼓浪嶼《グーランユー》」を中心に形成されたが、金門島の戦場観光が発展することにより、砲撃戦の対岸であった大嶝島《ダードンダオ》の軍事施設を利用した、模倣的な戦場観光が近年生まれた。鼓浪嶼は一九世紀に廈門が開港場になった際、欧米の外交官や商人たちが一種の租界を作ったため、西洋式建築物が多く残されている。ここにも冷戦期に建てられた軍事施設は多いが、特別な観光商品としては発展しなかった。

大嶝島は中国領土に属する島で、金門ともっとも近い。砲撃戦の時期に砲兵部隊が駐屯し、砲撃戦の痕跡が残っており、心理戦が行われた場所でもある。廈門の翔安区はここに「英雄三島戦地観光園」を作ろうとし、公企業である翔安國投集團が工事を担当することになった。この公企業は、二〇一〇年五月から国家四A級観光地を建設する目標に沿って約一五〇〇万人民元を投入し、「金門島砲撃展示館」「国防教育館」、望遠鏡の形をした「模型館」などの展示館を作り、約二万平方メートルの土地を開発して案内所、4D映画館、商店街、海兵展望台、そして職業訓練管理センターを設置した。

彼らは金門と馬祖に向く大嶝島、小嶝島《シアオドンダオ》、角嶼《ジャオユー》をまとめて「英雄三島」と名づけた。砲撃戦の時期にこの小さな島の住民たちの戦いぶりにちなむ。また「戦地観光」という名称を使った。金門の戦場観光が抽象的概念であるとすると、廈門の戦場観光は、具体的な場所や施設の名称として使われている具体的な概念である。

英雄三島は冷戦期の中国軍砲兵と心理戦施設を活用し、明らかに金門の戦場観光を模倣した形で構成された。金門に対応する観光施設の一つは、実際の軍事施設である砲兵陣地だ。金門の獅山砲陣地やその他の陣地と対応する砲陣地、とくに長い地下トンネルがそれに該当する。砲撃戦の痕跡を保全して野外展示し、砲撃戦によって破壊された建物の残骸や塀を展示項目に含めた。第二に、金門の古寧頭戦史館や八・二三戦史館のように冷戦期に建てられた歴史館と同様に、英雄三島展示館が作られている。ここには砲撃戦の当時の住民の苦闘を写した写真や「英雄的に戦った人物たち」の写真がおもに展示されている。第三が、大型スピーカーとともに「世界最大のラッパ」と名づけられたスピーカーの特別展示だ。「世界最大」であるかどうかは定かではないが、観光客を惹きつけるための名称だろう。第四は、金門の大嶝島に設置されている「三民主の統一中国」という立て看板に対応する、「一国両制統一中国」という立て看板である。

廈門の戦場観光には金門にはない展示も見られる。それが和解の展示である。大嶝島の心理戦の展示館には過去の心理戦の放送を担当した中国側の陳菲菲と台湾側の徐冰瑩、この二人の女性アナウンサー（心理戦戦士）が世界最大のラッパの前で出会い、和解し、「過去」を思い出す写真が展示されている。この和解の場面は実際あったものだが、金門には架空の和解の場面がある。八・二三戦史館の商店のなかに並んで飾られた蔣介石と毛沢東の写真や、水頭村の喫茶店の塀に毛沢東の写真をかけて観光客の目を引く絵がある。アナウンサーの写真が真正性の展示であるとすると、毛沢東や蔣介石の写真や絵は商業性が加わった展示であるといえる。おそらく前者が後者に影響を与えたのだろう。

廈門の戦場観光が逆に金門に影響を与えている事例はほかにもある。大嶝島に展示されている「世界最大のラッパ」はもとは一九七〇年代に作られ、おもに共産党の対台政策の放送用であった[*18]。このラッパは冷戦期に金門に向けたプロパガンダ放送を行っていたラジオ局前線広播電台にあったもので、後に展示のために大嶝島に移された[*19]。ラッパが大嶝島に展示される以前に、金門の慈湖の三角堡の横には、これよりもっと大きなラッパが芸術作品として作られ展示されていた。このラッパは二〇〇四年に「金門碉堡芸術祭」が開かれた時に、中国のインスタレーション作家である沈遠が作ったもので、過去の敵対的な状況を再現するための芸術作品だった。冷戦期の小両岸の軍事的対峙は、一方が他方を模倣した脱冷戦期の戦場観光を作り上げる歴史的な源泉であり、相互作用の基盤でもある。それは一般的な戦場観光とは異なる、境界戦場観光の特徴であるといえる。

両地域における戦場観光の差異は、金門の場合は戦場観光のスポットがそれぞれ離れているのに対し、廈門の戦場観光は一つの場所に集中している点である。また金門にくらべて廈門の戦場観光は活性化していなかったが、これは戦場観光が単なる軍事的遺産に基づいていればいいわけではないことを示す。中国人は大嶝島にある「英雄三島遺跡公園」にほとんど関心がなく、台湾の観光客やその他海外の観光客も、ここにはまだ注目をしていない状況である。

中国政府は、金門の戦場観光に対する直接的な対応ではないが、二〇〇六年に金門と直接海運航路でつながる福建省泉州に「中国閩台縁博物館」を建てた。それは閩南地域と台湾は別の地域ではなく、もともと一つの根を持ち、同一の文化圏に属するということを示すためであった。この博物館は台湾の独立派に対する政治文化的次元の対応として、中国政府の細心な文化戦略の産物であるといえる（呂二〇一六）。

多くの人々は見過ごしやすいが、必見の展示が金門ともっとも近い廈門の海岸にある。「一国両制・統一中国」の看板の前に立てられた「回帰の手」という彫刻作品である。この「回帰の手」は、大きな手が小さな手を包んで「回」字型をなし、その間に一つの小さな島が見えるように作られた彫刻設置作品である。この作品は観光客の足の位置を固定できるよう足場がある。足を指示された位置に固定させ、作品の両手のあいだから覗き見ると、小さな島が見える。これはジョン・アーリが言及した観光のまなざし論を応用しつつ、同時に特定の政治的効果を生産する芸術的装置であるといえる。観光客のまなざしを引きつけ、肯定させ、小金門を見つめさせ、中国の懐に「戻ってくること」を感じさせるように作られているのだ。

では、金門から廈門に向かうまなざしはどのように実現されるだろうか。金門にも構造化されたまなざしが存在する。それはまさに、展示施設として開放されている地下バンカーの射撃窓である。それは実在したもので、かつての戦場の緊張した雰囲気を感じながら、前方をまなざすように配置されている。これらは両岸を互いに凝視するものだが、その可視的効果は廈門のほうが金門の射撃窓より強い。

「回帰の手」が設置された廈門の海岸には新たに媽祖像が建てられた。媽祖はもともと福建省の漁民が祭る女神であり、中国大陸の移民によって、媽祖信仰が金門と台湾に伝わり、「閩台海洋文化」が形成された。台湾の媽祖神たちはすべて福建省の「祖廟」が起源であり、媽祖像が廈門の海から金門を眺めながら立っていることは、単に一つの媽祖神を建てただけではなく、「家を出た子どもに家に戻りなさい」という母親の心情を表現したものに見える。廈門には閩台縁博物館のような、台湾を意識した直接的な言明を生み出す博物館は存在しないが、政治的なメッセージは発信されている。彼らは冷戦期の放送心理戦の代わりに、ポスト冷戦期の文化政治を見せているのだ。

5.2 戦場観光に加わる文化観光

冷戦遺産は、軍事的施設のような直接的遺産と、軍事的統制が生み出した間接的遺産に分けられる。さらに間接的遺産は軍事的統制によって保存された自然環境と文化的環境に分けられる。金門はあまり開発されていなかったため、資源の価値をそのまま保存でき、伝統的な閩南式建築と近代初期の西洋式住宅が見られる。それらは戦場観光が発展する過程において必然的に観光地の一つとして加わる文化的資源だ。金門の観光振興戦略は戦場観光に文化的要因を加えた複合観光に発展させることである。

一九四九年以前の金門は中国福建省の閩南地域、同安《トンアン》県に属していたが、一九四九年からは台湾の領土となった。閩南地域は一六世紀から中国の有名な華僑の出発地であり、次第に僑郷となり、台湾と東南アジアに広がる「海洋閩南文化」の原形を持つ地域となった。

金門は福建省とかなり近いために閩南文化が濃厚であり、廈門の急速な都市化と伝統文化の破壊

と対比され、「生きている閩南文化」、「閩南文化の最後の遺伝子プール（gene pool）」とみなされる（오二〇一五：三九八）。金門の建築は、海洋閩南文化を象徴する伝統的な建築と華僑の回帰意識を象徴する西洋式建物に分けられる。金門には、一九四九年以前に建てられた西洋式建築が一六一軒あり、一九四九年から一九七〇年はじめまでに建てられたものは六九軒ある（江柏煒 二〇一二：九）。また金門国家公園の管理下にある伝統的建築は合計一〇八一軒ある。

一方で金門国家公園は、保存価値のある伝統住宅について、持ち主による復元を支援し、二〇一四年六月までに合計二九一軒を復元。ほかに二〇〇五年から放置された伝統建築について持ち主から三〇年間の地上権を確保して、復元した後にそれを民宿業者に賃貸する方法（ROT: Reconstruction, Operation, Transfer）によって再利用しはじめた。それらは契約期間が四年から七年の民宿になるほか、展示館としても利用された。二〇一四年までに地上権を確保して復元した伝統建築は七四軒あり、そのうちの六三軒が民宿となった。また軍事的な空間を再利用した売店が二軒ある*20。

民宿として再利用されて成功した事例が水頭《シュイトウ》村と珠山《チュシャン》村である。水頭村には民宿が合計二三軒あり、売店が二軒あるが、一つは食堂でもう一つは土産物店だ。珠山村には民宿は一二軒ある。閩南式の伝統住宅の民宿は台湾本島と福建省にはほとんど見当たらない。これらは文化保存と現地体験観光という二重の戦略の産物だ。戦場観光に文化的な要素を加える効果的な装置としての民宿の大半は閩南式建築を利用しているが、西洋式建築を真似た「洋楼」はおもに歴史文化展示館として活用されている。なかでも水頭村の金水小学校の建物は一九九九年に復元されて華僑歴史博物館に変わり、金湖《ジンフー》鎮《チェン》の陳景蘭《チェンジンラン》洋楼は二〇〇八年に復元して「軍事景観の再生（軍事地景的再生）」、「僑郷文化の再現（僑郷文化的再現）」、「村生活の保全（聚落生活的保全）」という三つのテーマを展示する複合博物館になった。

閩南文化の遺産を生かした文化観光は、戦場観光との相互作用を通じて、金門の観光産業をより豊かにした。このような文化的資源がおもに景観や建築に基づいているとすると、冷戦の記憶を生かした新たな複合観光の要素が映画である。二〇一四年に釜山国際映画祭で開幕作として上映された『軍中楽園』は冷戦期にタブーであったテーマ、すなわち軍隊慰安婦の物語をもとに、金門で勤務した兵士の記憶を描いている。かつて金門には一〇万人の国民党の軍隊のための一種の公娼としての特約茶室が設置されており、そのなかの一つを観光客のために展示館として改造して開放しているが、映画では特約茶室の建物に陳清吉洋楼《チュンチンジー》を利用している。この陳清吉洋楼は、冷戦期に各国民党軍の訓練所や休憩室として使われたものだ。洋楼が伝統的な建物より大きくて派手であり、建物の正面には華僑たちの愛国主義を表現する象徴としての青天白日旗と国民党の党旗を描いていたため（江柏煒二〇一二：一七）、国民党軍隊の活動を示すのに適していた。しかし洋楼は個人財産であるため、すぐに観光資源に転換できない。一方で、たとえば陽翟《ヤンディ》や翟山坑道などは、新たな観光資源として生まれ変わっている。とくに陽翟の人気は大きい。二〇一三年以前には陽翟にある石像風獅爺《フォンシーイェ》のみが紹介されていたが、二〇一四年に映画ロケ地として整備された後には新たな名所として再生した。一九六〇年代の店や翻る青天白日旗、そして当時の政治的なスローガンなどは、台湾本島と中国では珍しいものとして、金門の独特な冷戦の記憶を再現している。この映画は軍事経済下で活気づき、その後衰退した街を一時的に再生させ、とくに若い世代の目を引く効果があった。

6　複合観光への転換と持続可能性

　戦場観光の形成初期に、金門は確実に台湾人観光客のノスタルジーを呼び起こし、次第に中国人観光客の注目を集めた。しかし両岸の若い世代の多くは冷戦の歴史になじみがなく、興味もないため、時がたつにつれて、金門の戦場観光はその魅力を失う可能性が高い。若い世代の志向に合わせて観光計画を修正し、もとの厳粛さや真摯さを失ってしまう危険性もある金門の戦場観光は、次第に真正性と娯楽性のあいだでどちらも捨てられないジレンマに陥っていく。

　近年、金門の戦場観光は新たな変化を見せている。金門当局と住民たちが戦場観光の持続性を保つために文化観光を結びつけ、さらに国際的認定を通じて新たなブランドを構築しようとしている。二〇〇二年に台湾政府は金門を世界遺産登録申請候補として選定したが、そこではおもに「金門戦場文化」と「閩南常民文化」が注目された（金門縣文化局 二〇一一：二二-三四）。また金門の住民も金門を国際観光レジャー島にするべく努力するだけでなく、金門の軍事的文化的遺産をＵＮＥＳＣＯが指定する世界遺産に登録しようと、二〇一一年二月には「金門県世界遺産推進委員会」が結成された。

　二〇一四年には金門で、戦場文化と伝統建築復元についての専門家を養成する講座も開かれた。ここで江柏煒は、金門の伝統観光の単純なレジャー方式から離れ、統合的保存（integrative conservation）のモデルを採択し、有形の戦場資産と無形の人類学的資産を積極的に収集し、研究するべきであると提案した（江柏煒 二〇一四：四五-五〇）。無形の資産は住民たちの集合的記憶と口述史に基づくものである。冷戦の遺産を持続的に保存し活用するためには、現地住民の記憶を記録し、住民が戦場遺産の価値を確認でき、戦場遺産の管理に参加できるようにすることが重要である（江柏煒 二〇一四、曾逸仁 二〇一四、林美吟 二〇一四）。江柏煒はそれを通じて金門全体を冷戦博物館としようと主張したのである。

一九五三年から一九九二年のあいだに金門で実施された戦地政務によって、閩南式の伝統住宅と西洋式華僑住宅がそのまま保存されることになった。これは廈門の伝統住宅文化の破壊と対照的だ。保存された金門の住宅が象徴する閩南文化は、戦場文化とともに「金門学」の基礎的な資源を形成している。また金門の洋楼を利用した華僑の歴史博物館は、単に遊びに来る観光客だけでなく、学習を目的とした観光客を誘致する効果を生み出す*21。これらは戦場観光を多様にし、金門観光を文化的なものに変えていく。

伝統的な閩南式住宅の民宿としての活用、洋楼を生かした歴史博物館への再構成を軸にする文化観光が戦場観光に加わり、金門の観光振興戦略は複合観光へ発展し始めた。しかし複合観光への転換には問題もある。それは生態的資源の枯渇の可能性である。観光客が増加し続けることで発生する水資源と電気の消費、そして中国人が買い入れる土地の増加と地価の上昇などは、健全な生態的環境を脅かす。それは戦場観光の持続可能性を超え、金門住民たちの生活基盤を脅かすものだ。

二〇一五年一一月に金門国家公園が主催した国際学術会議のテーマは、まさにこの歴史、文化、環境という三つの側面における持続可能性であった。この会議において検討された持続可能性とは増加しつつある観光客に魅力を与える資源の新たな開発を超え、複合観光を支える生態的な条件や成長の限界をさぐることであった。

金門の地域社会に内在するもう一つの問題は、中国との政治的な軋轢だ。金門の戦場観光の発展は、改善した両岸関係が背景となっている。しかし二〇一六年一月の台湾総統選挙で、民進党の候補が当選し、台湾が独立政策を採択した場合、中国は中国人観光客の数を制限する可能性もあると発表した。今回インタビューに答えてくれた人たちは、金門ではまだ国民党を支持する人が多いため、このような中国政府の措置は実現しないと楽観視しつつも、それが現実となった場合、さまざまな悪影響があるだろうという見解は一致していた。戦場観光から出発した金門の観光計画は継続的に修正されているが、両岸の互いに異なる期待と志向による不安定な構造が認識されはじめたのである。

戦場観光が持つ場所の魅力は一度訪れてしまえば大きく減少する。こうした急速な限界効用の減少を避けられる代替資源が求められ、拡大する観光産業を支える資源の限界や、生態的持続可能性を考慮することが、金門の直面する課題である。

註

*1 本研究は二〇一三年、政府（教育部）の財源で韓国研究財団の助成金から遂行した研究である（NRF-2013S1A5B8A01054955）。

*2 「返郷路六〇砲的部落格」（http://a2928796.pixnet.net/blog/post/289486703%E8%BF%94%E9%84%89%E8%B7%AF）二〇一六年一月二三日取得。

*3 「戰鬥金門」（http://www.jjes.km.edu.tw/local/b3-4-1.html）二〇一六年一月二三日取得。

*4 中時電子報「小三通改走五通碼頭 半小時到對岸」二〇一四年四月二五日。

*5 好房網「離島建設基金補助、金門最多」二〇一二年六月二五日（http://news.housefun.com.tw/news/article/1151622649.html）二〇一六年一月二三日取得。

*6 國家發展委員會〈離島地區永續發展與創新亮點〉行政院第三四九六次會議。

*7 北部は金沙鎮と金寧郷が軍事と自然資源を、西南部は文化と自然資源、東南部は産業資源を持っており、小金門島は戦争資源をおもに持っている。

*8 冷戦期の一九七九年に中国側が台湾に提案した、商業、運輸、郵便の交流（「通商、通航、通郵」）を表す標語。当時の台湾はこの提案を拒否したが、二〇〇一年には廈門と金門島間での客船を運航させた。この地域限定的な三通を「小三通」と称する。

*9 二〇〇七年からはじまった金門観光バスは合計四コースがある。Aコースは水頭—翟山コースであり、Bコースは古寧頭戦場コース、Cコースは太武山—金沙鎮コース、Dコースは榕園—太湖コースがある。

*10 大紀元「台擴大小三通 馬英九不贊成金門撤軍」二〇〇八年六月二〇日。

*11 インタビュー対象者の証言や江柏煒の「地方史與全球史的連結：金門研究的價值（初稿）」、中国観光客のブログを分析してみると、このような不文律があると考えられる。

*12 中時電子報「金門戰地夯點 翟山坑道奪冠」二〇一五年八月二九日。

*13 中時電子報「金門小三通人數 今年再創歷史新高」二〇一五年一二月三一日。

*14 台湾ではくじ引きで軍服務地を決定した。「金馬獎」は本来一九六〇年代にはじまった代表的な反共映画祭の映画大賞の名称であり、この映画祭は「金門」と「馬祖」、この二つの離島の最初の文字からとったものである。軍服務地に金門島や馬祖島が決定されると彼らは非常に落胆するが、その反語法として表したのは「金馬獎」なのである。

*15 百度旅游（http://lvyou.baidu.com/notes/de439bad52baf34409b2f5f8?sid=8bc6c1ecdeb81cc848362df5?request_id=3445568601&idx=6）二〇一六年一月三一日取得。

*16 百度旅游（http://lvyou.baidu.com/notes/cebce1e45ad4cb1cdbc0e75e?sid=8bc6c1ecdeb81cc848362df5?request_id=3445568601&idx=5）二〇一六年一月三一日取得。

*17 百度旅游（http://lvyou.baidu.com/pictravel/3ea4f520d7b5f3d241b639b7）二〇一六年一月三一日取得。

*18 台海网『超级大喇叭能响彻金门』（http://www.taihainet.com/news/xmnews/shms/200705-06/122814.html）二〇一六年三月一四日取得。

*19 華夏經緯網、『廈金〝對敵廣播〟姐妹花見證兩岸巨變：從喊話到對話』二〇一〇、七一九（http://big5.huaxia.com/thpl/

jwgc/2010/07/1992210.html）二〇一六年三月一四日取得。

*20 中華民國内政部營建署〈金門國家公園管理處活用公有資產、榮獲財政部評定「國有公用不動產活化運用績效」公務預算組第三名〉2014-02-17,（http://www.cpami.gov.tw/pda_chinese/index.php?option=com_content&view=article&id=17267&Itemid=141）

*21 채널경북「체류형 관광의 성공 조건」二〇一五年一〇月二七日（http://www.channelkb.co.kr/news/articleView.html?idxno=2434）

参考文献

「천하잡지（天下雜誌）」「금문일보（金門日報）」「중시전자보（中時電子報）」「연합보（聯合報）」「대기원보（大紀元）」「채널경북」

百度旅游（http://lvyou.baidu.com/）

台海网（http://www.taihainet.com/）

華夏經緯網（http://www.huaxia.com/）

〔中国語文献〕

江柏煒、二〇一六、地方史與全球史的連結：金門研究的價值（초고）。

江柏煒、二〇一二、「金門洋樓：一個近代閩南僑鄉文化變遷的案例分析」《國立臺灣大學建築與城鄉研究學報》第二〇期一―二四。

江柏煒、二〇一四「冷戰島嶼：戰地文化景觀保存及維護芻議」《二〇一四年推廣金門縣世界遺產登錄計畫文化遺產維護培訓講座―戰地文化遺產保存講座》二九―八。

經建會管制考核處、二〇一二「離島建設基金推動十年回顧與未來推動方向」《台灣經濟論衡》二四―六六。

郭美芳、二〇一二「金門空間形式轉化之意涵―由戰地轉為觀光空間與兩岸樞紐之形式轉化」《二〇一二年金門學國際學術研討會論文集》三一三―三二七。

金門縣文化局、二〇一一《金門走向世界遺產―由戰爭到和平》出版：金門縣文化局。

林美吟、二〇一四「戰地文化遺產保存的民眾自主參與及環境教育」《二〇一四年推廣金門縣世界遺產登錄計畫文化遺產維護培訓講座―戰地文化遺產保存講座》一二一―一四二。

水牛設計部落有限公司、二〇一〇「金門國家公園戰役史蹟景觀風貌構成調查計畫案―期末報告」金門國家公園管理處委託研究。

施沛琳、二〇一四「金门战地文化创意产业初探」《闽台文化研究》第三九期七七―八五、第一期三九―五二。
鄭根埴・吳俊芳、二〇一五、金門的（脫）冷戰及民主化：著重於其雙重性轉換 江柏煒・王秋桂 主編《歷史島嶼的未來―二〇一五年金門歷史、文化與生態學術研討會論文集》金門國家公園、三七一―三八八。
趙乃嘉、二〇一二「金門發展國際觀光度假區對當地文化觀光的影響評估」碩士論文朝陽科技大學。
曾逸仁、二〇一四「從世遺觀點探討金門軍事遺產的價值與陳述」《二〇一四年推廣金門縣世界遺產登錄計畫文化遺產維護培訓講座―戰地文化遺產保存講座》七七―一〇八。
陳建民、二〇〇三《兩岸關係發展與金門角色定位之研究―「小三通」後的觀察》台南：久洋出版社。
黃振誼・徐健進・陳順興、二〇一一「從利害關係人角度探討纜車對貓空觀光永續發展之影響」《育達科大學報》第二六期六七―一〇二。
侯錦雄、一九九九「形式的魅影―金門觀光的戰地異境想像與體驗」《觀光研究學報》第五卷第一期三九―五二。
金門縣政府、二〇〇七《金門縣志―人物志與觀光志》第一一冊、金門縣政府。

〔韓国語文献〕
김민환 二〇一六「민대연박물관」、박명규·백지운 편『금문도』진인진。
오순방・정근식 二〇一四「진먼 냉전생태의 형성과 해체―지리전시관 형성의 경로를 따라서」『사회와 역사』제一〇四집、七―四三。
오순방 二〇一五「탈냉전과 진먼학―형성、성과、과제」『사회와 역사』제一〇七집、三八九―四二〇。

〔英語文献〕
Chambers, T. A. 2012, *Memories of war: visiting battlegrounds and bonefields in the early American republic*, Ithaca; London: Cornell University Press.
Chang, Li-Hui 2014, Remapping the Island: The Relationships between Tourism and Conflict Borders of the Kinmen-Xiamen Border, *Journal of China Tourism Research*, Vol.10(3): 363-377.
Cooper, M. 2006, The Pacific War battlefields: tourist attractions or war memorials?, *International Journal of Tourism Research*, Vol. 8(3).:213-222.
Dunkley, R., Morgan, N., Westwood, S., 2011, Visiting the trenches: Exploring meanings and motivations in battlefield tourism,

Tourism Management, Vol.32(4):.860-868.
Herborn, P. J., Hutchinson, F. P., 2014, 'Landscapes of remembrance' and sites of consciene: exploring ways of learning beyond militarising 'maps' of the future, *Journal of Peace Education*, Vol.11(2): 131-149.
Kuo, N.-T., Chang, K.-C., Cheng, Y.-S., Lin, J.-C., 2015, Effects of Tour Guide Interpretation and Tourist Satisfaction on Destination Loyalty in Taiwan's Kinmen Battlefield Tourism: Perceived Playfulness and Perceived Flow as Moderators, *Journal of Travel & Tourism Marketing*, 13, May 201:.1-20.
Le, D.-T. T., Pearce, Douglas, G., 2011, Segmenting Visitors to Battlefield Sites: International Visitors to The Former Demilitarized Zone in Vietnam, *Journal of Travel & Tourism Marketing*, Vol.28(4):.451-463.
Lee, Y.-J., 2015, The Relationships Amongst Emotional Experience, Cognition, and Behavioural Intention in Battlefield Tourism, *Asia Pacific Journal of Tourism Research*, 24 July 2015: 1-19.
Lloyd, D. W., 1998, *Battlefield tourism*: pilgrimage and the commemoration of the Great War in Britain, Australia and Canada, 1919-1939, Oxford, UK: Berg; New York: Berg.
Maoz, D., 2006, The mutual gaze, *Annals of Tourism Research*, Vol.33(1): 221-239.
Perkins, H. C., Thorns, D. C. 2001, Gazing or Performing?: Reflections on Urry's Tourist Gaze in the Context of Contemporary Experience in the Antipodes, *International Sociology*, Vol.16(2): 185-204.
Seaton, A. V., 1999, War and thanatourism: Waterloo 1815-1914, *Annals of Tourism Research*, Vol.26(1): 130-158.
Seaton, A. V., 2000, "Another Weekend Away Looking for Dead Bodies…" : Battlefield Tourism on the Somme and in Flanders, *Tourism Recreation Research*, Vol.25(3): 63-78.
Szonyi, M., 2008, *Cold War Island: Quemoy on the front line*, Cambridge: Cambridge University Press.
Urry, J., 2002, *The tourist gaze*, London: Sage Publications.
Zhang, J. J., 2010, Of Kaoliang, Bullets and Knives: Local Entrepreneurs and the Battlefield Tourism Enterprise in Kinmen (Quemoy), Taiwan, *Tourism Geographies* Vol. 12(3): 407-433.

第3部

観光が創り出す集団のイメージ

第7章

中国の中産階級の海外旅行とソーシャルメディア微博《ウェイボー》による自己構築

周倩

1　中国人海外旅行者数の増加と中産階級

中国旅行研究院が発表した『二〇一五年中国海外旅行発展年度報告』によると、二〇一四年に中国人海外旅行者数ははじめて一億人を突破し、延べ一億七〇〇〇万人に達した。国連世界観光機関（UNWTO）が二〇一六年三月八日に公表した報告では、二〇一六年の中国人海外旅行者数は世界第一位、二〇二〇年には中国がフランスとアメリカを抜いて世界最大の観光大国に浮上し、年間一億三〇〇〇万人の観光客を受け入れるとの予測がなされている。近年、中国人の海外旅行先は日本がトップを占めている。

日本政府観光局（ＪＮＴＯ）のデータによれば、二〇一五年の訪日中国人観光客数は、前年比二倍の延べ約五〇〇万人に達し、日本での消費総額は一兆四一〇〇億円、一人あたり二八万三八〇〇円で、外国人観光客全体（三・五兆円）の四〇・八パーセントを占め首位となった。日本の観光業は日本国内の消費に貢献し、一定程度の経済の牽引的役割を果たしたことは確かな事実といえよう。

中国人にとって、海外旅行は今や一部の富裕層だけが享受できる特権的な行為ではなくなり、一般的な都市中産階級のあいだで共有される消費行動となっている。そして、海外メディアがこうした中国人の熱狂的な海外旅行を報道する際、彼ら観光客を新興の中産階級と定義することが多い。たとえば、Yahoo! JAPANで「中国の観光客」と「中産階級」をＡＮＤ検索すると、八万二八〇〇件の情報がヒットする。一方、Googleで「Chinese tourists」と「middle class」のＡＮＤ検索の結果は、九六万件にのぼる（二〇一六年七月六日午後一六時三六分に筆者が行った検索の結果）。

それでは、中国の中産階級とは何なのか。中産階級と定義された中国の海外旅行者は、いったいどのような特徴を持ち、どのような旅行をしているのか。また、中国の中産階級と呼ばれる海外旅行者は、中国社会にどのような影響を与えているのだろうか。

これらの問いに答えるために、次に中国の中産階級の定義を検討する。

2 中国の中産階級とは何か？

二〇一五年一〇月一三日、スイスの金融グループ「クレディ・スイス」は『二〇一五グローバル・ウェルス・レポート』で、「中国の中間層数が一億九〇〇〇万人を超え、世界最大の規模に達し、米国を上回る水準で成長している」との調査結果を発表した。同報告書は、ただちに中国国内外のメディアに注目され、議論が巻き起こった。

社会学において、中産階級はとりわけ耳目を集める概念である。これまで研究者は、職業、収入、教育、消費、政治態度、階層意識といったさまざまな側面から、中国の中産階級の分析と関連する研究を積み重ねてきた。しかし、中産階級に関する問題は絶えず新たに提起され続け、共通認識が形成されるまでに至っていない。それは、中国において中産階級が長年、社会主義の理想に反するものとみなされ、打倒すべき資本主義の一階級として扱われてきたためである。ところが、二〇〇〇年以降になって、「三つの代表」論*1の提起にともない、突如として中産階級研究ブームが起こった。経済学者は、収入を基準として中産階級に属するか否かを判断することが多い。一方の社会学者は、職業を基準として、肉体労働とは異なる技術や能力を持つ労働者を中産階級と定義するのが一般的である。

近年、中国国家統計局は、家庭の年間収入六万元から五〇万元（約九一－七六〇万円）を中産階級の収入基準として扱っている。それに対して、中国社会科学院社会学研究所（以下、中国社会科学院）は、中国人の経済的・社会的地位にもっとも影響を与える収入、職業、教育資本という三つの指標を基に中産階級を規定した。その際に用いられたのが二〇〇六年の調査データで、月収一万四〇〇一元から三万五〇〇〇元（約二一－五三万円）の人々が「収入中産」と定義された。そして、右のような月収を得て、一定の管理権と技能を持つ非肉体労働者が「職業中産」と定義された。さらに、大学卒以上の学歴を持つ人々は「教育中産」と定義づけられた。同研究所の基準にしたがって分類すると、中国の職業中産は二二・四パーセント、収入中産は一七・八パーセント、教育中産は一二・七パーセントの割合を占める。そのうち、「標準的中産階級」と呼ばれる収入、職業、学歴という三つの基準を同時に満たす人々は、調査対象のわずか三・二パーセントに留まるという（李培林・张翼 二〇〇八：一－一九）。しかし、前述のように、二〇一四年に中国の海外旅行者数がはじめて一億人を突破し、延べ一億七〇〇〇万人に達したことを鑑みると、海外旅行者は中国全人口（一三億六七八二万人）の七・八パーセントを占める。仮に、中国社会科学院の定義を中国の中産階級の基準とするならば、海外旅行者のうち半数以上の人々が、標準的中産階級ではないということになる。それでは、これらの非中産階級の海外旅行者は、なぜ中国の中産階級と呼ばれているのだろうか。

これまで、人々の客観的地位と主観的地位とは、必ずしも一致しないことが経験的研究によって明らかにされてきた。収入、学歴、職業などの客観的指標によって定義された中産階級と、社会全体の中間に位置しているという、主観的帰属意識を持つ階層とのあいだには、一致と差異が混在している。再び、中国社会科学院の調査報告によると、客観的指標によって「その他の階級」と判定された被調査者のうち、三八・六パーセントの人々が「自分は中産階級である」と認識している。そのため、中国社会科学院は、彼ら三八・六パーセントの人々を「主観的中産」と呼んでいる。筆者が以前実施したインターネット調査では、中国人の中産階級に対する認識は、メディアの影響を大いに受けていることが明らかになった。いい換えるなら、メディアが中産階級のイメージを作り上げたことによって、中産階級の主観と客観の不一致という現象をもたらしている（周倩 二〇〇八）。このように、今日の中国では職業、収入、学歴という三つの客観的要因以外に、メディアの影響が決定的な意味を持っているため、中産階級を研究する際に、メディアの視点を取り入れる必要があるということができる。筆者はかつて、H・アドーニとS・メーンによって提示された〈「現実」の社会的構成モデル〉に示唆を受け、「中産階級の理解モデル」を提起した（図1）。さらに、メディアが作り出す中産階級のイメージに対して、日中両国の比較分析も行ってきた（周倩 二〇一三）。

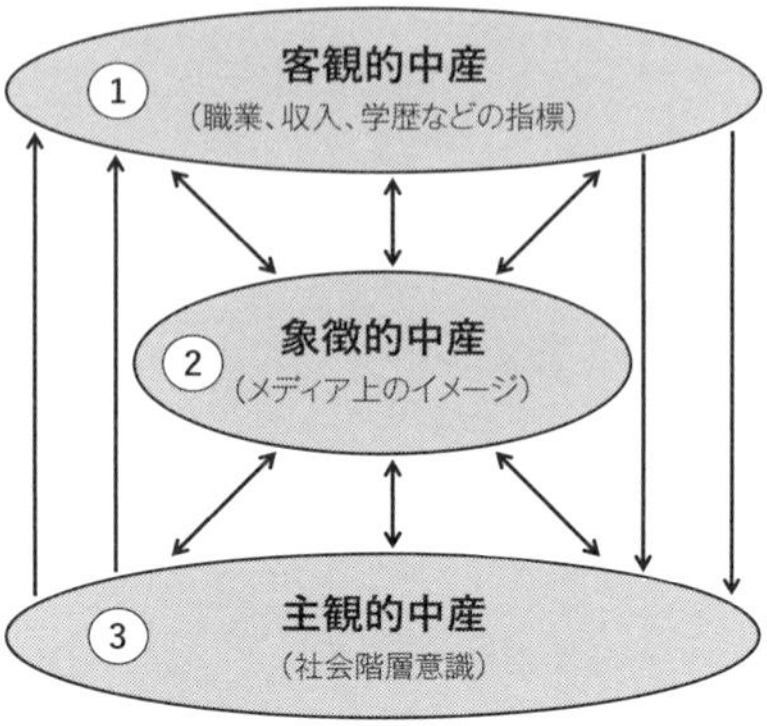

図1　中産階級の理解モデル（筆者作成）

しかし、図1に示したような「客観的」、「象徴的」、「主観的」という三つの中産階級がどのように相互に影響しあっているのかについては、詳細な分析を保留してきた。また、中産階級の理解モデルの実用性も未だ検証の段階に進んでいない。さまざまな研究のなかで得られた仮説は、メディアが主観的中産に直接作用するのではなく、客観的指標と密接な関係を持つ消費活動を通じて、主観的中産の形成に間接的に作用し、影響を与えているのではないか、というものである。次節以降でこの仮説を検証する。

3 仮想エスノグラフィによる微博《ウェイボー》の分析

本章では、中国の中産階級の海外旅行に焦点を当て、ソーシャルメディアの利用に関する調査を行う。それによって、中産階級がどのようにソーシャルメディアを利用し、海外旅行という消費行動を通じて、自己構築を行っているかを明らかにする。さらに、中産階級の海外旅行およびソーシャルメディア上の自己構築が、今日の中国社会と他の階層にどのような影響を及ぼしているかについても検討する。

ソーシャルメディアは、人々に情報の発信、共有、交換、交流や議論、創作などのプラットフォームと技術を提供する。また、従来のメディアにくらべ、ユーザーに開かれた参与空間を持ち、そこでの交流によってコミュニティが形成され人々がつながるという特徴がある。中国のソーシャルメディアには、ソーシャルネットワーク、ブログ、マイクロブログ（微博《ウェイボー》［Weibo］）、ポッドキャスト、BBSといったものが含まれる。そのうち本章で注目するのは、中国人の日常生活に浸透している「微博」である。二〇〇六年に誕生したTwitterに類似したサービスとして、二〇〇九年九月に中国ポータルサイト最大手「新浪（sina.com）」が始めたものだ。今日に至るまで、微博は情報の受容に影響を与え、さらには世界に対する認識にまで影響を及ぼし続けている。微博の機能の一つは、一般の中国人に、自己表現と自己構築のプラットフォームを与えることである。この機能は同時に、人々の交流と意思疎通を容易にし、集団意識の形成を促してもいる。

微博を重要な分析資料として扱う理由は、中産階級と呼ばれる集団が、インターネットとの接触度が高いと推測されるためである。その根拠を示すものの一つが、中国社会科学院の調査結果であり、中産階級の人口統計的特徴として、高学歴（大半が大学卒以上）と若年層化（二六－三五歳）が挙げられている。もう一つが、中国人民大学が二〇〇九年一二月に行った微博のユーザーに関する調査結果であり、その特徴として「若者が中心」、「高学歴」、「平均以上の所得がある」の三点が挙げられている（喩国明ほか二〇一一：一四七）。

本研究でおもに採用した調査方法は、仮想エスノグラフィ（Virtual ethnography）である。仮想エスノグラフィとは、インターネット空間を分析の射程とし、インターネットという双方向性・多方向性の意見交換のプラットフォームを利用して、資料収集を行うことによって、インターネットとそれに関連する社会的・文化的現象を探求し、解釈する定性調査の一種である。仮想エスノグラフィは通常、テキストや画像、またはネットコミュニティの相互作用に対する観察を行う。そこで、ここでは仮想エスノグラフィという枠組みのもと、テキスト分析を行うことによって、インターネット上の言説およびインターネット空間上の相互作用を検討する。その際、中国社会の文脈に合わせ、中産階級がどのように微博を利用し、自らの海外旅行を表現しているのか。微博に表れた中産階級の海外旅行とは、どのようなものなのか。また、中産階級は海外旅行を通じて、どのように自己を構築しているのか。さらに、その自己構築が中国社会と他の階層に、どのような影響を及ぼしているのか、といった問題を検証する。

4　関連文献のレビューと本研究の学術的意義

中産階級の海外旅行とメディアでの表現を考察するにあたり、①旅行と階層の関係を扱った研究、②旅行とソーシャルメディアの利用に関する研究、という二種類の研究を概観しよう。

4.1　旅行と階層の関係を扱った研究

消費文化理論としては、T・ヴェブレンの「衒示《げんじ》的消費」、J・ボードリヤールの「記号論的差異化消費」、P・ブルデューの「趣味的消費」があるが、これらはすべて視点は異なるものの、同一の論理が貫かれている。すなわち、消費の差異と社会階層の序列は密接な関係にあり、消費が階層を区分する際の重要な指標となっているというものである。消費社会において旅行は、余暇の重要な構成要素として定着した。そして、旅行消費を行う際に、旅行者の金融資本、人的資本、社会資本、時間資本などの相違が階層的特徴として表れる。したがって、旅行が社会階層ときわめて密接な関係性を持つという論理が成り立つのである。しかし、旅行と社会階層との関係を扱った先行研究の大半は、定量分析によって、旅行という消費を行う際、階層間にどのような差異があるかを解明することに主眼が置かれている。この種の研究は、旅行市場の細分化に関する研究の範疇に含まれるといえる。たとえば、旅行者の年齢、性別、職業、家族構成、婚姻状況、収入、学歴、民族、国籍などを基準として、異なる社会階層を分類することから始め、各階層の人々が旅行の際に行う、消費活動について分析するというものがある。そのほかに、旅行の目的、形式、方法、期間、旅行中の消費時機、消費の種類などについて細分化された市場について分析するようなものもある（韩勇ほか二〇〇六、Pappas 2014）。

このように、旅行と階層を扱った既存の研究では、社会階層が固定化された、不変的な概念として捉えられている。そこでは、旅行という消費行動が、社会階層の構築に働きかけ、社会階層や階層意識の形成に影響を与えているという点が見落とされている。J・アーリの『観光のまなざし』によると、観光とは産業革命の下で生み出された都市労働者の生活様式の一つだという。換言するなら、観光は社会階層の誕生とともに現れたものということになる。このように、観光が社会階層と不可分の関係にあることが、アーリによって言及されてはいるが、深くは掘り下げられてこなかった。そこで、本章では中産階級の海外旅行に焦点を当て、旅行と階層を扱った研究で議論されてこなかった点を考察する。

4.2　旅行とソーシャルメディアの利用に関する研究

旅行とソーシャルメディアの利用に関する先行研究は、ほとんどが経営学者によるものだ。そのうち、微博に焦点を当て、中産階級の海外旅行を具体的に分析した論文はほぼ見当たらない。また、中産階級の海外旅行における、微博の役割に関する専門的な研究も皆無に近い。旅行とソーシャルメディアの利用をテーマにした研究は限られているが、旅行業界における微博の役割に言及した、マーケティング・リサーチはいくつか試みられている。それらのリサーチでは、微博の簡易性、双方向性、適時性が利点として挙げられている。また、微博によって作り上げられた低コストの旅行商品の販売ルートが、旅行会社とネットユーザーとのつながりを強めただけではなく、旅行会社のブランドと影響力を向上させたことも明らかにしている。さらに、微博がある種の世論を反映させ、旅行商品に対して、潜在的な消費者を自動的に選別し、細分化された旅行サービスを提供できるという利点も指摘されている（梁方方二〇一一）。他方で、特定の観光局の公式微博に焦点を当てて、インテグレーテッド・マーケティングにおける微博の役割について検討した研究も散見される*2。

経営学分野での議論は総じて、本章の問題意識と関連がなさそうに見える。しかし、それらもソーシャルメディアとしての微博と旅行の関係に言及している。とくに、旅先で旅行者が即座にテキストと画像を発信し、他のユーザーと共有することによって、中産階級から視線を注がれているその瞬間に、旅行者が名所旧跡を巡っている点に注目している。この点が、海外旅行時に微博を通じて、中産階級がどのように自己イメージを生産し、どのようにして自己意識を完成させているか、という本研究のテーマに深く関連しているのである。

4.3 本研究の学術的意義

右の二種類の関連研究のほかに、メディア研究の動向にも注目する必要がある。近年のメディア研究では、ソーシャルメディアの利用に関する議論が活発になってきている（宗乾进ほか二〇一二）。しかし、中国では微博に関する研究のほとんどが、メディア学（メディア、世論、ソーシャルネットワークなど）、教育学（大学生の利用、政治教育など）、経済学（マーケティングの役割）、情報学（アーカイブ）の四分野に集中している（王空莉・张敏 二〇一二）。そのため、中国人がどのように微博を利用して、自己イメージやライフスタイルを表現しているのか、またどのように集団意識を形成しているかについて考察した研究は見当たらない。

そこで、中産階級の海外旅行とソーシャルメディアによる自己構築という課題を検討することによって、既存の社会学における旅行と階層の研究、旅行とソーシャルメディアの利用に関する研究、さらに中国の微博に関する研究における間隙を埋める。

5 中産階級の海外旅行の特徴

二〇一五年六月一日から二〇一六年三月一日までの調査をもとに、微博上に公開された中産階級の海外旅行に関する記述について、次のようにその特徴を整理することができる。

5.1 旅行の動機――ストレス解消・旅先での体験・人や自然との触れあい

旅行の動機は、旅行という需要を生み出す主観的条件である。また、旅行という行為を促す内的な動力でもある。中国国家旅游局が二〇一一年に実施した、旅行者に対する調査の結果は、大多数が観光と親族・知人訪問を動機とすることを示している。しかし、本研究で行った微博の内容分析からは、仕事のストレスからの解放や旅先での体験によって見聞を広めることが、中産階級の海外旅行のおもな動機として見出された。

富士山温泉で日本の和服を着て日本酒を飲み、刺身を食べ、畳の上に寝ころがり、温泉に浸かる。どんな仕事のストレスからも解放されるよ。

（梁文輝TONY——男性、年齢不詳、美連物業深圳地域の営業部マネージャー）

一二泊一三日のイギリスの旅は、イングランドからスコットランドまで巡って終了。こんなにたくさん、ステキな海外の人たちと友だちになれて、きれいな景色を楽しんで、それはもうよだれが出ちゃうほど。子どもを連れていって、歴史の実習だってできるし。こういう体験は、試してみる価値ありだよ！　子どもも大人も心身ともに成長することができるから。海外旅行を選ぶことは、まさにライフスタイルを選ぶこと。旅の意味は旅そのものにあるんじゃなくて、誰かと分かち合うところにあるんだよ。こんな旅、してみたい？　スカイダイビングにスキューバダイビング、虎と写真を撮ったりとか。ヘリコプターで南アフリカの動物の大移動を見たり、列車に乗って景色を眺めながらSPAをしたり、クルーザーに乗ってサーカスを見たりもね。おいでよ、全世界が私たちのオフィスにあるよ。世界各地から来た夢を持つ人たちと友だちになって、新しい暮らしを開こう！

（WV梦幻之旅－雪――女性、年齢不詳、外資系企業の管理職）

これら微博への投稿を見ると、中産階級にとっての海外旅行は、ストレス解消の効果があるようだ。また、旅行を通じて見聞を広め、今後の人生のために、より多くの文化資本と社会資本を蓄積しようとする気持ちも同時にうかがえる。さらには、自然に触れたり海外の人と出会うことで、人生を豊かにするものとして捉えられている。

5.2 旅行の形式――ドライブ旅行と個人旅行

E・コーエンは、「目新しさ（strangeness）」と「馴染み深さ（familiarity）」という二つの極を軸として、観光客を「団体参加型マス・ツーリスト」、「個人型マス・ツーリスト」、「探検者」、「放浪者」の四種類に分けた（Cohen 2004: 37-40）。

海外旅行の形式から見ると、本章で対象としている中産階級は、大部分が個人型マス・ツーリストか探検者に当てはまる。なぜなら、自由を求めてはいるが、休暇が限られているためだ。また、一定の経済力と技術・知識を持ち、個人の探検型の旅も実践できるからである。

中産階級の海外旅行のうち、目立ってよくみられるのが、ドライブ旅行（Self-Driving Travel／自驾游）である。現地でレンタカーを手配してのドライブ旅行は、自主性とレジャー性を備え、個性的であるため、中産階級のニーズに応えるとともに、中産階級の特徴も表している。ドライブ旅行は現在、微博の注目トピックの一つでもある。海外でドライブ旅行を行う際の注意や感想が、微博を通じて中産階級のあいだで共有されている。

ポートランドを離れて、そのままクレーターレイク国立公園（Crater Lake National Park）に行ってきたよ。火山の噴火でできたカルデラ湖は、最深部が約六〇〇メートル。アメリカでは一番、北アメリカでは二番目、世界では九番目に深い湖。汚れなんか一つもないし、湖の青さといったら本物じゃないみたいだった。静けさに包まれて、果てしなく広がってる感じがしたし。ときどき少し雨が降ってきたけど、湖に沿ってドライブしたら、とっても気持ちよかったよ。キャンプ場でお弁当を食べて、リスと遊んでたら、もう一日が過ぎてた。
（摄影思远vik――男性、年齢不詳、『新鋭時尚』のカメラマン）

ドライブ旅行同様、個人旅行という形式も中産階級の「自由」、「独立」、「探検」という特徴を表している。

個人旅行の魅力は自由、独立、情熱と挑戦にある。自分で日程を組むこと、見たい観光スポットを選ぶこと、風格のある旅館を予約すること、気の合う旅仲間を一組選ぶこと。リュックを背負って、普段の偽りの仮面を外したら、見知らぬ街へ行って本当の自分を探すのさ。

（公羽口向——男性、九〇年代生まれ、銀行員）

旅ってユニークで個性的なものだよね。海外の違った景色、本場の文化と人情を感じて、地元の人たちのライフスタイルがリアルに体験できるんだから。

（言途——男性、年齢不詳、深圳市心探索科学技術株式会社社員）

これらから、個人の海外旅行は、中産階級の自由、独立、挑戦などの嗜好にふさわしい旅の形式といえるだろう。

5.3 旅行の特徴——深みとクオリティの高さの象徴、自己イメージの消費、個性と多様性の併存

大多数の中国人にとって、海外旅行は未だに贅沢な消費行動だが、中産階級は普段の生活や仕事で溜まったストレスを解消する、重要な消費活動と考えている。そして、海外旅行に対する認知が成熟するにつれて、多くの中産階級が海外旅行という消費行動に深みとクオリティを求めるようになってきている。

毎回、日本にショッピングの旅に行くのはやめようよ！　日本のディープな旅をしてこそ、セン

スあるって思われるんだから。日本は私を惑わす国の一つなの。あの歴史的な要因を除けば、日本は好きで、よーく味わうべき場所だから。東京はにぎやかなのにきっちりしてるし。浅草寺入口の車夫って、特別な風景だよねぇ……

（爱旅行的凯西――女性、三十代、ラジオ局アナウンサー）

私は明らかに〝中産階級の不安〟でいっぱい。しかも、世間的に安定してるっていわれる基準と、私の揺れ動く基準のバランスをとるのが難しくて。ブランド品が好きで、いわゆるクオリティをお金で買いたいと思うし、自分のセンスがユニークだってこともアピールしたいの。海外旅行にも夢中だし。ここにいると未来が見えないけど、オシャレで落ち着きがあって、しかもリッチな自分を妄想するのが好きなんだよね。

（微縮角――女性、年齢・職業不詳）

以上のように、深みとクオリティを兼ね備えた海外旅行は、中産階級にとって消費の趣味を表すだけではなく、中産階級的なライフスタイルや社会的地位、さらには文化の象徴ともなっている。中産階級にとって、旅行という消費は記号的な意味を持つ。自らの見栄や身分を誇示するために、旅先では中産階級にふさわしいクオリティの高い食事、宿、交通手段、買い物、レクリエーションを求めるのである。一方で、リーズナブルであることも求め、経済力に応じた消費をする。たとえば、自分であらかじめ情報を調べ、それに基づいて最適なルートを選定する。また、旅行会社が薦めるような海外ツアーのバーゲンセールに影響されることなく、自分で得た情報に基づいて格安航空券を購入したり、質が高くて割安なホテルや、ミシュランの星つきレストランを予約したりする。ホテルを予約する際も、部屋の清潔さやアメニティばかりでなく、ユニークかどうかまで調べ上げるのである。食事面では、レストランの精巧な内装、周到なサービス、上品な味つけを重視している。

スプリット発のボートは安くはなかったけど、それだけの価値はあったよ。どこも息をのむような美しさばかりで。移動のあいだも、足の速い馬にまたがって、海を駆け回ってるみたいでかっこよかったし。

（by_左手――女性、八〇年代生まれ、フリージャーナリスト）

ショッピングの二週間。オーストラリアで、現地のものを買ったよ。牛革のレトロなバッグ、ウールのマフラー、欧米っぽいリネンの服を赤と白それぞれ一枚ずつ、シフォンの濃い色のレトロ柄の服、コットンのピンクのワンピース、チェックのシャツ、ロゼ色のボートネックのセクシーな服、レースアップシューズ、TOPSHOPの黒のワンピース、イタリア製の馬革ベルト。あぁ！ショッピングってほんとにすっとする！　私ってサイズ選びがうまいな～！

（美宝哥――女性、九〇年代生まれ、大学院生）

このように中産階級は、目的地の選択でも、旅先での消費活動でも、旅行商品そのものを消費するだけでなく、自分自身のイメージをも消費している。そして、そのイメージからは夢や快楽、欲望などのさまざまな感情体験を得ているのである。これらの記号的な消費から、中産階級は価格に見合った価値を見出すことができる。そればかりでなく、巨大な付加価値は、こうした経験を持つ中産階級に対して、社会的地位のアピールと確信をもたらしているのである。

総じて、中産階級は海外旅行で消費を行う際に、深みとクオリティばかりでなく、適正な価格と記号的消費も重視しているといえる。中産階級は、表面的に眺めるだけで終わるような団体旅行を嫌うとともに、写真を撮るためだけに観光スポットに立ち寄るような見学旅行も好まない。個性的なサービスを受けることを望み、消費活動では多様な選択肢を手にすることを求めているのである。

しかし、こうした個性と多様性に対するニーズは、同時に多くの制約を受ける。つまり、海外旅行市場の趨勢や、自らの旅行経験、経済力、時間、情報量などの束縛を受けざるを得ない。そこで近年、微博上に多数現れてきたのが、留学生や現地の学生グループのアカウントである。それらは、中産階級に対して、旅行に関する多様なコンサルティング・サービスや、個人旅行に適した個性的な企画を提供している。

6 中産階級旅行者による微博の利用方法と自己構築

中産階級の海外旅行の特徴について考察したところで、以下ではどのように微博を利用し、そして海外旅行という消費活動を通じて、どのように自己を構築しているかについて検討する。

6.1　中産階級が発信する写真の特徴

中産階級が発信した、海外旅行に関する微博の形式を見ると、そのほとんどがテキストと画像の組み合わせからなっている。微博に関する既存の研究では、テキストと画像の組み合わせがもっとも人気のある形式とみなされている（孙会ほか 二〇一二）。

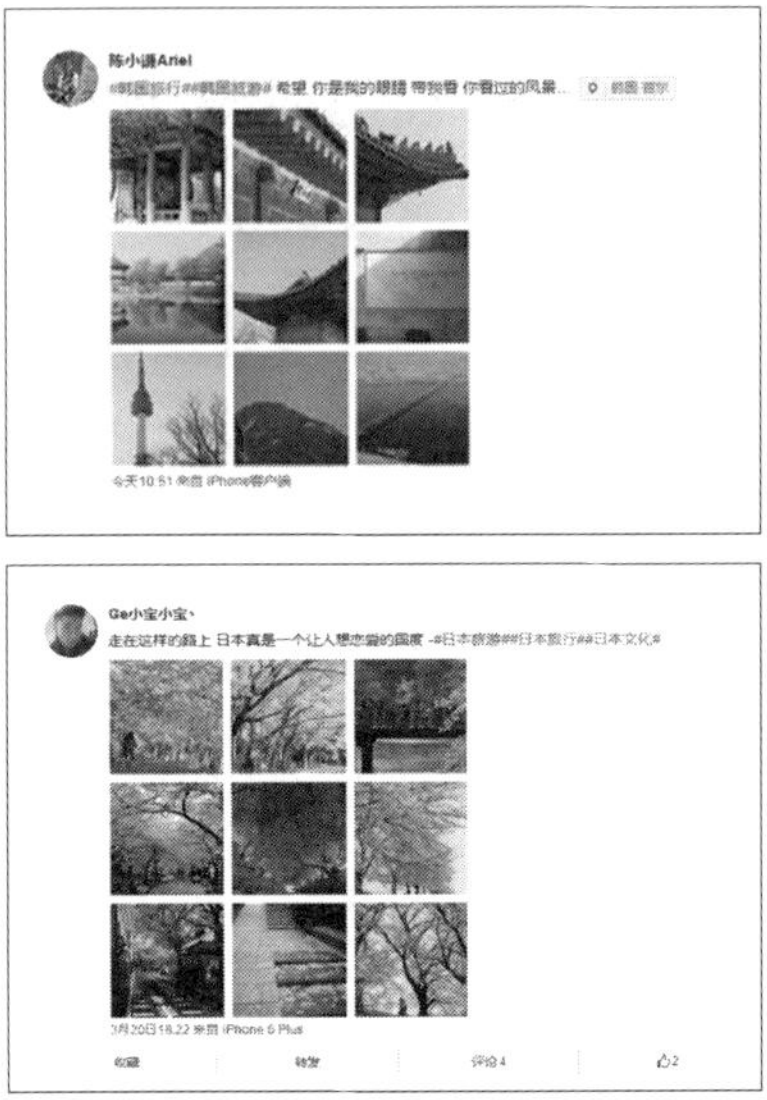

図2　中産階級の海外旅行に関する微博のテキストと画像1（風景）

テキストと画像の詳細を見くらべると、風景の画像がもっとも多い（図2）。また、風景のほかに人物が写り込んでいる（図3）。

画像からは、撮影者と被写体の位置関係が見て取れる以外に、撮影者と被写体の心理的距離までもがわかる。中産階級の海外旅行の画像を見ると、人物を撮影する際は、明らかに、人が大きく写りこんだ写真が好まれている（図4）。人を大きく写すことで、自分自身と旅仲間や現地の人々との親

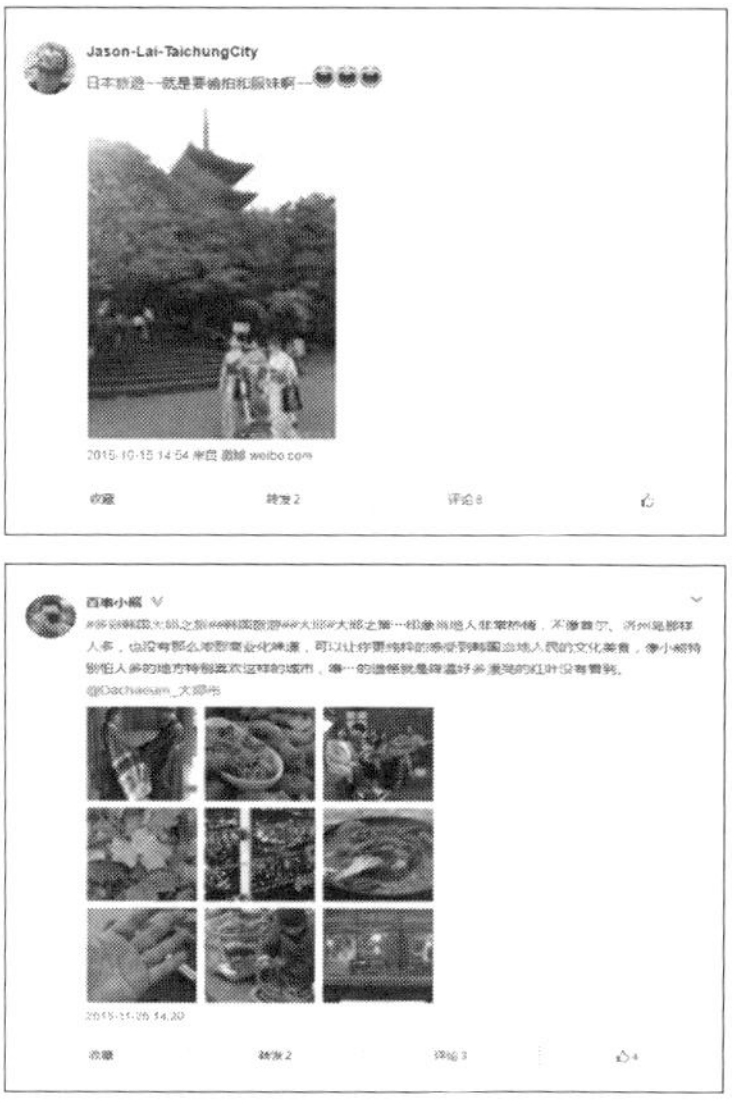

図3　中産階級の海外旅行に関する微博のテキストと画像2（人物）

図4　中産階級の海外旅行に関する微博のテキストと画像3（人が大きく写りこんだ写真）

密さを積極的に示そうとしているからだ。したがって、中産階級の海外旅行の画像を見ると、必然的に旅先の風景だけではなく、中産階級の人々と旅仲間まで目にすることになる。こうして、中産階級は写真を微博に載せることによって、旅行という行為を可視化させつつ、〈私たちの〉旅行であることを強調していると読み取ることができる。

風景や人物のほかには、現地の食べ物や飲み物が掲載されることが多く、また一眼レフカメラの出現頻度がきわめて高い[*3]（図5）。

以上から、中産階級が微博を通じて発信したいのは、海外旅行先の風景や情緒だけでなく、自分自身や旅仲間のイメージだと考えられる。中産階級は、現地のユニークな食べ物や飲み物、高価な一眼レフカメラ

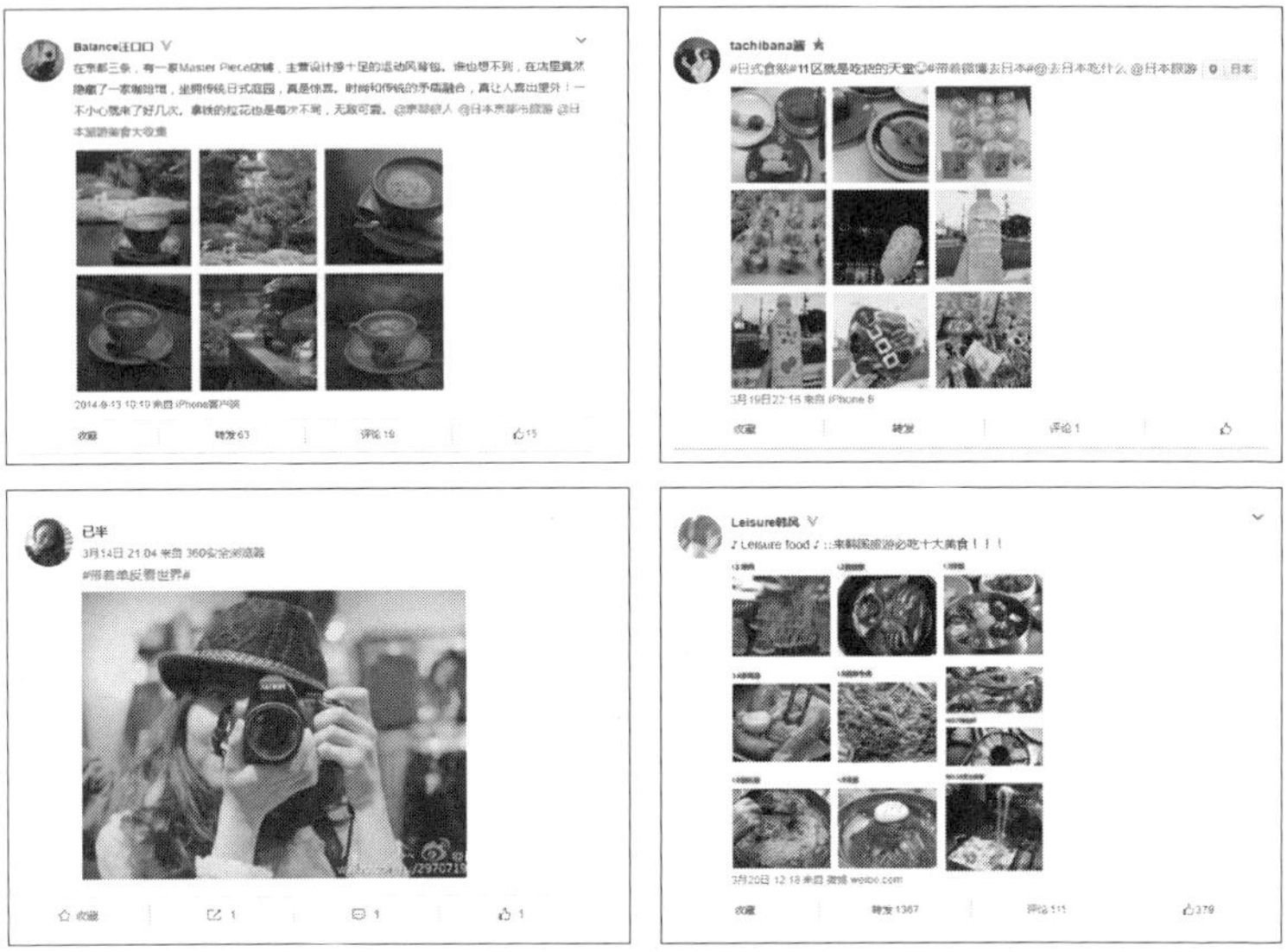

図5　中産階級の海外旅行に関する微博のテキストと画像4（物）

といった物を写し、微博に載せることによって、自らの身分や特徴を強調し、中産階級である自分と、自分より下の階層の旅行スタイルが異なっていることを暗に示しているのである。

6.2 「現実自己」の構築と「スペクタクル／パフォーマンス」のパラダイム

社会心理学者ヒギンズは、「現実自己（actual self）」と「理想自己（ideal self）」、「義務自己（ought self）」を区別している。ヒギンズによれば、現実自己とは人が実際に持っていると考える属性の表象のことであるという。そして、理想自己とは人に理想として持っていていてほしいと考える属性の表象、義務自己とは人が当然持っているべきだと考える属性の表象のことである

（Higgins, 1987: 320-321）。本研究で行った中産階級の海外旅行に関する微博の内容と形式に関する考察からは、微博を利用して伝える自らの海外旅行において、中産階級が現実自己を構築していると捉えることができる。

二〇一二年三月一六日より、中国の「新浪（Sina.com）」、「捜狐（Sohu.com）」、「網易（NetEase.com）」といった大手ウェブサイトの微博では、アカウントを持つために実名での登録が課されるようになった。実際に微博を使用して書き込みを行う際は、実名でもニックネームでも構わないとされているが、実名登録という条件下でこそ、中産階級は微博を通じて現実自己を構築することができ、微博は中産階級に現実自己を構築する環境も提供しているといえる。こうした環境において、中産階級は「自己の物語（self-narrative）」を語り、また他者との関わりを通じて、現実自己を構築している。中産階級は海外旅行先での出来事を記述し、他者と共有することによって、自己を繰り返し設定したり、確認したりしている。同時に、中産階級は一連の「オートエスノグラフィー（self-ethnography）」に近い写真（自分自身が参加した旅を明示する写真）を利用し、自己像を伝えてもいる。

しかし、自己に関わるイメージや意識は、閉ざされた個人の内部で芽生えるものではなく、他者のまなざしの下で、他者との関わりのなかで形成されるものである。微博という空間において、他者の参与は現実自己のテキストを豊かにし、同時に他者の視線を伝え、自己の構築に影響を与えている。それは、微博の空間で、他者に対して中産階級自らがフォローできるだけでなく、他者であるフォロワーを受け入れられるためである。また、中産階級はフォローする他者の微博を閲覧し、コメントを書き込むことができるのと同時に、自分の微博も他者であるフォロワーに読まれたり、コメントが書き込まれたりする。このようにして、中産階級という微博のユーザーは、自己と他者のあいだを往来し、他者とのつながりを作り、情報を共有しているのである。したがって、中産階級にとっての微博は、他者とのコミュニケーションツールであるとともに、他者の視線に合わせて自己を形成する舞台にもなっているといえる。

中国のメディア研究者である喩国明《ユーグオミン》らが指摘したように、微博のユーザー間には、親密な関係が存在している。それは、特定の話題に対する共通の関心に基づくか、もしくは情報の交換と共有によってもたらされた、共通の価値と身分認識によるもののいずれかによって築かれたものだ。微博では、注目している話題を検索すると、自分以外のどのような他者が、その話題に注目しているかを見ることができる。さらに、ユーザー同士でグループを立ち上げることもできる。そのため、自分と似通った職業背景や、共通の価値観とライフスタイルを持つ他者と、小さなコミュニティを作ることができるのである。つまり、このシステムが集団的アイデンティティの構築や、集団への帰属意識を形成しやすくしているといえるのである（喩国明ほか 二〇一一）。こうした喩らの指摘に対して、本研究は次のように考える。すなわち、微博というプラットフォームにおける中産階級の海外旅行は、特定の趣味に基づく、自己と他者との関わりのなかで相互的に作り上げた集団的な経験なのである。

それでは、微博の分析から、中産階級が海外旅行を通じて、どのように自己を構築しているのかという問題を、いかに説明できるだろうか。ここで参照したい概念に、「スペクタクル／パフォーマンス」のパラダイム（Spectacle/Performance Paradigm）がある。つまり、人々はメディアを媒介に、想像上のものも含めた他者に対してパフォーマンスを行うことで、自分自身のアイデンティティを構成している。スペクタクル／パフォーマンスのパラダイムに立脚すると、中産階級が微博上で示した海外旅行および旅行中の消費活動は、一種のパフォーマンスとみなすことができる。このようなパフォーマンスは、中産階級の海外旅行が、他の階層の旅行と異なることを表している。先に示したように、中産階級の海外旅行は、現地の文化や風景を体感したいという思い、消費嗜好のこだわり、個性的な自己像の形成と発信といった特徴をもつ。これらの中産階級の行動パターンは、「個人のアイデンティティ志向のパフォーマンス（Identity-oriented performances）」（Edensor 2001）に類似している。中産階級はこのようなパフォーマンスを通じて、他の旅行者と自らを区別しようとしているのである。

また、今日の中産階級は微博を利用して、海外旅行というパフォーマンスを行う際に、他者の目に触れることを念頭に置いている。そのため、中産階級が旅行中に自分の微博の更新が遅れた場合、「お待たせして申し訳ありません」「予告なしに休んだことをお詫びします」とコメントすることがある。N・アバクロンビーとB・ロングハストがかつて指摘したように、パフォーマンスはスタイルやデザイン、イメージをもっとも重視する（Abercrombie & Longhurst, 1998）。この点も中産階級の海外旅行に関する微博からうかがえる。

まず、中産階級は海外旅行に関して、テキストと画像を発信しており、これらのテキストと画像そのものが、すでにパフォーマンス性を帯びている。

次に、微博の設定を見てみると、あるユーザーが他のユーザーのフォロワーになることには二つの基本的な特徴がある。それは、フォロワーが他の閲覧者よりテキストに注目しているということと、複数のフォロワーが同じテキストに注目することによって、一つのグループが立ち上がるということである。

微博の各テキストに対するコメント数が、フォロワー数より大幅に少ないことから推察すると、微博上のフォロワーは熱狂的なファンでもなければ、たんなるオーディエンスでもないと考えられる。つまり、フォロワーは単純に微博のテキストに注目したり、閲覧したりし、傍観したりする存在にすぎない。しかし、たとえ大部分のフォロワーがたんに注目、閲覧、傍観しているのだとしても、グループとしての中産階級の存在そのものが微博の各ユーザーにパフォーマンスの舞台を用意していることに違いはない。メディア上のパフォーマンスは通常、はじめにパフォーマーが存在し、続いてオーディエンスが出現する。ところが、微博の空間においては、フォロワーが先に控えていて、それからパフォーマーが現れるという逆転現象が起こっているのである。そして、パフォーマーとしてフォローされたユーザーは、フォロワーの期待を裏切らないように、絶えずユニークな自己像を作り出し、発信を続ける。微博は、このようなスペクタクル／パフォーマンスのパラダイムを持っているからこそ、中産階級が海外旅行を記録する際、他の中産階級のフォロワーを満足させるために、自分のパフォーマンスを懸命に披露するのである。同時に、海外旅行好きで同じような消費嗜好や趣味関心を持つ、ほかの中産階級が微博上に存在していることは、中産階級にとって自らのパフォーマンスを可能にし、継続する前提となっている。

7 中産階級の海外旅行がもたらす社会的影響

ここまでの分析を通じて、①中産階級とは何か、②中産階級の海外旅行はどのような特徴を持つのか、③中産階級がニューメディアとしての微博をどのように利用し、また海外旅行のなかでどのように自己を構築しているのか、という三つの問いに答えてきた。そこで最後に、中産階級の海外旅行がもたらす社会的影響について検討したい。

7.1 社会的安定と消費の牽引

中産階級の役割を論じた先行研究において、中産階級の特徴を整理する際に多く用いられる表現として、「政治の後衛」と「消費の前衛」がある。政治の後衛とは中産階級が、中国社会の安定と「調和が取れた発展」に資する存在ということだ。同時に、他の社会階層や利益集団のあいだに入り込むことで、中産階級は衝突と矛盾を緩和する役割を果たしているという。しかも、中産階級の経済的地位と社会的地位は、家柄や閨閥《けいばつ》などの要素によるものでも、投機取引や賄賂、不正によるものでもない。あくまで個人の奮励努力、地道な学習、良質な教育、文化資本の蓄積によって、技術と能力を身につけ、さらに機会をつかみ取ってはじめて、獲得し得たものである。したがって、中産階級の努力と勤勉によって成功を収める方法は、それ以外の人々に対して模範的な役割を果たしているともいえる。

一方で中産階級は消費においては前衛的な性格を持っている。中産階級とそれより上の階級は、旺盛な消費意欲を持っている。中産階級の消費志向は、たとえば、S・ヴェブレンの『有閑階級の理論』(一八九九＝一九九八)、D・リースマンの『孤独な群衆』(一九五〇＝一九六四)、P・ファッセルの『階級』(一九八三＝一九八七)、P・ブルデューの『ディスタンクシオン』(一九七九＝一九九〇)、J・ボードリヤールの『消費社会の神話と構造』(一九七〇＝一九九五)などによって一〇〇年以上にわたって熱心に語られてきた。かつて「旧中産階級」[*4]は、生産規模を拡大するために、資金を蓄積しなければならなかった。それに対して、現在の「新中産階級」[*5]は、企業や政府機関に勤務することで収入を得ることができるようになり、生産財ではなく、消費財を購入することが主体となっている。そこでは、マイカーとマイホームが、中産階級が「中産」か否かを測る指標となる。一方で中産階級は、社会的地位を重んじる。C・W・ミルズの言葉を借りれば、中産階級は「地位恐慌」(Mills 1951)という心理的不安を抱える存在なのである。また中産階級は、ファッションやメディアに対して敏感な感性を持っている。良質な教育を受け、文化資本を持つ中産階級は、消費を行う際に自らのファッションセンスを拠りどころとし、メディアの宣伝も参照しながら、消費財に品位と格調の高さを求める。中産階級がこうした消費の特徴を備えているからこそ、ヴェブレンとファッセルの批判や、ブルデューの消費スタイルと生活様式による階層分化の解釈が、説得力を持って理解されるのである。

今日の中国において、消費活動における中産階級の特徴は、手に取るように明らかである。そのため、中産階級の消費活動に、中国国内外のメディアや企業の注目が集まるのは至極当然なことといってよい。中産階級の消費はすでに、家庭用の耐久消費財から高級住宅や自家用車、さらにレジャー、旅行へと移行してきている。消費活動と消費財は、今日の中産階級が個人の社会的身分と階層を判断する際の、重要な指標と記号になっている。つまり、中産階級は商品の利用価値だけではなく、自己表現の手段、さらには身分と地位の象徴という、商品の記号的価値まで求めているのである。今や中産階級にとって、消費活動は経済的・実用的な行為であるとともに、文化的・象徴的な表現形式にもなっている。したがって、中産階級が消費活動を行う際は、これからなりたい自分と、望みのライフスタイルが暗に示されている。また、中産階級は消費を行い、象徴的記号を利用することによって、階層帰属意識を自ら構築すると同時に、他者に対しても中産階級の社会的地位の承認を求めているのである。

こうした特徴を持つ中産階級について、本研究では中産階級の海外旅行に関する分析を通して、次のことを確認できた。すなわち、中産階級は海外旅行という消費に対して、積極的な態度を持っている。そして、海外旅行を個人の身分を表すラベルと捉えているのである。

中産階級は、それが生成される初期段階においては、上流階級のライフスタイルを真似、上流階級に接近していく傾向が見られる。そして、中産階級のライフスタイルは、それより下の階層に模倣される。したがって、中産階級の海外旅行に対する積極的な態度は、一種の手本として、中産階級より下の階層にある人々に影響を与えることになるのである。近年、中産階級だけではなく、多くの中国人がレジャーや旅行という消費を行っている。中産階級より下の階層に属する人々も、可能な範囲で旅行に金銭を投じている。他方で、中産階級は自らの消費嗜好を、子ども世代へと伝達している。中産階級は海外旅行の際に、子どもを連れていくことが多い。海外旅行を通じて、海外の文化や歴史、建築、外国語などを子どもに伝えることによって、子どもの見聞を広げ、文化資本を増やし、品格のある趣味と嗜好を育てようとしている。このように、中産階級の海外旅行は個人の社会的身分と地位を表すラベルであるが、中国社会全体の旅行消費を牽引し、旅行業界の発展と経済発展全体にも貢献していると考えられるのである。

7.2 旅行マナーの手本

メディアが中国人の海外旅行を語る際、往々にして旅行者のマナーが問題視される。確かに、中国人団体ツアー客は海外でのマナーが不適切であったり、現地の風俗習慣を尊重しなかったり、環境破壊につながるような行動をしてしまっていることが見受けられる。しかし、個人旅行に出かけるような中産階級は、経済状況と文化資本に関わることもあって、自らの身分にふさわしい行動を取るよう心がけている。A・ギデンズはかつて、特定の社会的地位に基づいた行動が、その地位の規範を受けていることを指摘した（Giddens 1986=1998: 161）。このギデンズの指摘は、ゴッフマンの「演劇論的アプローチ」に類似している。ゴッフマンは、個人の社会行動を他者との相互作用のなかで自己呈示する「ドラマトゥルギー」と捉え、社会生活を劇場とみなしている（Goffman 1959＝1990: 75）。

中産階級は、高い知識水準と素養を兼ね備え、海外旅行先の風俗習慣を尊重する。そのため、中産階級は客観的な立場から、現地の日常生活を眺める。時には、現地の環境を自発的に守ろうとすることさえある。

どこに行ったとしても、話題を換えさえすればいい。健康について話したり……、きれいな空気について話したり、水の汚染について話したり、環境保護について話したり……さらに、君が心がけてることを分かち合うんだ。

（wei信44457875――男性、九〇年代生まれ、職業不詳）

このコメントからは、中産階級が健康と環境を重視していることがうかがえる。中産階級は、こうして自身の関心事を語るだけでなく、他者と共有することで、自らの社会的責任感を示し、自らの実践によって他者に影響を与えているのである。

子どもを連れて旅行するの。現地の習慣、人情、グルメについて楽しそうにお話しさせたりとか、博物館、美術館、公園、郊外なんかに連れていったりするの。

（痴情的咖啡――女性、年齢・職業不詳）

このテキストからは、現在の中産階級が、子どもの教育を重視する姿勢の一端が読み取れる。中産階級の消費嗜好や行動には、作為的な部分もあり、他者の目には不自然に映る場合さえある。ブルデューのいう「ハビトゥス（所属する社会階層によって身につけた習慣）」は、形成されるまでにそれなりの時間を要する類のものである。したがって、中産階級は子どもの教育を重視し、中産階級らしい趣味と嗜好を育む途上にあるといってよい。第一世代たる今日の中産階級が、中産階級の文化と一定程度のハビトゥスを形成するには、さらに長い時間が必要となる。しかし、中産階級が子どもの教育を重視することや、子どもに旅行という学習の機会を与えることは、元来教育熱心な中国人全体に影響を及ぼすようになると考えられる。

7.3 衒示的消費と社会的地位の影響

中産階級の海外旅行が、旅行業界および他の階層に対して、積極的な影響を与えていることは疑うまでもない。同時に、否定的な影響を与えていることも見逃してはならない。それは、衒示的消費によって生じた、社会的地位である。

中産階級は自らの社会的地位に対して、強烈な「地位恐慌」を抱えている。そのため、理性的な消費を行いながらも、消費を通じて社会的地位を誇示しようとしているのである。中産階級は、自らの地位と身分を示すためならば、時に金銭を惜しまない。

日本の御殿場アウトレットに行くと、ブランド品を目にした瞬間、買いまくろうという衝動にかられる。これも買う！　あれも買う！　どれもかわいい！　買う！　買う！！　買おう！！！

（小旻wife――女性、九〇年代生まれ、大学院生）

久しぶりのショッピングだなぁ……ラッキーなことに、一万四〇〇〇〇円のコートが七〇パーセン

トオフで買えたよ。すごく嬉しかったな。櫻井翔がイメージキャラクターのPC用メガネをかけてみたら、ほんとに全然かけてる感じがしなかったの。度なしの透明のタイプを合わせてみたよ。ハハハ。普通に衝動買い。日本で一番簡単なことは、やっぱり衝動買いだよね。

（AKANE萌萌哒——女性、年齢・職業不詳）

このように、衒示的消費を意味する記述は、中産階級の海外旅行に関する話題のなかに頻繁に登場する。

衒示的消費が出現した背景には、中産階級自身の心理的要因以外に、中国社会の特殊な所有制度における、資源の再分配が一因として潜んでいると考えられる。一部の中産階級は、特権により金銭や人脈などを占有しているため、公費で旅行をすることがある。したがって、彼らは、金銭と時間を気に掛ける必要がなく、高級消費によってもたらされた、快楽と体験を楽しむことができるのである。たとえば、次の記述からその様子がうかがえる。

四年間も耐えてきて、やっとアトリエの公費で日本に旅行に行けるチャンスがつかめたの。今日、このお知らせを聞いたんだけど、もう死ぬほど嬉しくて。

（QLY_花一四——女性、八〇年代生まれ、芸術家）。

現在、海外旅行は社会的地位を示す一つの記号となっている。中産階級の海外旅行、旅行中の衒示的消費行動、および特権による金銭や人脈などに対する支配はある程度、一般の中国人に対して否定的な影響を与えると考えられる。それは、差異を示す衒示的消費が、社会的不公平感を与えるとともに、社会的格差を促すからだ。また、衒示的消費によって、資本を消耗するだけでなく、せっかくの旅を爆買いで終わらせることにもなりかねない。

8 結論

本章では、海外メディアに報じられた、中国の中産階級の海外旅行という現象に焦点を当て、中産階級とは何かという問題から着手し、既存の中産階級研究を概観した上で、独自の「中産階級の理解モデル」を提起した。次に、中国の中産階級と類似した人口統計的特徴を持つ、微博のユーザーを分析対象として扱い、中産階級の海外旅行がどのような特徴を持ち、どのようにメディアを利用し、さらに海外旅行を通じて、どのように自己の階層意識とイメージを構築させているかについて考察した。同時に、中産階級の海外旅行とソーシャルメディアによる自己構築が、中国社会や他の社会階層にどのような影響を与えているかについても検討を行った。

そして、微博のテキストと画像に対する分析では、インターネットというバーチャルコミュニティにおける相互作用を観察することによって、次のことが明らかになった。中国の中産階級にとって、海外旅行の動機は自らの見聞を広めること、ストレスから解放されること、他者と交流することである。海外旅行の主要形式は、ドライブ旅行と個人旅行であり、海外旅行の特徴は、深みとクオリティの象徴、自己イメージの消費、個性と多様性の併存と概括することができる。また、中産階級と呼ばれる中国人観光客は、微博においてテキストと画像を組み合わせながら、現実的な自己を構築している。こうした現実的な自己の構築は、スペクタクル／パフォーマンスのパラダイムの下で形成された授受関係の一種だ。今日、中産階級の海外旅行は、中国国内の社会的安定や消費活動に多大な影響を及ぼしており、中産階級の海外旅行に現れた行動も、一般の中国人に影響を与えている。また、中産階級は海外旅行の際に衒示的消費も行っており、一般の中国人に対して一定の悪影響がある。

ただし、本研究で提起した中産階級の理解モデルに対して、客観的、主観的、象徴的という三つの中産階級がどのように相互に影響しあい、作用しあっているかについて、より詳細かつ本質を突いた実証研究が今後の課題である。

註

*1 「三つの代表」とは中国共産党の方針であり、中国共産党は、①中国の先進的な社会生産力の発展の要求、②中国の先進的文化の前進の方向、③中国のもっとも広範な人民の根本的利益。という三つのことを代表すべき、とするものである。

*2 課題組微博旅游营销模式、二〇一一「北京市东城区旅游局官方微博的案例研究」《北京第二外国语学院学报》九、一｜五。

*3 統計データを用いて補足説明することが理想的ではあるが、本研究では定性調査に限っているため、このように言及するに留める。

*4 「旧中産階級」とは「小所有＝小経営として存在する自営農民層や、都市商工自営業層など」を指す（濱嶋ほか編 一九九七：六九）。

*5 「新中産階級」とは「非現業部門の職種の雇用従業者層を指す。具体的には、中央・地方の統治機構、公私の企業組織などに所

属する専門的職業・技術的職業・管理的職業・事務的職業・販売的職業などの職業分類に分類される職種の雇用従業者を指す」（濱嶋ほか編 一九九七：二〇八）。

参考文献

〔中国語文献〕

韩勇・丛庆、二〇〇六《旅游市场营销学》北京大学出版社。

课题组微博旅游营销模式、二〇一一「北京市东城区旅游局官方微博的案例研究」《北京第二外国语学院学报》九、一一一五。

梁方方、二〇一一「微博营销在旅游业中的应用研究」《顺德职业技术学院学报》三（一）、二六—二九。

李培林・张翼、二〇〇八「中国中产阶级的规模、认同和社会态度」《社会》二八（二）、一—一九。

孙会・李丽娜、二〇一二、「高频次转发微博的特征及用户转发动机探析：甚于新浪微博〝当日转发排行榜？〟的内容分析」《现代传播》〇六、一三七—一三八。

王空莉・张敏、二〇一二、「微博研究现状综述」《图书馆学研究》一二、二一—一五。

喻国明・欧亚・张佰明等、二〇一一《微博：一种新传播形态的考察（影响力模型和社会性应用）》人民日报出版社、一四七。

宗乾进・袁勤俭・沈洪洲、二〇一二「国外社交网络研究热点与前沿」《图书情报知识》六、六八—七五。

〔日本語文献〕

濱嶋朗・竹内郁郎・石川晃弘編、一九九七『社会学小辞典〔新版〕』有斐閣、六九、二〇八。

難波繁之、二〇一四「ソーシャル・ネットワーキング・サービス（SNS）を活用した観光情報発信に関する教育の現状と課題」『観光ホスピタリティ教育』七、二六—三五。

周倩、二〇〇八、東京大学大学院学際情報学府修士学位論文「現代中国における『中産階層』イメージの析出——メディア分析と社会分析をつなぐ」。

周倩、二〇一三「〈ミドルクラス〉の再考——社会構築主義とメディア学の視点から理解模型を提示する」『情報学研究』第八五号、一一—一三。

〔英語文献〕

Adoni, H. & Mane, S., 1984, "Media and social construction of reality", *Communication Research* 11(3).

Giddens, A., 1986, *The Constitution of Society: Outline of the Theory of Structuration*, University of California Press（＝一九九八《社会的构成》李康译、三联书店、一六一）

Baudrillard, J., 1970, *La Société De Consommation: ses mythes, ses structures*, Gallimard.（＝一九九五『消費社会の神話と構造』今村仁司ほか訳、紀伊國屋書店）

Bourdieu, P., 1979, *La Distinction*, Editions de Minuit.（＝一九九〇『ディスタンクシオン』（Ⅰ・Ⅱ）石川洋二郎訳、藤原書店）

Cohen, E., 2004, *Contemporary Tourism: Diversity and Changes*, Elsevier.

Riesman, D. *The Lonely Crowd*, New Haven: Yale University Press, 2001.

Edensor, T., 2000, Staging tourism: Tourists as Performers [J], *Annals of Tourism Research* (2): 322-344.

Edensor, T., 2001, Performing tourism, staging tourism: (Re) producing tourist space and practice, *Tourist Studies* (1): 59-81.

Goffman, E. 1959, The Presentation of Self in Everyday Life. Anchor（＝一九九〇《日常接触》徐江敏译、华夏出版社、七五）

Fussell, P., 1983, *Class: A Guide through the American Status System*, New York: Touchstone.

Higgins, E. T., 1987, Self-discrepancy: A theory relating self and affect, *Psychological Review:* 319-340.

Urry, J. 1990, *Tourist Gaze: Leisure and Travel in Contemporary Societies (Theory, Culture and Society Series)*, Sage Pubns.

Mills, C. W., 1951, *White Collar: The American Middle Classes*, New York: Oxford University Press.

Abercrombie, N. & Longhurst B., 1998, *Audiences: A Sociological Theory of Performance and Imagination*, London: Sage Publications.

Pappas N., 2014, The effect of distance, expenditure and culture on the expression of social status through tourism, *Tourism Planning and Development* 11(4): 387-404.

Veblen, T., 1899, *The Theory of the Leisure Class, The Evolution of Institutions Macmillan.*（＝一九九八『有閑階級の理論』高哲男訳、ちくま学芸文庫）

第8章

本音と建前が錯綜する中国人観光客へのまなざし

黄盛彬

1　はじめに

近年、中国人観光客のニュースが大きく増えている。新聞記事だけでなく、朝のワイドショーでは、レギュラーの番組ネタかのような状況が展開されたといっても過言ではないだろう。ある特定の国の観光客がこれほど集中的に報じられるのは、過去にはなかった現象である。二〇一五年以前は韓国と台湾の訪日観光客が一位と二位を占めていたが、彼らに関するニュースがとりわけ多かったわけではない。新聞記事を検索してみても、「韓国人観光客」や「台湾人観光客」というキーワードでは「中国人観光客」の検索結果数にははるかに及ばない。中国人観光客は、まさに「ニュースな」存在だと

表1　日本を訪問する外国人の国と地域別推移（2009年－2015年）

		2009	2010	2011	2012	2013	2014	2015
全体		6,789,658	8,611,175	6,218,752	8,358,105	10,363,904	13,413,467	19,737,409
アジア		4,814,001	6,528,432	4,723,661	6,387,977	8,115,789	10,819,211	16,645,843
ヨーロッパ		800,085	853,166	569,279	775,840	904,132	1,048,731	1,244,970
北米		874,617	905,896	685,046	876,401	981,981	1,112,317	1,310,606
上位一〇か国	韓国	1,586,772	2,439,816	1,658,073	2,042,775	2,456,165	2,755,133	4,002,095
	台湾	1,024,292	1,268,278	1,043,246	1,425,100	2,210,821	2,829,821	3,677,075
	中国	1,006,085	1,412,875	993,974	1,465,753	1,314,437	2,409,158	4,993,689
	米国	699,919	727,234	565,887	716,709	799,280	891,668	1,033,258
	香港	449,568	508,691	364,865	481,665	745,881	925,975	1,524,292
	豪州	211,659	225,751	162,578	206,404	244,569	302,656	376,075
	英国	181,460	184,045	140,099	173,994	191,798	220,060	258,488
	タイ	177,541	214,881	144,969	260,640	453,642	657,570	796,731
	カナダ	152,756	153,303	101,299	135,355	152,766	182,865	231,390
	シンガポール	145,224	180,960	111,354	142,201	189,280	227,962	308,783

（出典：日本政府観光局（JNTO）統計資料から筆者作成（下線は訪日者数第1位）
http://www.jnto.go.jp/jpn/statistics/visitor_trends/index.html［2016年5月30日取得］）

いえる。「中国人観光客」はなぜこれほど注目されているのだろうか。

二〇一三年の国・地域別訪日客数の統計（日本政府観光局）を見ると、一位韓国、二位台湾に続き、中国は三位だった。二〇一四年も中国は三位だったが、前年比八三・三パーセント増（二四〇万九一五八人）という急激な増加を見せた。この年には、中国以外からも、日本を訪れる観光客が増え、訪日外国人客の総数は前年にくらべて約三〇〇万人増加した。この傾向は、二〇一五年も続き、総訪日外国人の数は約二〇〇〇万人増え（一九七三万七四〇九人）、この年に初めて中国が一位（四九九万三六八九人）となった。

図1は毎年、日本政府が実施する外交に関する世論調査における「中国に対する親近感」の推移である。一九七八年に

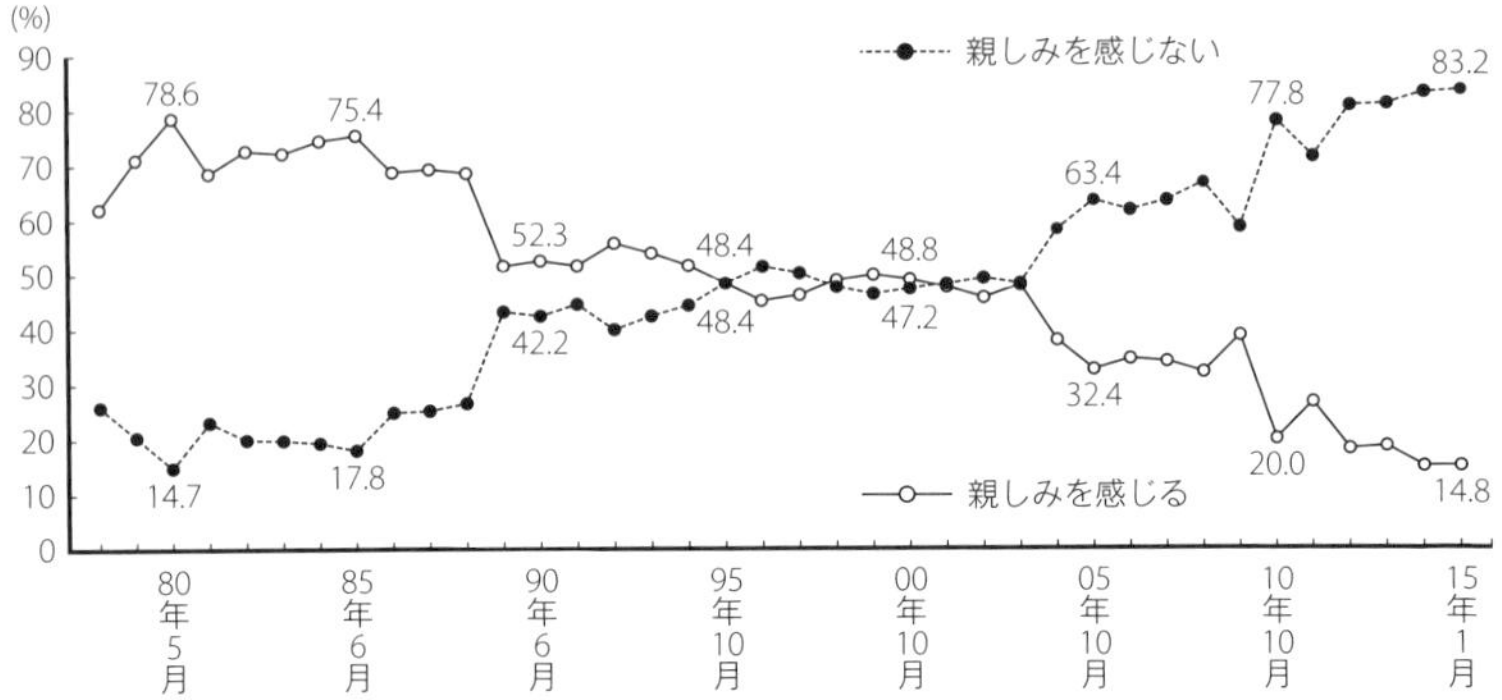

図1　中国に対する親近感の推移（外交に関する調査）
（出典：日本政府内閣府官房政府広報室調査報告書
［http://survey.gov-online.go.jp/h27/h27-gaiko/index.html 2016年6月30日取得］をもとに作成）

六二・一パーセント、一九八〇年に七八・六パーセントに達し、その後も高い水準を維持していたが、一九九〇年代頃から下がり始め、ここ数年は最低の水準であることがわかる。背景には、近年の歴史認識をめぐる葛藤や、尖閣諸島（中国名・釣魚群島）に関わる領土問題による両国の関係悪化があることはいうまでもない。しかし、「政冷経熱」という言葉もあるように、経済的な関係や両国間における人の往来などの面で関係が冷えているわけではない。たとえば、日本における中国語学習者の増加などを見ても、両国関係が全面的に疎遠になっているわけではなく、たがいへの関心が低くなっているわけでもない。近年の親近感の低下という現実は、むしろ近親憎悪的なものであると推察することもできる。高まり続ける中国人観光客への高い関心、凝視ともいえるこの状況の背景には、こうした複雑な中国への認識構造が存在すると言えそうである*1。

本章では、このような状況において、中国人観光客がニュースでどのように取り上げられるのか、なぜ取り上げられるのかを次の二つの論点をもとに考える。

第一に、中国人観光客を取り上げるニュース報道およびそれをめぐる言説を、ホスト社会のまなざしとして捉え、その問題性を論じる*2。

第二に、中国人観光客へのまなざしが形成されるニュースメディアと世論空間の力学に注目したい。とくに本章では、新聞や放送などの主要メディアに加え、インターネット上のニュースやそれらをめぐって展開されるブログなどを分析対象に含め、それぞれの言説空間における関係性や相互作用などに注目する。ネット右翼現象に代表されるように、近年の過激で冷笑的な世論空間の問題性が指摘され始めている（たとえば、北田 二〇〇五）。この現象は、組織的な社会運動の側面と同時に、空気として表現できるような大衆的な雰囲気、または群集的世論と見ることもできる（黄 二〇一四）。「爆買い」という流行語に象徴される中国人観光客への急激な関心の高まりについて、本章では、現代日本社会における世論の現象として考えてみたい。

2 日本のジャーナリズムと世論の空間地形

まず、日本のジャーナリズムおよび世論の空間地形について考えてみよう。図2は、既存のジャーナリズム・メディアに加えて、インターネットやソーシャルメディアの広がりに伴い、拡大された言論空間における、メディアの立場性（Positionality）を考えてみるものである。ここで、立場ではなく、立場性という用語を使う理由は、この空間に参加する各メディアや言説の発信者の意見や論調などを固定的に把握せずに、状況に応じた可変性を重要視しながら、相対的な位置関係を把握するためである。水平軸は、左派と右派、またはリベラルと保守の相対的な位置関係である。『朝日新聞』と『毎日新聞』は、2ちゃんねるなどのネット掲示板などではサヨクと揶揄され、非難に晒《さら》されることが多いが、当然ながら両新聞社の自己認識は、左ではないはずである。しかし、『読売新聞』とさらには『産経新聞』との比較においての位置関係を示すのであれば、先の二つの新聞は、左に位置するといえる。また、日本共産党の機関紙である『赤旗』は、左の端に位置する。重要なのは、『朝日新聞』が『読売新聞』より左側に位置するという戦後日本社会の認識が存在し、争点となる問題について、各新聞が持つ相対的な位置については、読者も知っているだけでなく各紙も共有しており、記者たちも内面化しているという共通の理解があるということだ。

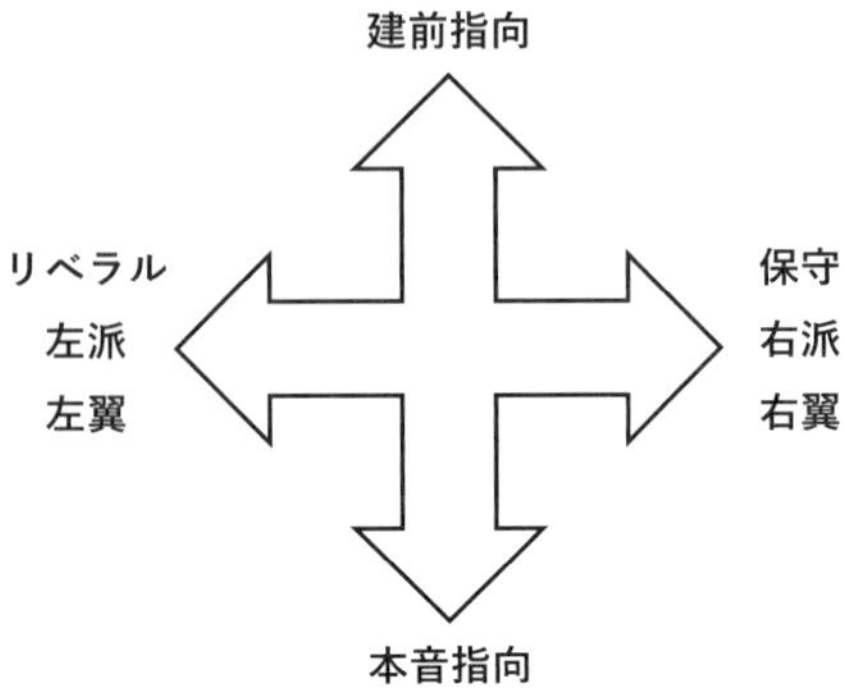

図2　言説・世論空間における立場性

　縦軸は「本音」と「建前」の指向性を表す。日常的な会話の場面でも使われる本音と建前を分析概念として使うことに関しては注意が必要であるが、辞書的な定義を参照すると、前者が「本心から出た言葉」で、後者が「基本となる方針原則。表向きの方針」とある。しかし、実際の語用論的な次元を分析すると、もっと複雑であろう*3。

この概念をニュースメディアまたは世論空間の次元に適用してみる。建前指向とは、基本となる原則や表向きの方針を伝えることを主眼とする傾向で、本音指向とは、本心から出た言葉を伝える傾向性を指すとも言えるが、建前指向への対抗の立場性の現れともいえる。もちろん、メディアの言説をこのように単純化して把握することは困難であるが、たとえば、「国民の知る権利を民主主義社会を支える普遍の原理と捉え、その実現をその存在意義であり、使命」であるとし、「正確で公正な記事と責任ある論評によってこうした要望にこたえ、公共的、文化的使命を果たす」（新聞倫理綱領）ことを、その倫理として定めている日本新聞協会の加盟社は、その立場性において建前指向であるといえる。その新聞協会に加盟しているテレビ・ラジオ放送局も、メディアまたは企業としては、建前指向の空間に位置づけられる。

一方で、そのような新聞やテレビが報じない真実を伝えることを得意とする週刊誌や夕刊タブロイド紙、そしてスポーツ新聞などは、本音指向のメディアに入る。もちろん、雑誌界にも、雑誌協会があり、倫理綱領もある。その内容は、「文化の向上と社会の発展に寄与すべき雑誌の使命は重大であり、国家、社会、及び基本的人権に及ぼす影響も大である。この社会的責任により、雑誌は高い倫理水準を保たなければならない」（雑誌倫理綱領）というもので、新聞倫理綱領と大きく変わらない。しかし、相対的な位置性から考えてみた場合、これらのメディアが主要な日刊新聞にくらべ、本音指向を強く持つことには、おおむね同意を得られるだろう。

主要な日刊新聞が理想的な次元、啓発の次元で報道、論評活動を行うことにより主眼が置かれる一方で、スポーツ新聞や週刊誌、夕刊タブロイド紙では、そのような建前よりは、本音の次元またはそのメディアに共感的な集団に向けて言論活動が行われる傾向があると本章では仮定する。主要な日刊新聞の場合、公共的重要性のある出来事がニュースとして取り上げられ、社会が進むべき方向を意識した議論の展開が望ましいとされる一方で、必ずしも共感的な集団の内部に限定されない議論が展開されるという点においても、「建前の指向性」が強いと見ることができる。しかし、週刊誌や夕刊紙、スポーツ紙、そして朝のワイドショーなどは、必ずしもそうではない。公共的な重要性ではなく、社会心理、または集団心理的な重要性が重んじられ、人々が望むニュースを提供することが得意であり、建前は冷笑的な意味での政治的に正しい姿勢として、むしろ敬遠されることもある。どこか斜に構える姿勢やまなざしが見られ、内向きの閉鎖性があり、愛国主義的センセーショナリズムの傾向が強く表れることもある。

同じ新聞でも紙面によって、二つの指向性の強弱が見られる。その日のもっとも重要なニュースが掲載される一面や、政治、経済面は建前指向の空間に位置するとすれば、社会、文化面、そしてコラム、読者投稿欄などは、建前と本音がともに表れる空間と見ることができる。また、テレビのニュースでは、放送法の番組編集準則の政治的公平などの規定により、水平軸の振幅はそれほど大きくないはずだが、垂直軸の位置関係ではどうだろうか。テレビ番組のなかでも、ワイドショーやセンセーショナルな討論番組などは、ニュース番組よりは本音指向が強く表れる。実際、テレビのワイドショーは、同じ放送局の夕方のニュース番組で取り上げた内容を扱いながらも、独自のアプローチや切り口を意識する。同じ放送局でも、ニュース番組とワイドショーは異なるのだ。夕方のニュースは報道部で制作されることが多いが、ワイドショーは社会情報部といった名称の部門でつくられ、実際の取材と編集作業は、下請けのプロダクションが関わることが多い。テレビのニュース番組は記者クラブメディアと言えるが、ワイドショーは違う。前者をエリートメディアとすれば、後者は非エリートメディアである。本章の分類では、前者は建前メディア、後者は本音メディアということになる。

また、状況によっては、それぞれのメディア間における相対的な距離は変わらないが、世論空間全体がある方向に傾く。その振幅と形勢は歴史的背景、政治文化などによって異なるが、たとえば、国家的危機や感情的トラウマが社会全体を支配するときは、垂直軸の下方向に傾くだろう。歴史認識や領土問題などがホットなテーマとして持ち上がっている場合は、建前メディアも本音メディアもメディア・スクラム（集中過熱報道）状態となり、言説・世論空間は大きく揺れ動く。

また、注目すべき点は、このような複雑な構造で、どのような相互作用が発生しているかである。建前指向と本音指向のメディアの間では、テーマや視点が必ずしも異なるわけではない。主要日刊新聞の普及率が著しく高い日本社会では、社会的重要性と個人の興味の境界が曖昧になることが多く、公的領域と私的領域ははっきりと分かれていない。この点は、欧米社会との比較においても注目に値する部分であり、近代以降の家父長制国家観の影響もある。また、一九九〇年代以降の政治改革世論の高まりのなかで形成された政治不信の風潮、テレビ・ジャーナリズムのセンセーショナルな影響力の拡大のもと、建前的なテーマであるはずの政治・経済、外交ネタなどがお茶の間の関心事になり、視聴率を取れるネタと化した。一方で、専門的な見地からの意見や建前指向の立場性からの意見を「タテマエ」として冷笑的に見つつ、みのもんたやテリー伊藤的な庶民感覚の本音で裁くことで、溜飲を下げている。要するに、一九九〇年代後半以降からのポピュリズムの隆盛を説明する鍵は、本章で提起する建前と本音の錯綜的な共存にあるのではないだろうか。

　したがって、このような錯綜的な世論空間への参加者の言説戦略がどのようなものかを把握するアプローチも必要である。それぞれのメディアは、その相対的な位置性を認識しているが、主要メディアの多くは、不偏不党、公正を原則としており、左派の立場性を有するからといって左派の立場を代弁して主張する擁護的ジャーナリズムを必ずしも望ましいとは考えておらず、あくまで建前としての客観的ジャーナリズムをその原則とする。しかし、同時に、発行部数の多い国民的な新聞でもあることから、社会全体の世論がどこにあるかを敏感に意識して報道する。その点は、視聴率に依存している放送メディアも変わらない。したがって建前メディアも言説戦略においては、ときに本音指向のアプローチをとることがあり、本音を無視したり、それに対峙する立場は回避することもある。それが、新聞では紙面による役割分担として、放送メディアの場合は番組による役割分担として現れている。また、本音指向のメディアも、時にはある建前のテーマに固執することがあり、庶民の代弁者としての正義感を躊躇なく表明する場合もある。したがって、メディア報道の分析に当たっては、各新聞や放送メディアの立場性を、全体として把握すると同時に、それぞれのメディアの細部、すなわち、新聞の朝夕刊、政治面、経済面、社説・コラム、社会面や文化面などの空間で、それぞれどのような言説戦略が駆使されているかを注意深く観察する必要がある。また、テレビの場合でも、夕方のニュースと朝のワイドショー、また個別の番組のなかで、どのように異なる立場性の言説が表出されているのかについて注意を向けなければならない。

　インターネットの登場がもたらした変化にも注目すべきだ。インターネットで言説・世論の空間が拡大されたことで、既存の主要メディアの報道にはどのような変化が起きているか、また既存メディアの報道が、インターネットでも見られるようになったことで、ニュースの受容・消費にはどのような影響があるかは、きわめて今日的なテーマであろう*4。

3　メディアの中国人観光客報道

日本政府は、数年前から中国人観光客を誘致するためにビザの緩和などの努力を行ってきた。その成果は、円高の影響でなかなか現れなかったが、アベノミクス以降の円安で、二〇一三年頃から効果が出始めた。そして、中国人観光客の急増は、主要メディアはもちろん、インターネット上のさまざまな空間でも注目の対象となった。新聞よりは、テレビや週刊誌などのより本音指向のメディアで、より率直な中国に対する認識が現れたが、新聞報道においても中国人観光客に向けられたまなざしは共有されていた。

まず、量的分布を見てみると、同じ全国版という条件で「中国人観光客」を含む記事を各新聞社の記事データベースを用いて検索した結果、『読売新聞』では二〇一三年に二七件、二〇一四年に二三件、二〇一五年に八六件、『朝日新聞』でも同じ三年で、二六件、一六件、七七件、そして『産経新聞』では二七件、二四件、七二件が見つかった。二〇一五年に入って大幅に中国人観光客を取り上げるニュースが増加しているが、各新聞の間に、少なくとも量的な差は目立たない。左右、またはリベラルと保守のいずれにおいても、中国人観光客への関心が高まったのである。

これらの新聞間で、「中国人観光客」を扱ったニュースの量に大きな差がなかったことは、どのように説明できるだろうか。これは、メディアに理念や立場の違いがあるにもかかわらず、共有する部分があるということだ。記者クラブシステムで生産されているニュース、とくにストレートニュースは、政府などのオフィシャルな情報源の影響、またはその情報源との相互作用のために、論調や立場が異なる主要新聞の間でも、差異よりは共通点が際立つ。すなわち、中国人観光客がもたらす経済効果や観光産業の振興は、少なくとも政府や経済界レベルでは、ナショナルアジェンダであるため、記者クラブシステムで生産される建前指向のニュースにおいては、各新聞の立場性の違いにもかかわらず、共通点が多く発見されているといえるのではないだろうか。しかし、建前と本音の区別が曖昧であるか、それらが同時に現れる空間、すなわち新聞の社会面や文化面、またはコラムなどでは、各新聞の立場性の違いによる差異が比較的に明確に現れるというのが、本章における仮説である。以下、各紙が報じた中国人観光客に関するニュースを注意深く分析し、いくつかの特徴的な報道内容を抽出してみた。

3.1 インバウンド経済効果

分析対象の新聞において、共通してもっとも多く見られたのは、中国人観光客がもたらす経済効果に注目するものであった。ここでは、質的な分析により、典型的な記事を紹介しながら、その意味について考えてみる。

二〇一五年の一年間、『産経新聞』で「中国人観光客」を含む記事では、経済効果に関する記事がもっとも多かった。これは、他の新聞と同様の傾向であり、新聞媒体としての傾向、すなわち、建前指向の立場性と把握できる。「『爆買い』需要つかめ　きょうから中国『国慶節』連休」という見出しの記事（経済面）では、中国の「国慶節」の大型連休に合わせて、「日本国内の百貨店やコンビニエンスストア、飲食店などが中国人観光客を当て込んだ訪日外国人向けサービスの拡充を打ち出して」おり、「中国経済は減速していても、中国人観光客の免税売り上げは好調に推移しており、各社とも中国人の『爆買い』需要を取り込もうと必死だ」（『産経新聞』二〇一五年一〇月一日東京朝刊）と伝えている。

また、次に紹介する中国人観光客の圧倒的な購買力を報じるパターンの記事は、他の新聞でも多く見られた。


「わずか数時間で店から商品がなくなった」

七月、鳥取の小村に異変が起こった。人口三四五〇人の日吉津《ひえづ》村の商業施設「イオンモール日吉津」に村の人口を超える約四〇〇〇人の中国人観光客が一二〇台のバスで押し寄せ、医薬品や紙おむつなどを買いあさったのだ。寄港時間はわずか八時間だったが、地元には億単位のカネが落ちたようだ。（『産経新聞』二〇一五年八月二〇日東京朝刊経済面）

『朝日新聞』でももっとも多かったのは、経済効果を伝える記事だったが、他の新聞と比較して、より積極的なトーンであり、中国との関係好転への期待が表出されていた。

二〇一五年一月二一日朝刊に掲載された記事は、「円安の影響、訪日客最多、昨年三割増加一三四一万人消費二兆円を超えて」という見出しで、「二〇二〇年に二千万人という目標達成も見えてきた」という国土交通相の発言を引用し、これらの訪日客の増加が安倍政権の成長戦略の一環である点を強調し、続けて、旅行業界、流通業界などの現況を紹介するなど、明るい展望を伝えていた。

こうした経済効果に関する記事は、ここで取り上げた二つの新聞だけではなく、『読売新聞』『毎日新聞』、そして『日本経済新聞』でも、もっとも多く見られたが、後述するように、テレビのワイドショーや、週刊誌、スポーツ新聞などの本音指向のメディア空間では、それほど集中的に取り上げられることはなかった。「爆買い」という流行語が生まれたことからもわかるように、中国人観光客の消費ぶりには、多くの注目が集まったが、それは日本経済にもたらす経済効果という次元ではなく、あくまでも、彼らの奇異な行動への好奇心、あるいは、軽蔑のまなざしであったといって過言ではないだろう。その意味では、世論空間を全体として捉えた場合、経済効果の記事は、全体的には受け入れられず、大きな影響をもたらすことはなかったといえよう。では、ほかの記事はどうだろうか。

3.2 日中関係——政治・経済・文化、歴史認識をめぐって

産経の本音右派的つぶやき

まず、その特徴を把握しやすい『産経新聞』の報道から見てみることにする。産経の立場や主張が鮮明に現れるのは、コラムや「主張（社説）」、そして特集記事などであるが、そこでは、中国や中国人へのまなざしが垣間見られ、中国人観光客の急増に対する『産経新聞』の憂慮がよく現れている。たとえば、二〇一五年一月一日付の東京朝刊に掲載された「産経抄」というコラム記事では、「抗日戦争七〇年の今年、中国政府は日本に対して『歴史戦』を猛烈に仕掛けてくるだろう」とした上で、「その一方で、中国人観光客は相変わらず日本で土産物を買いあさっていくのかもしれない。いかに『貝と羊』に向き合うか、今年も最大の課題である」と述べている。そして、二〇一五年二月一九日付の東京朝刊の「産経抄」でも、「春節商戦の盛り上がりは、経済にとってプラスになる」としながらも、「日本製品だけでなく、日本そのものに親しみをもってくれればもっといい」とつぶやく。ここで「日本そのもの」が何を意味するのかは、まさに立場によって異なるものであろう。続く文章でも、『産経新聞』としての関心がどこにあるのかが見て取れる。

ただ、楽観はできない。日本で買い物を楽しむことができるのは、まだ一部の富裕層にすぎない。彼らに対する、大多数の国民の羨望や反発が、反日感情に火をつけることはないのか。そんな心配が先に立ってしまう。（『産経新聞』二〇一五年二月一九日 東京朝刊）

繰り返しになるが、『産経新聞』としても、中国人観光客の増加がもたらす経済効果については、政府系の情報源や、各業界で提供されているプレスリリースに忠実なファクト記事を多く掲載している。しかし、コラムなどの意見を展開する本音指向の紙面においては、以下に引用するコラムのように、憂慮モードになってしまう。

中国では、天津市の大爆発をめぐる政府の対応にも、不満の声が高まっている。今後、抗議デモや暴動が頻発するかもしれない。当局は、マッカーサーがあきれるほどの苛烈《かれつ》な弾圧で応えるだろう▼経済評論家の上念司《じょうねんつかさ》さんは、共産党政権が国民の不満をそらすために反日カードを切る可能性を指摘している。愛国心を喚起するために、尖閣諸島周辺でもめ事を起こしたり、株価暴落の罪を日本になすりつけたりしかねない、というのだ▼確かに、中国人観光客の爆買《ばくがい》の先細りを心配している場合ではない。(『産経新聞』二〇一五年八月二七日東京朝刊)

リベラルのつぶやき――『朝日新聞』的な立場性から

その一方で、『朝日新聞』においては、日本と中国の関係について関心を抱かせるような言説が見られ、たとえば二〇一五年二月一一日朝刊の記事では、「いま、長崎を訪れる多くの中国人観光客らが、ちゃんぽんのコクを堪能して帰っていく」と伝えながら、九州の豚骨ラーメン誕生の背景を説明するなど、両国間の歴史的・文化的な紐帯について改めて考えさせる記事もたびたび見られた。

また、二〇一五年二月二八日付の「天声人語」*5でも、日本と中国の関係についての期待が表明されているが、前掲の『産経新聞』のコラムとは明らかに対照的な立場でありながらも、現在の両国関係の問題認識においては、共有されている部分もうかがえる。このコラムでは、「日中関係は複雑ながら、民間は密接な関係を保っている」とした上で、カフカ賞の中国人作家、閻連科《イエンリエンコー》の言葉として、「あなた方は政治をする、私たちは経済や文化で交流する、と分けて考えている。中国人はだんだん成熟してきています」と伝えている。そして、最後は、「春節休暇には多くの中国人観光客が日本を楽しんだ」と結ぶ。このコラムでは、政治的関係が悪化した状態ではあるが、日本を楽しむ中国人観光客が二国間の経済と文化交流を促進させてくれることへの期待が示されており、一見、建前指向の立場性が表れているようにも見える。しかし、政治と、経済・文化を区別して認識する視点が見られる。そのような認識をあえて中国の知識人の発言を引用して取り上げることで、政治へのこだわりが、中国側、とくに政治指導層の問題であるということを暗黙に前提としながら、日本国内の保守・右派的認識に共鳴する姿勢が現れている。つまり、歴史認識へのこだわりは政治的反日であり、経済・文化面における関係の発展を通じて政治や歴史への中国側の執着はやわらぎ、日中関係は好転し、やがては親日に転換するかもしれない、という期待の論法は、『産経新聞』とむしろ類似している。

次は、二〇一五年四月一一日朝刊に掲載された読者投稿である。ここで読者投稿を紹介する理由は、投稿した読者が『朝日新聞』を選択し、そして『朝日新聞』がその投稿を選択して掲載したという点で、二重の選択が介在しているからだ。

(声) 花見と外国人、心のつぶやき 【大阪】

高校教員　石川耕一郎 (京都府　五四)

先月末、京都・醍醐寺の桜を見に出かけた。中国人観光客と思われる方々が多く、その大声に日本語もかき消されがちだった。八分咲きの桜の下、雑誌モデルよろしくポーズをとって写真撮影する姿を見ていると、ここはどこの国なんだろうという、戸惑いとも違和感ともいうような気持ちが湧き上がってきた。桜をしっとり眺めたいという思いで訪れただけに、なおさらだったのかもしれない。

二四年前、日本語教師として中国に一年間滞在した経験がある。現地の方々の思いやりや親切を決して忘れはしない。教育現場でも多文化共生や国際化の必要性が叫ばれ、その重要性は十分わかっているつもりだ。それでも花見で感じた気持ちがぬぐえない私がいる。

労働人口の減少に伴い、介護を始めとする様々な現場に外国人労働者を積極的に迎えるべきだとの議論がある。多くの外国人が日本で働く現実もある。日本経済を支えていくためには仕方ない流れだろう。ならば、私が感じた「戸惑いや違和感」に、これからどう向き合い克服していくべきか、社会全体で真剣に議論すべき時が来ているのではないか。そう思いながら、爛漫《らんまん》たる桜を眺めていた。（『朝日新聞』二〇一五年四月一一日朝刊）

この投稿では、中国人観光客を凝視する日本社会の空気を「戸惑いと違和感」としている。中国滞在の経験のある投稿者は、反中ではないことをうかがわせながら、労働人口の減少傾向などを考慮して、外国人に開放的である必要性を述べている。このような語り方は、『朝日新聞』のような日本的リベラルの典型的なものであり、リベラルの見識と評価されることもあろう。しかし一方では、本音と建前が錯綜した曖昧で臆病な姿勢でもあり、保守や右派新聞の立場性とも共鳴する一面を見ることができる。中国や中国人に対する戸惑いと違和感が、『産経新聞』のような右派言論やテレビのワイドショー、インターネット空間などの本音空間ではより一層ふくらむなか、リベラルな新聞においても表明されていることをどう考えるか。この投稿で表明されている戸惑いと違和感は本音であり、多数社会の雰囲気に対峙しない立場性をとっているといえる。本人の中国経験と日本社会が直面している現実を振り返り、反省の姿勢を示しているという点で建前指向の立場の表明であると同時に、啓蒙的な姿勢も現れている。すなわち、ここでは建前に立脚した政治的に正しい意見を展開しているが、中国人観光客に対する戸惑いと違和感を言い訳のようにして、本音共同体との対峙を避けようとしているのである。このように、典型的なリベラルの見識のように見える言説においても、または『朝日新聞』的な立場として政治的に正しい意見に見える読者の投稿においても、日本社会全体の中国人への姿勢または立ち位置が示されている。

次に紹介する記事では、リベラル陣営の言説が持つ問題を如実に、あまりにもナイーブに晒している。この記事は、政治、経済面に掲載される、いわゆる記者クラブシステムで生産されたストレート記事とは異なり、記者の取材で作成されている。また、夕刊に掲載された記事という点で、建前よりは本音の立場性が表出されている例と見ることができる。また、先に紹介したコラムの政治経済と文化の分離という認識が建前の次元においてのみ可能であり、本音の世界では、いまだ分離不可能なものであることを露わにしている。別の言い方をすれば、日本に観光に来た一行に、あえて歴史認識に関する質問を繰り返すことによって、強い歴史認識のこだわりを明らかにしているとも言えよう。長い引用となるが、全文を引用する。

桜の下、解け合う　中国人観光客をおもてなし

歴史認識などをめぐってぎくしゃくする日本と中国。それでもこの三月、昨年の倍近い約三四万人の中国人が日本にやって来た。「反日的」と思われがちな中国の人たちは、訪日してどんなことを感じたのだろうか。いまや春の日本観光の目玉の一つ、満開の桜の下で聞いた。

四月上旬の東京・上野公園。中国人のAさん（二八）は、日本で見る初めてのソメイヨシノを満喫していた。「花をめでるという文化ってすてき」

今年二月末、夫の住む千葉県松戸市に来たばかり。昨秋、日本企業に勤める中学校時代の同級生と結婚し、「慣れなかったら二人で中国に帰る」という約束で来日した。日本語を独学で学びながら、中国語と英語の同時通訳をする。

「昨年までこの国に来るなんて思いもしなかった」

戦国時代の秦《しん》の都、咸陽市（陝西省）の出身。旧満州生まれの母方の祖父からは、「学校で中国語をしゃべると、日本人の先生に殴られた」と聞かされた。中学の歴史の授業で、日本が資源欲しさに侵略戦争を起こし、残虐な方法で中国人を殺したと教えられた。日本人への恨みの気持ちが湧いた。

一方、愛用していたヘッドホンステレオや電子ピアノは日本製。故郷の近くにある西安で出会った日本人観光客も礼儀正しかった。自分の中の日本に抱く矛盾した感情に気づいた。

日本に来ると、矛盾は解消されていった。

バスは時間通り来る。街の男の子は長財布をおしりのポケットから出して歩く。スーパーの野菜は農薬にまみれていない。ここで暮らす安心さは、言葉が出来ない不便さを超えた。

今の日中関係が良いとは思えない。「でも、『日本』と言ったらすぐに歴史と結びつけるのは意味がないこと。私が感じる気持ちの変化を、誰かが止めることはできない」。今は、移住したいと思うほど好きだという。


福建省から家族や友人九人で花見旅行に来ていた女性、Bさん（三七）。両親から「日本人は南京で、大勢の中国人を虐殺した」と繰り返し聞かされて育った。学校の先生は歴史の授業で「日本人は刀で中国人の腹を切った」と拳を振りかざした。日本の印象は「野蛮で、中国人をいじめる国」だった。

ところが、来日して行く先々で「中国にはまねできない」と家族で感嘆した。京都の旅館の女将《おかみ》は、言葉が通じない自分たちに丁寧なジェスチャーで部屋まで案内してくれた。お辞儀を繰り返していたのも印象的だ。郊外でも都心でもゴミ一つ落ちていない。

「日本への印象は変わりましたか」と記者が尋ねると、「今回は日本人と一言も会話が出来なかったから、彼らが何を思っているのかは分からなかった」。

来年は、北海道に行ってみようと計画している。（『朝日新聞』二〇一五年四月三〇日夕刊）

この記事では、過去の侵略行為と戦争に関する中国の歴史教育は反日的だとされている。また、そのような教育を受けた中国人は当然ながら反日的だと考えられている。そして、彼らが、現在の日本社会を経験して日本に対する認識をどのように変えたのかに焦点があてられている。南京の記憶と歴史教育は、京都の旅館での丁寧なサービスと美しい街を見ることで、あまりにも簡単に消されてしまうのである。果たして、過去の歴史にこだわり続けているのは、取材の対象である中国人たちなのか、歴史認識に関する質問を繰り返す記者なのだろうか。

次の北京特派員が送る記事でもそのような期待が現れている。

（特派員メモ　北京）「抗日記念」連休は日本旅行

北京在住の日本企業幹部から、一通のメールが届いた。「九月三日の休日、中国の日系企業は（中国人）社員とどう接するべきでしょうか」

中国政府が「抗日戦争勝利記念日」と定めた九月三日を休日にすると発表したためだ。四日の金曜日も休みにして五日までの三連休にし、代わりに日曜日の六日を振り替え出勤日とした。中国では、抗日戦争勝利に関する様々な記念行事が計画されており、国民に関心と参加を促す狙いがあるとされる。幹部は「お互いにぎくしゃくしそうです」と職場の人間関係に与える影響を心配していた。

だが、中国人の友人にどう過ごすのかを尋ねてみると「三連休は旅行に行く」と言う。政府が休日を発表した翌日、北京紙の京華時報は「短期休暇なので東南アジアや日本、韓国が人気」との旅行会社の話を掲載。日系航空会社の幹部も「九月はいい季節なので、日本に行く中国人観光客が増える」と期待した。日中関係を見ていると深刻に受け止めがちだが、中国の庶民は現実的だ。「抗日記念」の連休こそ、日本に来て日本を知ってほしいと思う。（倉重奈苗）（『朝日新聞』二〇一五年六月一七日朝刊）

ここでも、抗日戦争を振り返るのは反日で、日本旅行を楽しむのは日本理解につながるものであり、その日本理解が暗黙のうちに前提とするのは抗日戦争に対する認識の変化だ。

3.3 新聞メディアが描く中国人観光客についての考察

これまで見てきた主要新聞の傾向を総合すると、中国人観光客を取り上げる報道は、経済に及ぼすインバウンドの効果に対する注目がもっとも多く記事になっているものの、新聞ごとの立場性の違いも現れていた。『読売新聞』の報道については詳しく取り上げなかったが、日本のリベラル、保守両陣営を代表する『朝日新聞』と『読売新聞』ともに、中国人観光客に関する報道は、経済効果が中心だった。

しかし、日中両国の関係に対する認識や、中国人観光客の増加がもたらす両国関係への影響については、違いが見られた。両国関係に対する認識が示されている記事は多くはなかったが、その理由は、中国人観光客に関するニュースの焦点は、おもに日本経済に与える影響にあったからである。しかし、

『産経新聞』の報道では、親日と反日の視点が強く意識されており、『朝日新聞』の報道においても、そのような視点が暗黙的に共有されていた。歴史認識問題でこじれた両国関係と中国人の反日感情の問題が、多くの中国人が日本を訪問し日本社会を経験することにより、自然に解決されることを期待していたが、これは無意識のナルシシズムともいえよう。先に紹介した記事では、「南京大虐殺の歴史」が「京都の旅館での親切」で相殺できるという期待が表明された。この背景には自身の純真無垢さや純粋さを信じて疑わない日本社会の自画像が無意識に表れているように思われる。

また、『産経新聞』のような言論や、後に紹介するインターネット上の中国人に対する軽蔑のまなざしについては、本来リベラルの立場を代表する『朝日新聞』では、批判が展開されてもよいだろうが、そのような記事は見られなかった。日本のメディアは、従来相互批判を避ける傾向が指摘されてきたが、この問題をめぐっても異なる立場性を有する新聞間での相互批判は見られない。たがいに本音共同体に向けたつぶやきともいえる内容を述べるのみで、意見や論調の多様性よりは、むしろ共通の本音が再確認されるような言説空間が形成されているといえるのではないだろうか。この無意識的な共存こそが、日本の戦後リベラルが一九九〇年代以降、保守・右派言論が継続して提起する修正主義的歴史認識に正面から立ち向かうことなく、しかし、リベラルの立ち位置を維持できる方法であることも、改めて確認できたといえる。

図3　Googleに「中国人観光客」と入力することで現れる予測キーワード（2015年9月26日取得）

4　本音言説空間のせめぎ合い

次に本音指向のメディアについて見てみよう。週刊誌、夕刊タブロイド紙、インターネット空間で熱く盛り上がった問題は、中国人観光客のマナーの問題である。図3は、Googleで「中国人観光客」と入力したときに表示される検索予測画面のキャプチャである。これから推測されるのは、インターネット空間の焦点は、既存の主要メディアとは異なり、経済効果ではなく、迷惑、爆買い、マナーなどだ。

主要な新聞の報道でも中国人観光客のマナー問題を扱った記事は中国人観光客に関する記事の約五件に一件程度の割合であったが、それぞれの立場性によって取り上げ方には明らかな違いが見られた。ここでは、北海道で起きた中国人観光客のコンビニ店員への暴力事件を伝える『朝日新聞』と『東京スポーツ』の記事を比較してみる。まず、『朝日新聞』の記事である。

中国の建国記念日「国慶節」の大型連休（一〇月一日〜七日）を迎え、道内各地は中国人観光客でにぎわっている。ドラッグストアなどは「爆買い」効果に期待を寄せるが、中国人観光客の増加に伴い習慣の違いやマナー違反などをきっかけにトラブルに発展するケースも出ている。

■マナーの違いから事件発展

「妻が侮辱されたと思った」。新婚旅行中だったという中国上海市の銀行員の男（三六）は、そう言って犯行を認めたという。

九月二六日夜、ＪＲ札幌駅近くのコンビニエンスストア。会計前のアイスクリームを店内で食べ始めた男の妻（二五）を男性店員が手ぶりで注意したところ、男に殴られた。店員は顔などに軽いけがをした。道警は、妻も加勢したとみて、この中国人夫婦を傷害容疑で現行犯逮捕した。道警によると、男は、妻が食べたアイスの会計を済ませる直前だった。店員は、会計前の商品の開封は困ると伝えようとしたが、言葉が通じず手ぶりで表現したところ、男は妻が軽くあしらわれたと考えたという。

「中国はメンツを重んじる国。習慣や文化の違いもあり、ちょっとしたことでトラブルになった」と道警幹部はみる。道警によると、摘発には至らないが、交通機関の車内でのマナーや店での商品の扱いなどで中国人観光客とトラブルとなるケースもあるという。

マナー違反によるトラブルを防ぐため、北海道観光振興機構は八月、マナーや注意点をイラストと中国語で説明する「北海道旅行常識」を発行した。「冊子があるとマナー違反の内容を説明しやすい」とホテル業界など歓迎する声もある一方、「中国人に限定するのはおかしい」という声も。同機構の担当者は「旅先に北海道を選んでもらっているのに、不快な思いをさせたくはない」。今後は内容を一部改訂し、英語版も作る予定だ。（渕沢貴子、円山史、光墨祥吾、渡辺朔）（『朝日新聞』二〇一五年一〇月四日朝刊北海道総合）

この記事は、事件に解説を加えた形式をとっているが、『東京スポーツ』では、同じ事件記事でも、その伝え方に違いが見られる。前掲の『朝日新聞』の記事では、明らかにされていないファクトまたは意見に傍線を付した。

コンビニ店内でマナーを注意した店員に暴行した中国人観光客が二六日、北海道で逮捕された。（……）逮捕容疑は二六日午後一〇時三五分ごろ、札幌市中央区のコンビニ店内で、店員の男性（二四）の顔を殴ったり、髪をつかんで蹴ったりするなどして、鼻や頬を打撲させた疑い。（……）昨今は他の観光地同様、北海道にも中国人観光客が大挙して訪れている。旅行業界関係者は「北海道の場合、特にカニやアワビといった高級食材が面白いぐらい売れる。中には転売目的の人間もいるようだが、いずれにしても、あまりに来るので、いまや北海道の海産物店の従業員たちは中国語もペラペラ」とその恩恵について語る。

一方で、ご多分に漏れず、中国人のマナーが問題視されており、先月には北海道観光振興機構が中国語のガイドブック「北海道観光常識」を約四千冊発行したばかりだった。

「内容は『公衆浴場で泳いだり騒いだりしない』『レストランで食べかすを床に落とさない』『トイレットペーパーはトイレに流す』など、ごくごく当たり前のものばかり。一部では、中国人をバカにしているという批判まで起こったほどだったが、今回の事件でその必要性が再認識された」(前出の関係者)

同ガイドには「会計前の商品を開封しない」ということもきっちり記載されていた。今回の一件は中国でも広く報道してほしいところだ。(『東京スポーツ』二〇一五年九月二五日付)

この記事は、暴力行為の詳細が記載され、転売目的という中国人観光客の殺到理由に関する推測が行われ、中国人観光客のマナーに事件の原因があることをうかがわせる。したがって、中国人を対象とした観光常識ガイドに関しても、その正当性を改めて主張する内容になっている。前者が建前指向の語りであるとすれば、後者は明らかに本音指向の語りである。インターネット空間では、『東京スポーツ』のようなトーンの記事、またはブログの内容が多く見られたことも特記すべきだ。

同様の論調はインターネット空間だけでなく、テレビのスタジオでも共有されていた。とりわけ、民放のワイドショー番組などでは、実に多くの中国人観光客に関するネタが報じられてきたが、その一例として、テレビ朝日の「ワイドスクランブル」という番組の特集を紹介した公式ホームページの内容を見てみよう。

――深刻化中国〝悪質マナー〟実態

現在、日本に外国人観光客が急増。今年七月の来日者数は、過去最高の一九一万人を突破した。中でも圧倒的に多いのが中国人。しかしこの中国人観光客らが、各地でマナー違反を起こしている。路上禁煙地区で喫煙、吸い殻をポイ捨てなど。

中国人のマナー違反が原因で多くのトラブルが。中国ニュースサイトでも、観光地に捨てられた大量のゴミなどが取り上げられた。今年四月、中国政府はマナーの悪い中国人を実名公開。去年一二月に南京行き飛行機の中で、「墜落させてやる」と暴れた中国人客など。この客はカップラーメンのお湯が有料だと怒って、飛行機を引き返させた。（二〇一五年九月二四日放送の企画紹介、テレビ朝日「ワイドスクランブル」のウエブサイトより）

中国人観光客のマナー問題を告発するテレビ番組は、ほぼ毎朝どこかのチャンネルで放送されている感覚があったといっても過言ではない。さらに、このような中国人観光客へのまなざし、ある意味では監視ともいえる視線は、テレビのスタジオとお茶の間を結ぶだけではなく、先のGoogleの検索画面でのキーワード予測結果からも推察できるように、インターネット空間にも広がっていた。

最後に取り上げる事例は、京都で発生した違法民泊業者の摘発事件に関する報道である。

自宅やマンションの空き部屋を有料で貸し出す「民泊」は、外国人観光客の増加に伴い、慢性的な宿泊施設不足の解消策の一つとして注目されている。二〇二〇年東京五輪・パラリンピックに向けて、条例化を目指す自治体もあるが、現状では許可を得ていない違法営業が横行しており、近隣住民らとの間のトラブルも起きている。

京都府警は問題のマンションを一〇月二日に捜索。このとき、客室として使われていた三六室は中国人観光客ばかりで満室で、計六四人が宿泊していた。観光に訪れたという中国・成都市の銀行員の男性(二六)は「突然警察が来て驚いた。ここが違法だったなんて」と困惑していた。(『産経新聞』二〇一五年一一月六日東京朝刊)

『産経新聞』が伝えるこの事件記事は、テレビの特集企画コーナー(「報道LIVEあさチャン!サタデー」TBS、二〇一五年一一月七日放送)では、構図が変わっていた。顔にモザイク処理した中国人観光客の一行がスーツケースを引いてアパートに入る映像に続いて、日本人住民が不満を述べる。「夜中にバスが到着して数十人がスーツケースを引く音に驚くことが一度や二度ではない」「玄関でタバコを吸っていて怖い」……。不法営業で摘発された業者は登場せず、対立の構図は中国人観光客と日本人住民に変わっていたのである。

注目すべき点は、中国人の醜態と奇行を提供するテレビの視線である。ワイドショーでは、司会者と出演者たちが並んで座り、彼らの前にはモニターが設置されていることが多い。そこには、番組スタッフが集めてきた取材映像、すなわち「中国人観光客の醜態」の映像が流れるが、テレビの画面では、同じ映像とともに、その映像を眺めるスタジオの出演者たちの表情が、ピクチャーインピクチャー(Picture in Picture)で映し出される。視聴者は、スタジオの出演者たちと一緒に中国人観光客の醜い行動を見つめ、観光する人が観光地の人々のまなざしの対象となる逆転現象が起こる。日本の視聴者にとって、中国人観光客は眺めることによって快楽が得られる対象となり、その快楽は、スタジオとお茶の間の回路で結ばれた形で、国民的なものとなる。観光という社会的な行動を通じての他者との出会いは、少なくともこのようなメディアで媒介された空間では実現せず、日本の放送局のスタジオと日本人の視聴者の間に共感をもたらすだけだ。その意味においては、中国人観光客報道は、結局のところ、異文化を眺めてナルシシスト的な快楽が得られる媒介でしかなく、異文化コミュニケーションによる相互理解や交流を期待するのは無理なのかもしれない。

なお、本章では、インターネット上の言説空間については、本節冒頭のGoogleのキーワード予測画面を紹介することに留めているが、筆者が教鞭をとる授業で中国人観光客を扱ったインターネットのニュースやブログなどについて分析する課題レポートを見ると、二五〇〇人以上の受講生が引用するサイトのうち、相当数が共通のものであった。ほとんどは、既存のメディアの報道からの引用であったが、そのなかの分布を見ると、本音指向のメディア、すなわちテレビのワイドショーやタブロイド新聞、そして日刊新聞、とりわけ『産経新聞』のコラムが圧倒的に多かった。しかし、主要な新聞では、量的にはもっとも顕著であったインバウンド経済効果については、インターネット空間では扱われておらず、本音指向の立場性が著しい爆買いやマナーの問題などが集中的に引用されていた。

5　結びに代えて

本章では、二つの問題提起を行った。一つは、中国人観光客について伝える日本の主要メディアの報道を、日本社会からの中国・中国人へのまなざしとして捉えることであった。もう一つは、そのようなメディア報道および社会の言説において、どのように異なる立場性が見られるのか、それぞれに異なる立場性は、どのような地形を形成しているのかに注目することであった。

まず、中国人観光客をめぐる言説の地形についてであるが、左右またはリベラル・保守メディアの両方において、中国人観光客が重要なニュースとして扱われたことは特記すべきである。伝統的なニュースメディアにおいてそれほどニュースとしての価値が高くないはずの観光客が、ここまでに注目を集めたことが、まずは注目されるべきである。これは、日本社会の視線がメディアによって中国人観光客に向かっていたということを意味するからである。

具体的なニュース報道の中身を見ると、量的にはインバウンド経済効果に注目する報道が、左右両メディアともにもっとも多く見られたが、その一方で、本音が表出されるコラムや社会・文化面、夕刊の紙面などにおいては、異なる立場性が表出されていることがわかった。本章において、本音右派の立場性を持つ『産経新聞』の場合、中国（そして韓国）との歴史認識をめぐる葛藤に非常に執着する傾向が見られ、中国人観光客をコラムなどで取り上げる場合は、歴史認識や両国の政治的な関係に関連づけて議論を展開する傾向が強く表れた。一方で、リベラルな立場性の代表といえる『朝日新聞』

の場合は、中国人観光客の増加が両国関係に肯定的な影響をもたらし、また日本経済の活性化にもよい影響をもたらすことを期待するニュースを多く報じていた。しかし、コラムや読者投稿などでは、『産経新聞』とは異なるレトリックではあるが、政治的な関係と関連づけて中国人観光客を報道する傾向や、歴史認識への強い意識などが表れており、保守・右派的な認識と根底において共鳴しているような部分があることがうかがわれた。また、テレビのワイドショーや、スポーツ新聞では、強い本音指向の傾向が見られ、インバウンド経済効果などの言説よりもむしろ中国人観光客のマナー問題や、いわゆる「上から目線」の軽蔑的なニュアンスを強く持つ爆買いへのまなざしが主流を成していた。

なぜ他の多くの国の観光客ではなく、中国人観光客がまなざしの対象となったのだろうか。本章での問題意識は、中国人観光客を眺める日本人や日本社会の視線そのものが、中国人を他者化しているのではないかということであった。その視線そのものが、他者化の出発点であり、一見、それぞれの論調や立場の異なる新聞や放送などのメディアによって、多様な言説が生産されているように見えるものの、左右またはリベラル・保守という軸に加えて、建前と本音という軸から眺めてみると、その世論空間においてはむしろ共通の認識や共鳴といえる言説が存在するのである。

中国人観光客へのメディアのまなざしからうかがえる中国人に対する認識は、経済効果を強調する報道においても、爆買いというキーワードからもわかるように、拝金主義にとらわれた姿だった。ここには、過去の羨望は存在しない。中華文明の先進世界に対する羨望も、社会主義の平等を目指した理想への羨望もなく、むしろエコノミック・アニマルと呼ばれた日本の過去、自分たちの醜い姿を振り返り、現在の日本の先進性を確認している。まさに、この他者への凝視を通して成し遂げられるのは、「私たち日本・日本人」の優位性であり、その視線の延長がインターネット空間まで拡張され、本音空間がバーチャルな空間にまで広がっていたのではないだろうか。

最後に、本章のタイトルで用いた「同床異夢」ついて考えてみよう。本来、この言葉は、異なる主体が同じ卓上で異なる考えを抱いている状況を指すものであるが、ここでは、日本の言論空間において、建前と本音という異なる指向性が、錯綜的に同時並存する状況を指そうとした。本章で十分に展開できなかった議論は、別の機会に譲ることとしたいが、本章での議論が、本音空間の広がりを一方的に糾弾するものでないことを断っておきたい。さまざまに異なる立場性がより社会的に意識化されることで、バランスの取れた言論の空間が実現されることが望ましいのではないだろうか。

註

***1** 日本の中国認識は、日本近代思想史研究のみならず、国際政治学、社会学でも重要視されてきた（子安宣邦 二〇〇三、二〇一二；松本三之介 二〇一一；Tanaka 1995など）。また、メディアや大衆出版の領域では、出版の洪水といってもいいほど大量の言説が生産されている主題であり、対象でもある。近年には、中国の浮上に伴う日本の相対的地位の低下、そして覇権主義的中国の姿勢、領土問題などをめぐり、両国関係が悪化したなかで、中国に関する言説の状況は、排他的な雰囲気につつまれている。

***2** 観光に注目する社会学的研究はおもに「観光者」の視線に焦点化されてきたと言える（たとえば、Urry and Larsen 2012）が、ホスト社会の観光客へのまなざしについては、それほど研究の蓄積はない。

***3** 「本音」と「建前」は、社会生活でも日常的に使われている。二つの単語を含む書籍をAmazon.co.jpで検索すると、なんと三〇〇件以上の書籍が抽出され、「本音」がタイトルで含まれている書籍は、一〇〇〇冊以上ある。いわゆる日本文化を説明する議論においては、欠かせない用語・概念であろう。興味深いことは、英語文献の場合は、この二つの概念は、おもに異文化コミュ

ニケーションの分野で使われ、日本文化の本質として、日本的なコミュニケーションのユニークさを説明するために用いられることが多い（たとえば、Mitsubishi Corporation 1988; Gudykunst and Nishida 1994など）。

***4** これらの分類を着目したきっかけは、筆者のこれまでの教育経験のなかで、多くの学生と討論を交わすなかで、とりわけ二〇〇〇年頃以降に、インターネットの掲示板で展開されている意見を日本社会または日本人の本音として捉え、また既存のマスメディアでの意見は、否定的意味での建前として捉えていることが非常に多いことを実感したことであった。また、戦後日本の民意の系譜を把握する試みのなかで、「公的意見＝輿論」と「世間の空気＝世論」の両者を弁別し、検証している佐藤（二〇〇八）の議論も参考になった。

***5** 「天声人語」は、『朝日新聞』朝刊の長期連載中の一面コラムで最新ニュースや話題を題材に論説委員が執筆し、社説とは別の角度から『朝日新聞』の考えを表すコラムである。

参考文献

〔韓国語文献〕

황성빈、二〇〇七「일본 신문업계의 디지털 시대 대응전략」『관훈저널』一〇七、一三〇―一四〇。

황성빈、二〇一四「넷우익과 반한류、배외주의의 여론」『일본비평』一〇、一二四―一六三。

〔日本語文献〕

加藤徹、二〇〇六『貝と羊の中国人』新潮社。

北田暁大、二〇〇五『嗤う日本の「ナショナリズム」』ＮＨＫ出版。

子安宣邦、二〇〇三『「アジア」はどう語られてきたか――近代日本のオリエンタリズム』藤原書店。

子安宣邦、二〇一二『日本人は中国をどう語ってきたか』青土社。

佐藤俊樹、二〇〇〇『不平等社会日本――さよなら総中流』中央公論新社。

佐藤卓己、二〇〇八『輿論と世論――日本的民意の系譜学』新潮社。

高井潔司、二〇〇二『中国報道の読み方』岩波書店。

竹内好、一九九三『日本とアジア』筑摩書房。

松本三之介、二〇一一『近代日本の中国認識――徳川期儒学から東亜協同体論まで』以文社。

村上泰亮、一九八七『新中間大衆の時代――戦後日本の解剖学』中央公論社。

山本明、二〇〇七「躍進する中国――テレビニュースが構築する中国イメージ」萩原滋編著『テレビニュースの世界像――外国関連報道が構築するリアリティ』一三五―一五三、勁草書房。

山田昌弘、二〇〇七『希望格差社会――「負け組」の絶望感が日本を引き裂く』筑摩書房。

〔英語文献〕

Freeman, L. A., 2001, *Closing the shop*, Princeton, N.J., Princeton University Press.
Gudykunst, W. B. & Nishida, T., 1994, *Bridging Japanese/North American Differences*, London：Sage.
Hall, S., 1996, "Introduction: Who Needs Identity?," Stuart Hall and Paul Du Gay, eds. *Questions of Cultural Identity*, 1-35, London: Sage.
Hall, S., 1997, "The Spectacle of Other," Stuart Hall, ed. *Representation: Cultural Representations and Signifying Practices*, 223-90, London: Sage.
Mitsubishi Corporation, 1988, *Tatemae & Honne: Distinguishing Between Good Form & Real Intention in Japan*, Free Press.
Said, E., 1979, *Orientalism*. Vintage.
Said, E., 1981, *Covering Islam: How the Media and the Experts Determine How We See the Rest of the World*. Vintage.
Tanaka, S., 1995. *Japan's Orient: Rendering Pasts in History*. Berkeley and Los Angeles: University of California Press.
Urry, J. & Larsen, J., 2012, *The Tourist Gaze 3.0*, London: Sage.
Reuters Institute, 2016, *Digital News Report 2016*. available at http://www.digitalnewsreport.org/survey/2016/japan-2016/（二〇一六年六月三〇日取得）

第9章

累積的因果関係の視点から見た国際旅行空間の生産

——中国の経験より

梁玉成

1 中国への入国旅行者数の推移

ここ数年、世界の経済情勢の悪化にともない、中国への入国旅行者数は減少傾向にある。中国国家観光局の統計データによると、二〇一一年以来、中国への入国旅行者数は二〇一一年の二七一一・二万人から二〇一五年の二五九八・五四万人へと減少した。しかしながら、今後の中国への入国旅行者数を考えるにあたって、対象国を先進国と非先進国とに分けて統計を見ると、図1に示すとおり、先進国からの入国旅行者数は減少しているものの、発展途上国からの入国旅行者数は、ここ数年上昇している。

二〇一五年に筆者が広州市出入国事務局で行った調査の結果はさらに顕著であり、初回訪中時期および当時のビザの種類によって作成された統計を見ると、二〇〇〇年以来、発展途上国からの観光ビザによる入国者数が急速に伸びる一方で、先進国からの観光ビザによる入国者数は、ここ数年それほど変化がない（図2）。

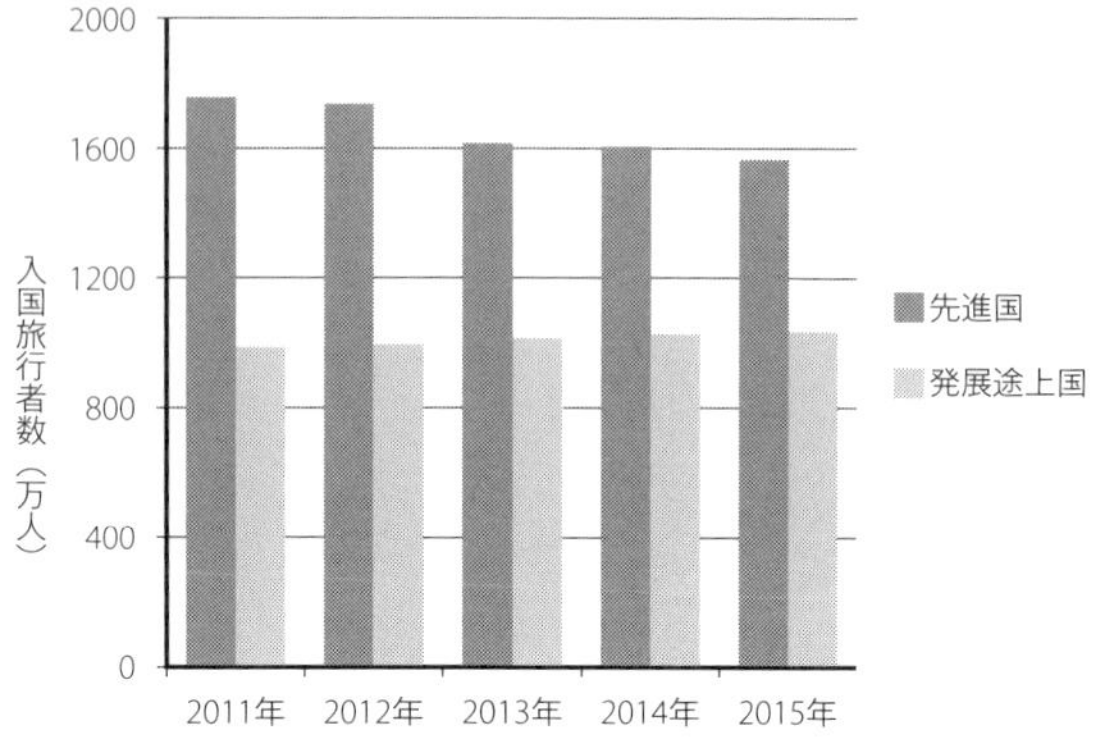

図1　2011-2015年における中国への入国旅行者数
（出典：国家観光局旅行統計データ）

グローバル経済が下降傾向にあるなかで、先進国からの入国旅行者数が減少する一方、発展途上国からの旅行者数が近年急速に伸びているのはなぜだろうか。

ここ数年、入国旅行者に関する多くの研究成果は、旅行体験（Ryan 1997; Urry 1990; 陳偉 二〇一五）、省ごとあるいは市ごとの差異（趙東喜 二〇〇八、万緒才ほか 二〇一三）、旅行業の発展の動向および世界的な位置づけなど（黎潔・趙西萍 一九九九、潘鴻雷 二〇〇八、金准・廖斌 二〇一六）に集中し、また入国旅行者に影響する要素に注目した多数の研究がある。これらの研究は旅行距離、経済への影響、中国旅行のコスト、旅行者の出身国自体の経済条件、中国と競合する旅行目的地の旅行価格水準および入国旅行者の自己宣伝効果、旅行行動の持続性などの要素が入国旅行者へ与える影響（劉長生・簡玉峰 二〇〇六、李旭・秦耀辰ほか 二〇一四）に注目するが、観光客の国籍を背景とする特異な発展動向についてはほとんど焦点が当てられていない。

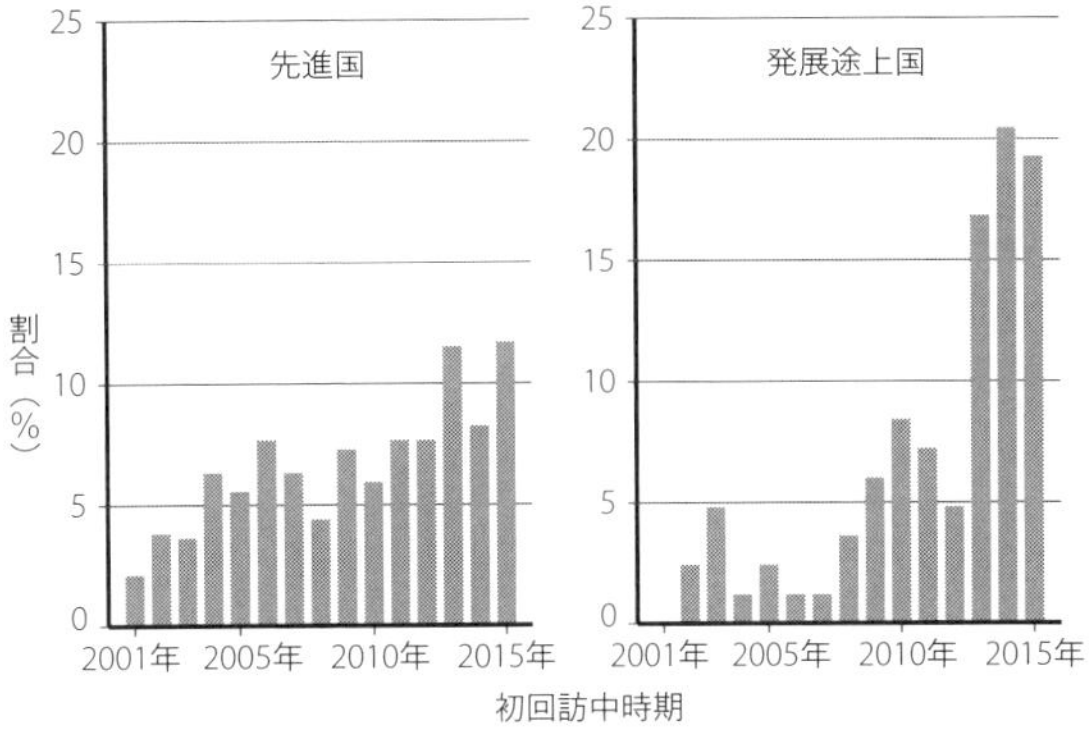

図2　広州市における2001-2015年の全訪中旅行者数を100とした場合の各年の訪中旅行者数の割合（出典：広州市2015年外国人調査データ）

旅行の動機構造と旅行空間生産の研究は、人口高齢化の進展、ライフスタイルの変化、所得の流れの変化、生活と仕事の価値観の変化、目的地の旅行空間開発などが旅行に与える影響を強調している。しかし、これらのメカニズムによって先ほど述べた発展途上国からの旅行者数の増加を説明できないことは明らかである。高齢化や、ライフスタイルあるいは所得の流れの変化があるとしても、先進国からの入国旅行者数は発展途上国からの入国旅行者数よりも多いはずだ。そこで、本章では理論的な想定と実際との差異を見出し、統計的な実証分析を行う。

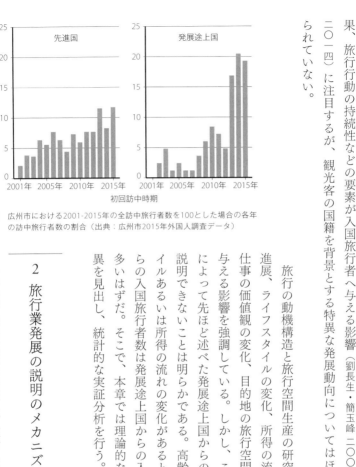

2　旅行業発展の説明のメカニズム

なぜ旅行業は急速に発展し、旅行したいと思う人は増え続けるのだろうか。旅行の動機の構造とは、どのような要素が旅行業の発展を推進するかを示したものので、旅行社会学においては、大部分の研究者が旅行を現代と結びつけて考察しており、マクロ経済を背景とする要素が旅行に与える影響（MacCannell 1976; 王寧 一九九九、董培海・蔡紅艶ほか 二〇一四）を重点的に検討したものである。ウィリアムズ、ロドリゲスなどの学者は旅行移民が生まれるマクロな要因とミクロな要因について総合的な分析を行った。彼らによれば経済と社会の発展要素には以下が含まれる。

①労働者市場のグローバル化　国際的な労働者が生まれることでその親族も世界各地を訪問し、国外での経歴が退職後の定住地の選択肢を増やした。

②労働市場の不安定化　西側諸国では早期退職現象が出現し、働き盛りの退職者が大量に出現した。また、労働者の移動が増加した。

③先進国の高齢化。

④グローバリゼーションによる国と地域の同質化が強まり、多くの旅行先が旅行者の需要にこたえようと、ポストモダン化の現象が出現した。

⑤所得の流れの変化　五〇年代以降の高福祉政策が一般庶民の旅行の発展を促し、労働移民の機会を増やした。退職金やその他の財産を手にしたことで、大量の退職者が旅行や移民へ流れた。

⑥生活や仕事の価値の再評価　先進国では普遍的な基本的価値観が見直され、かつての田園生活や美しい環境へのあこがれが強まり、アグリツーリズムやライフスタイル移民が出現した。

⑦交通と通信手段の変化　交通と情報の革命は生産と消費の間隔を縮め、流動性に関する障害を減少させた。（Williams 2000; Rodriguez 2001）

旅行の空間発展に関する研究は、目的地の空間発展戦略や、空間的特徴の変化が旅行の発展に与える促進作用を強調している。旅行空間とは、旅行商品の生産と旅行消費を実践する舞台であり、旅行空間の生産とは、資本、権力、利益などの政治経済的要素が旅行空間を再構築し、旅行空間を生産あるいは消費するプロセスの形成であるとともに、空間をベースとする社会関係プロセスの形成を指す。旅行空間の生産は集合概念に属し、要素として旅行空間生産者、旅行空間消費者、旅行空間生産力および旅行空間の生産関係を含む。そのうち、旅行空間生産者とは空間生産政策を生み出し、あるいはそれに影響を与える支配者であり、旅行開発における政府や、開発業者、メディアあるいは旅行地域の住民などだ。空間消費者とは空間を使用し、体験する受容者である。旅行空間生産力とは旅行空間商品を生み出す生産能力であり、空間の生産条件や状況を決定づける。旅行空間生産関係とは空間の生産過程で構築される社会的関係であり、空間の占有と消費が含まれる。旅行空間生産において、旅行空間の生産と空間消費は相互作用の関係にあり、前者は後者の必要前提条件およびロジックの出発点であり、後者は前者の必然の結果で、両者は相互作用によって社会的関係を形成し、空間の未来を決定づける。

これらの理論は本章の問題を説明する上であまり役立たないが、旅行のマクロ社会経済を背景とする力学を検討するなかで、現代における社会の変化が旅行の発展に与える影響を際立たせている。すなわち高齢化、所得や福祉の変化、価値観や生活方式の変化により、一部の人の旅行に対するニーズが強まったのだ。このような理論はおもに現代社会の急速な旅行需要の高まりを説明するものだが、ここ数年、発展途上国の旅行人数が急増し、先進国からの旅行者数が減少する状況を説明できない。また、現在の旅行空間発展理論は目的地の空間発展戦略について考察しており、それには資本、権力、その他利害関係者の旅行空間の創出に対する作用が含まれるが、一つの国や地域の基本的状況がそれほど変わらないなかで、あるタイプの旅行者が減少し、別のタイプの旅行者が急増する状況について説明することはできない。

3 複数の目的を有する旅行者

旅行と移民の関係は一貫して多くの関心を集めている。両者とも人口の流動であり、旅行も移民の手段の一つとみなされるが、両者を明確に区別することは研究を進めるうえで有益である。ホールらは旅行の空間特性（旅行は異郷で展開される）、時間特性（旅行は短期間のもので、長期的な居住ではない）、動機特性（旅行は長期的な定住ではない）という三つの特徴を総括し、旅行の帰還意識と非永住動機特性、移転と長期的定住との関連性を強調した（Hall 1999）。このように両者には比較的明確に区別される。

現在、旅行と移民の関係についての研究は、旅行に関係のある二種類の旅行移民群に集中しており、研究者は旅行移民を旅行労働移民と旅行消費移民の二種類に区分している。旅行労働移民とは、おもに旅行地の観光客数の増加により、新たな旅行サービス業の出現や、従来の旅行産業部門に労働力不足が起こったことにより出現した労働移民である。旅行消費移民の定義は比較的混乱しているが、移民の期間や、移民の動機、不動産の所有権関係などのさまざまな基準により、季節性移民、ライフスタイル移民、退職者移民などに分けられている（楊釗・陸林 二〇〇八、郭凌・吉根宝 二〇一五、唐香姐・徐紅罡 二〇一五）。また、近年の研究は、生活状態、時間、空間、活動、知識と能力、社会的認知などの多方面から、旅行者や旅行消費移民、旅行労働移民についての分類を行っている（表1）。

これらの分類は、旅行者が旅行目的地に入る際、最初の目的に違いがある可能性と、彼らの生活状態、旅行期間、旅行活動タイプ、空間などには初期の目的の違いにより顕著な差異が存在することを示している。我々が二〇一五年に収集したデータによれば、発展途上国にせよ先進国にせよ、観光ビザ取得数の増加モデルは、労働ビザや商業ビザなどのその他のビザ取得数の増加モデルとほぼ一致している。これは旅行を目的とする非経済型流動と、労働や商業などのその他の長期定住性のある移転とのあいだに何らかの関連性があることを示唆している（図3）。

さらに我々は、訪中時のビザの種類と訪中の主要目的について相互分析を行い、その結果、訪中旅行者の多くは複数の目的を持つことが分かった。表2の内容を詳しく分析すると、観光ビザ所有者のなかで、おもな目的が観光である人は大多数を占めず、旅行者は同時に訪中してビジネスチャンスを探したりし、現地で働いたり、親族や友人を訪ねたりしており、複数の目的を有している。

もちろん、すべての旅行者が複数の目的を持って中国へ来ているわけではない。複数の目的を有す

**表1　旅行者と旅行消費移民および
旅行労働移民の旅行先における行動の比較**

	旅行者	旅行消費移民	旅行労働移民（九華山における移民）
生活状態	余暇。旅行地では日常生活と異なる状態を過ごす。	生活と余暇。旅行地ではゆったり過ごすが、日常と同様の生活スタイルを送る。	仕事を主体とする。
時間	短期間かつ一時的なもの。短期間にあらゆる体験を得ることを望み、絶えず忙しく動く。	ある程度長期間居住。ゆったりと生活し、時間があれば現地の本物の文化を体験し、理解を深める。	連続して長期間居住し、生活リズムに余裕はない。時間があれば本物の九華山を体験し、理解を深める。
空間	人が多く、騒がしい観光地で活動し、ホテルやレンタルルームに宿泊する。	現地住民が日常的に利用する場所へ行き（買い物など）、観光用ではない施設や場所を使う。独自の生活スタイルを送り、自分の部屋に居住する。	旅行消費移民と同様。
活動	価値が低く、うわべだけのレジャーを行う。ビーチやプール、日光浴に出かけ、Tシャツや半袖のシャツを着用する。	日常的な生活を送り、現地住民の生活スタイルに入り込み、観光用でない施設や場所を使用する。気候や環境に応じて服装を選ぶ。	仕事を主体とし、仕事着を着用し、観光客にサービスを提供する。
知識・能力	団体活動では、現地の文化に真に溶け込むことはできず、気候などの環境にも十分に適応できない。	現地への理解が深まり、環境や気候に比較的適応できる。	旅行消費移民と同様。
社会的認知	騒々しい、粗野、愚鈍、暴飲などの不名誉を課せられ、旅行は商業化や文化の搾取と同一視される。	価値の低い旅行形式を好まず、文化や歴史、手つかずの自然環境という高い価値の旅行形式を追求する。	さまざまなタイプの労働移民に対する地元の態度や認知には明らかな違いがある。

出典：楊釗・陸林「旅行移民研究体系および方法の初歩的研究」（『地理研究』2008年第4期）

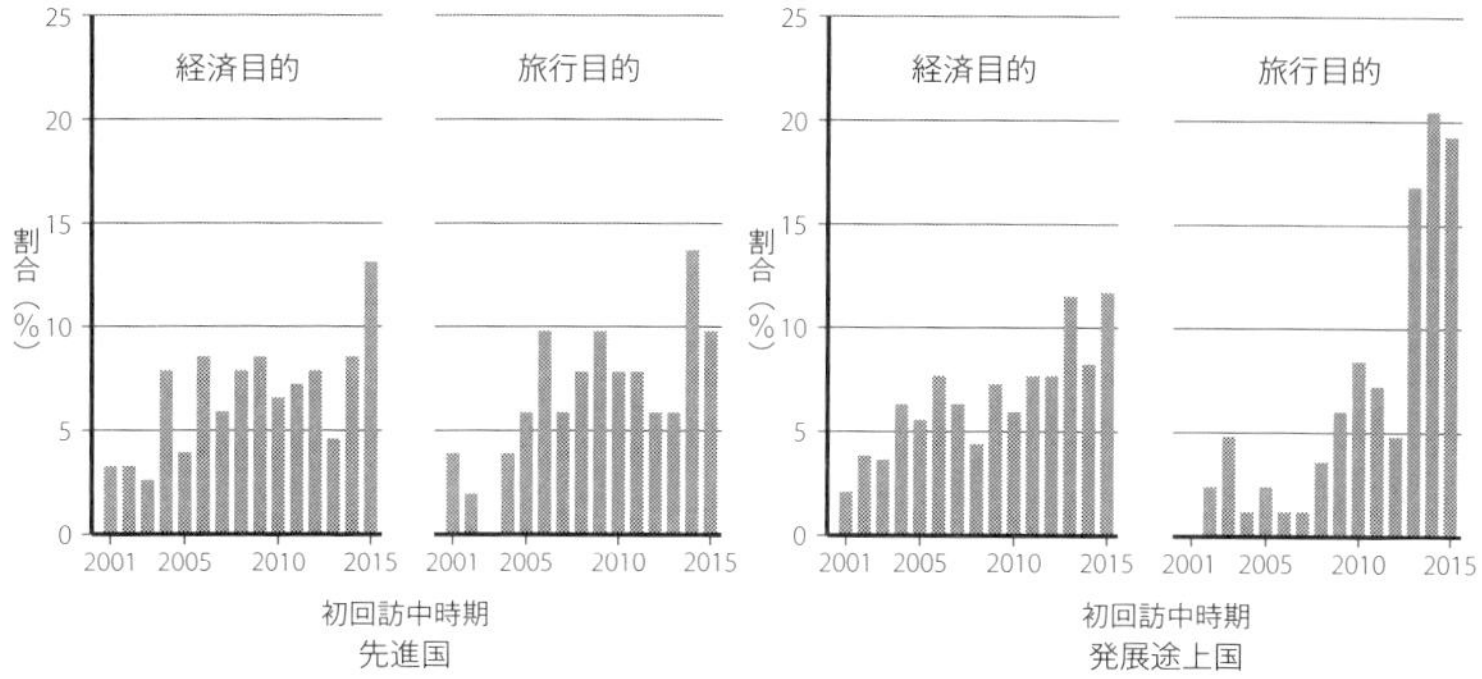

図3　先進国と発展途上国における目的別入国者数の変化

表2　入国外国人のビザの種類と訪中の主要目的

		自身の仕事	多国籍企業の仕事	ビジネスチャンスの探求	出身国企業での仕事	中国企業での仕事	家族への帯同・親族訪問	交換留学や客員研究員としての訪問	観光
ビザの種類	観光	14.89%	6.60%	14.60%	10.69%	6.90%	23.72%	10.38%	30.65%
	商用・貿易活動	45.99%	24.87%	39.42%	32.08%	18.10%	12.18%	9.87%	15.79%
	就労	20.79%	52.79%	24.09%	38.36%	56.90%	21.79%	17.47%	22.29%
	留学	5.40%	3.55%	10.22%	6.29%	6.03%	19.23%	55.19%	21.36%
	国際列車や航空機の乗務員、船員、およびその家族向け	0.98%	0.51%	0.36%	0.00%	0.00%	0.00%	0.00%	0.00%
	記者向け	0.16%	0.51%	0.00%	0.00%	0.00%	0.64%	0.25%	0.62%
	トランジット	0.65%	0.00%	1.09%	0.00%	0.00%	1.28%	0.25%	0.31%
	永住居住権を持つ人員向け	11.13%	11.17%	10.22%	12.58%	12.07%	21.15%	6.58%	8.98%

るのは一種のコスト節約戦略であることが多く、経済収入が少ない人ほど、複数の目的を持って中国へ来る可能性が高い。このため、本章では発展途上国からの旅行者の複数の目的を以下のように仮定する。

仮定1　先進国の旅行者とくらべ、発展途上国の旅行者のほうが複数の目的を持って中国へ来る可能性が高い。

4　複数の目的を持つ旅行者と累積的因果関係のメカニズム

移民研究において、移民ネットワーク理論は重要な一角を占めている。移民ネットワーク理論は、移民と元の居住地の親族や友人が、肉親の情や友情などをもとに確立された種々の特殊な関係にあり、そのつながりは血縁、郷縁、情縁などが考えられるとし、移民が出発地域と到着地域のネットワーク関係の影響を受けるとする。移民の社会的ネットワークは、①移転コストや文化適応難度を引き下げ、②新たに到着した移民の職探しを手伝うとともに、③収入に対する期待を持たせ、④新たに到着した移民の各種支出の節約を促すという四つの役割を果たす。

マッセーらは移民社会資本理論をもとに累積的因果理論を提起した。彼らによれば、移民ネットワークの形成後、移民についての情報がさらに正確に、広範に伝わるようになり、それによって移民コストが引き下げられ、移民ブームを推進することになった。また、時間の経過にともない、海外の特定地域への移民が出発地の風俗習慣を持ち込み、地域の経済や政治条件に関わりなく、移民ネットワークの強度や移民ネットワークに蓄積される社会資本などの要素が移民の動向を左右するようになる。そして、移民になるプロセスは自ら発展するメカニズムを得て、継続的に移民が進む。移民ネットワークは移民の初期の発生を説明することはできないが、その継続性を説明でき、また今後の移民の動向予測に役立つ。累積的因果理論によれば、移民出発地の移民ネットワークは自ら進化し、累積的に強化される。また、移民行為に移民者の意図を超えて、派生的な「習慣」が生まれると、最初の移民行為に変化が生まれ、部外者に非理性的な移民行為と断定されようとも、当該グループ内で認められ継続することができる。そして、移民のたびに転出国と転入国双方の社会経済構造に影響を与え、後続への移民の道筋を作り出す（Massey 1987, 1988, 1990, 1995; 梁玉成 二〇一三）。

発展途上国からの旅行者は、中国で現地の多様なネットワークの人々と付き合い、中国社会とより多く接する必要がある。このため、彼らは中国でさらに広い社会的ネットワークを構築し、中国社会をいっそう理解するだろう。このような社会的ネットワークは、彼らが郷里から人々を中国へ呼び寄せることを促し、中国での労働に携わる当該国出身者の数を増加させる。また、英国のポーランド移民についての一部研究により、過去の旅行経験が移民に影響を与えることが発見されている（Janta 2011）。以上から、ここでは旅行の累積的因果関係を以下のように仮定する。

仮定2・1　先進国とくらべ、発展途上国の旅行者はその他の人に訪中を勧めたり、支援したりする

ことが多い。

仮定2・2　先進国とくらべ、発展途上国の旅行者数の増加は、その他の目的の入国者数の増加を促す可能性がある。

5　データと方法

5.1　データ収集方法

広州地区で仕事や生活をする外国人への理解をさらに深めるため、中山大学国家管理研究院社会科学調査センターが、二〇一六年一月に広州市と仏山市の出入国管理局でそれぞれアンケート調査を行った。今回の調査はコンピュータを用いて一か月にわたって行われ、一四言語を活用。合計一五〇〇部のアンケートを収集した。

5.2　データ分析と方法

データ分析はおもに三つに分けられる。第一に、共起性解析（coincidence analysis）の方法を活用し、旅行目的による訪中と、その他の複数の目的による訪中との関連性およびこれらの関連メカニズムが、異なるタイプの国からの訪中者により差異があるかを調べる。第二に、ロジスティックモデルやポアソンモデルを用いて、個別レベルから訪中旅行者による流入地の社会資本への影響を分析する。第三に、マルチレベルモデルによって、国家レベルから旅行の累積的因果関係を分析する。

共起性解析は最近使われはじめた方法で、過去の研究での使用例が少ないため、ここで重点的に紹介する。共起性解析はエスコバールが提唱し、一連の場面で頻繁に出現するイベントおよびそれらのあいだの関係性を分析する方法である（Escobar 2015）。この方法を用いると、さまざまなイベントで同時的に発生する頻度（conjoint frequencies）がわかる。

エスコバールによれば、符合解析はとくに以下の三つの状態、①互いに反発しない多反応（multi responses）選択肢あるいは多分類変量における情報分析、②二項モデルネットワーク（two-mode networks）の研究、③共起現象（co-occurrence）の分析に適している。エスコバールによれば、符合解析のおもな目的は特定の制約のもとで、何らかのイベント、対象、特徴、属性に同時発生の傾向があるかどうかを調べることである。設定した制約条件は具体的な場面（I）を指し、それは分析の基本単位となる。各場面・i（scenario）で一連のイベントJが発生し、これらのイベントはそれぞれ相互に独立あるいは依存し、いずれもJに関わる二分変数Xjとして示される。分析の目的は各場面Iにおける J（J-1）/2 の組み合わせ可能なイベントのなかで、独立しない組み合わせ類別の部分集合を見いだすことにある。たとえば、二つの可能イベント（それぞれXjとXkとする）がある場面で、同一場面に二つのイベントが同時に出現した場合、この二つのイベントをたんなる偶然の一致とみなすこともできる（coincident）。ただし、符合解析方法を大量の場面特徴を有する統計分析に活用する場合は、一つのn×J配列を形成することができる。このマトリックスIは0と1で構成される結合行列（incidence matrix）であり、場面iでイベントjが発生するかどうかを表し、1で発生を、0で不発生を表す。n×Jの転置操作後、対応するJ×Jの頻度行列Fが得られ、これは二種類のイベントの発生頻度で構成され、一つはイベントj自体の発生頻度（fjj）であり、もう一つはイベントjの発生時におけるイベントkの発生頻度（fjk）を表す。さらに実際の状況で、一つの場面におけるさまざまなイベントの発生頻度の結合行列（実際頻度）と、各イベントが相互に関連しないと仮定した状況下のイベント発生頻度の結合行列（期待頻度）とを比較し、イベントj発生時におけるイベントk発生の実際頻度が期待頻度を上回る場合は、二つのイベントが同時イベント（coincident event）の可能性があることを表している。

次節以降で、共起性解析を通じて、観光目的による訪中やその他の複数の目的による訪中のあいだに関連性があるか、また、発展途上国と先進国の調査対象者のあいだでこれらの関連メカニズムに違いがあるかどうかによって調査対象者を分析する。つまり観光目的による訪中と商業目的による訪中は発展途上国の調査対象者から同時に回答されることが多く、発展途上国の調査対象者についていえば、観光目的による訪中と商業目的による訪中には強い共起性関係があることを分析によって示す。

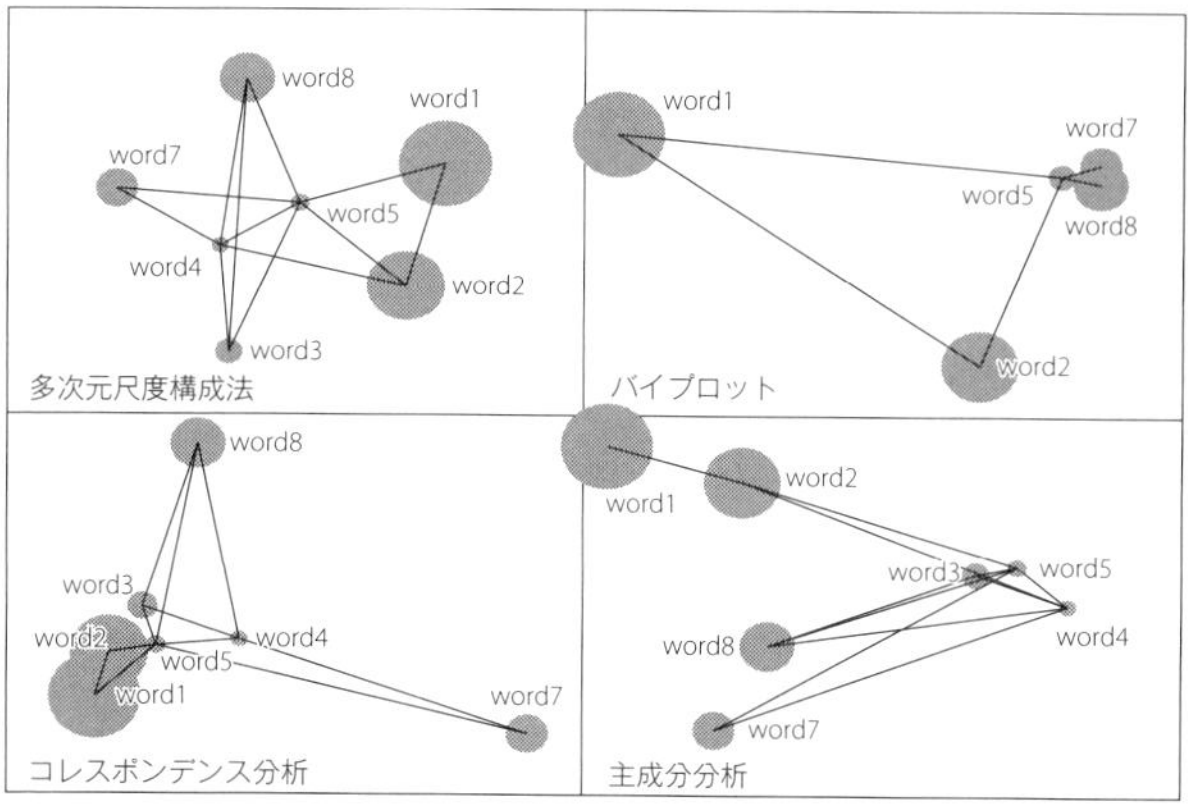

図4　発展途上国調査対象者の8つの訪中目的の関係図1（p≦0.05、Density: 0.57）

6　実証分析結果

6.1　発展途上国と先進国からの訪中旅行者による旅行目的の差異

まず共起性解析により、旅行目的による訪中とその他の複数の目的による訪中のあいだの関連性の有無、またこの関連性が先進国と発展途上国の訪中者によって差異があるかどうかを分析する。

共起性解析は「ネットワーク図」（図4）の作成を助け、そのノードはさまざまな訪中目的（ノードword1からword8はそれぞれ自身の仕事（word1）、多国籍企業の仕事（word2）、ビジネスチャンスの探求（word3）、出身国企業での仕事（word4）、中国企業での仕事（word5）、家族への帯同・親族訪問（word6）、交換留学や客員研究員としての訪問（word7）、観光（word8）の八つの訪中目的に対応）を表示し、連結線はそのうち二つの目的が一定の確率で同時発生することを表し、密度（Density）は関連性のあるイベントによって発生可能なすべての組み合わせJ（J-1）/2の比率を表す。まず、発展途上国からの訪中者の各種訪中目的の共起性状況を見ると、p≦0.05の条件下（図4）で、各種計測方法がいずれも示すように、発展途上国からの訪中者は任意の二つの目的のあいだの共起性状況が非常に高い（密度が〇・五七に達する）。次に、図5で示すように、p≦0.01の条件下であっても、発展途上国からの訪中者の各種訪中目的間には比較的多くの共起性関係がなお存在し、発展途上国からの訪中者は多くの場合、単一目的ではなく、複数の目的を有していることが分かる。同時に、観光（word8）目的は、出身国企業での仕事（word4）、ビジネスチャンスの探求（word3）、中国企業での仕事（word5）などの経済目的とともに出現することが多く、発展途上国の訪中旅行者にとって、彼らの訪中は大抵複数の目的を有し、同時にこれらの目的は経済目的が主体であることが分かる。

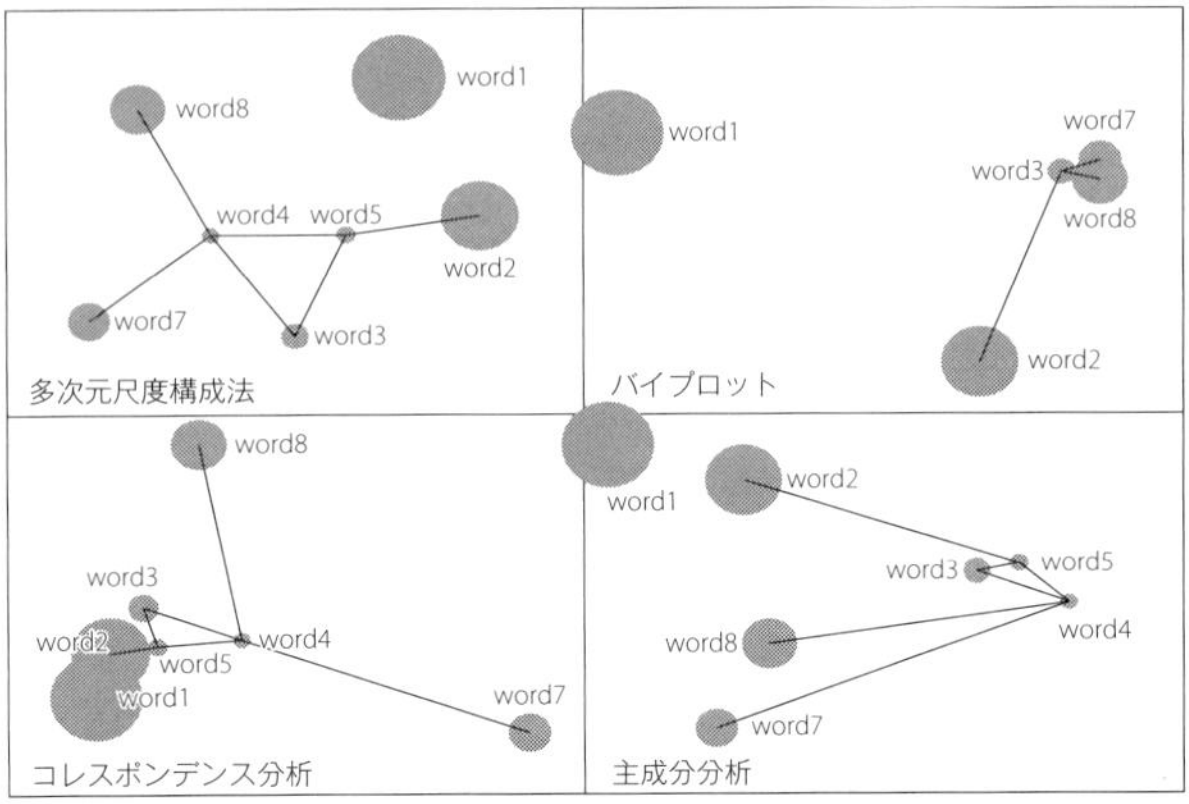

図5　発展途上国調査対象者の8つの訪中目的の関係図2（p≦0.01、Density: 0.29）

一方で、先進国調査対象者の訪中目的間の関係を見ると、p≦0.05の条件下（図6）であっても、各種の訪中目的が同時に出現する状況は少なく、先進国からの訪中者についていえば、彼らの訪中は多くの場合、単一目的に

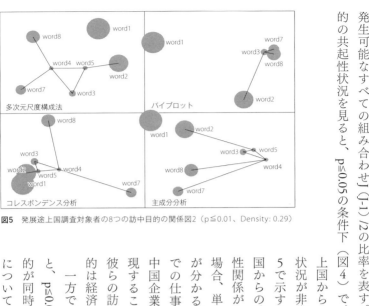

よるものである。発展途上国にくらべ、先進国からの訪中者による中国旅行はたんなる観光であり、同時にその他の目的を持たないことが分かる。以上はまた、仮定1「先進国の旅行者とくらべ、発展途上国の旅行者のほうが複数の目的を持って中国へ来る可能性が高い」の論拠となる。発展途上国と先進国の訪中者に明確な差異が出現する原因として、発展途上国からの訪中者は自身の経済条件に制約があることから、複数の目的を持つことで訪中コストを減らし、収益を最大限向上させる必要があると考えられる。同時に、先進国からの訪中者にはこういった圧力が相対的に少ないので、目的が単一になりやすい。

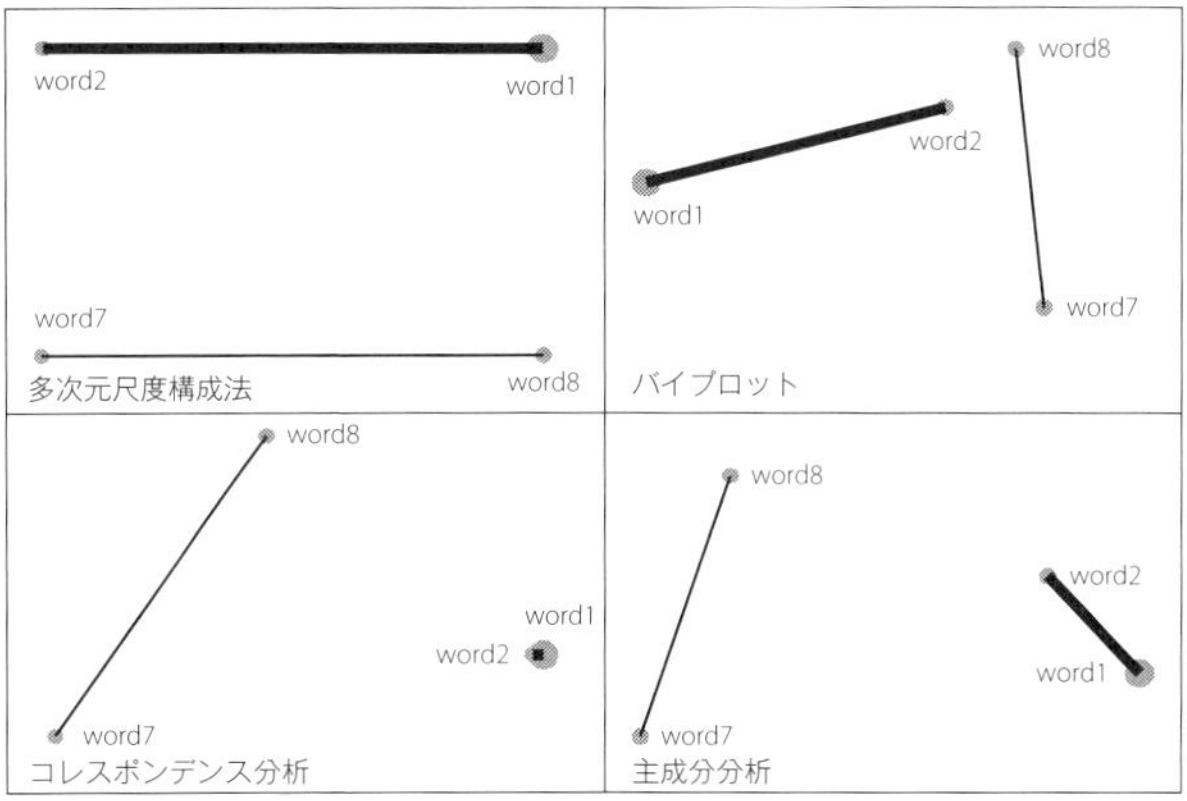

図6　先進国調査対象者の特定訪中目的の関係図（p≦0.05、Density: 0.33）

6.2　旅行の累積的因果関係の分析（個別レベル）

本項では旅行自体について検討し、移民の累積的因果関係に類似した自己増強メカニズムがあるかどうか、すなわち旅行そのものが旅行目的地における旅行者の社会資本の増加をもたらすかどうかを研究する。我々はロジスティクスモデルとポアソンモデルに分けてこの問題を

表3　旅行の累積的因果関係（回帰係数）

	友人や親族の紹介で出身国から訪中		何人の友人や親族を出身国から中国へ紹介したか	
	logit model 1	logit model 2	poisson model 1	poisson model 2
男性（＝1）	0.191	0.161	0.423***	0.374***
国のタイプ（先進国＝1）	-0.290*	-0.336**	-0.701***	-0.690***
教育レベル	-0.0146	0.0138	0.0936***	0.0972***
年齢	-0.0231***	-0.0246***	0.0152***	0.0129***
初回訪中時期	-0.0879***	-0.0833***	-0.0645***	-0.0687***
自身の仕事		0.317**		0.237***
多国籍企業の仕事		0.123		0.114***
ビジネスチャンスの探求		0.0394		-0.123***
出身国企業での仕事		-0.349		-0.270**
中国企業での仕事		0.0309		-0.147***
家族への帯同・親族訪問		0.217		0.0087
交換留学や客員研究員としての訪問		0.0575		-0.0281***
観光		0.288***		0.0531***
定数	177.6***	168.1***	130.6***	138.9***
観測値	987	987	538	538

*** p<0.01、** p<0.05、* p<0.1

分析し、モデルにおける従属変数をそれぞれ「郷里の友人あるいは親族を中国に呼び寄せたか」および「郷里の友人あるいは親族をどれだけ中国へ呼び寄せたか」とし、二つの従属変数の調査対象者はすでに中国で郷里からの社会的ネットワークおよび社会資本を有するものとする。独立変数には調査対象者の性別、調査対象者の出身国の類型（先進国または発展途上国）、教育レベル、年齢、初回訪中時期、訪中の具体的な目的などが含まれる。ここでは、独立変数のうち二つの重要な説明変数である調査対象者の出身国の類型および旅行目的による訪中が、中国における調査対象者の社会資本（現有分と今後増加する可能性のある分）に与える影響に注目する。

表3の分析結果によれば、性別、教育レベル、年齢、および初回訪中時期など

の変数を分析すると、発展途上国からの調査対象者は先進国の調査対象者よりも、郷里の友人あるいは親族を中国に呼び寄せる割合が高く（logit model 1）、同時に郷里の友人や親族をより多く中国へ呼び寄せており（poisson model）、その関連性は調査対象者の具体的な訪中目的を分析してもなお顕著であり（logit model 2 および poisson model 2）、これはつまり先進国にくらべ、発展途上国からの調査対象者は中国における社会資本を明らかに増加させていることを意味する。我々は同時に、調査対象者の中国における社会資本へ与える旅行の影響を検証したが、その結果（logit model 2 および poisson model 2）を見ると、調査対象者の性別、教育レベル、年齢、初回訪中時期、およびその他の訪中目的を分析した場合、観光を目的として訪中した調査対象者は、その他の目的にくらべ、郷里の友人や親族を呼び寄せることが多く、中国旅行が旅行者の中国における社会資本の向上を助けているといえる。

以上の分析結果から、中国での旅行は旅行者の中国における社会資本の増加を促し、仮定2を裏づけている。また、先進国と発展途上国の調査対象者には顕著な差異があり、発展途上国からの調査対象者は中国における社会資本が明らかに増加し、これはつまり社会資本に対する旅行の影響が、先進国と発展途上国のあいだで違いがある可能性を意味する。なぜこのような差異が生じるのだろうか。その理由としては、発展途上国からの旅行者は複数の目的を有することが多いことが挙げられる。まさにこういった複数の目的が、彼らに流入地のさまざまなタイプの人々とより多くの交流を促し、流入地における社会的ネットワークの発達や社会資本の増加を促すことから、故郷の友人あるいは親族をより多く流入地へ呼び寄せる能力や動機を彼らに持たせ、流入地における社会資本を絶えず増強するという、累積的因果関係を引き起こしている。

6.3 旅行の累積的因果関係の分析（国家レベル）

前項では個人レベルから国際旅行の累積的因果関係を分析し、発展途上国からの訪中旅行者について、その訪中は複数の目的を有することが多く、そのため流入地の社会資本拡大により貢献することで、累積的因果関係を引き起こすことがわかった。本項ではさらに一歩進め、おもに国家レベルから、旅行がその他の訪中目的に与える影響のメカニズムは何か、反対にその他の訪中目的が旅行に与える影響はどのようなものか、また両者の影響のメカニズムは発展途上国と先進国の訪中者のあいだで差異があるかどうかを検証する。そのために、まず国家レベルのデータを集めた。調査対象者のうち、米国からの調査対象者を初回訪中時期によって二〇一〇年（一〇〇人）、二〇一一年（八〇人）、二〇一四年（六〇人）に分け、つまりデータ中に三つの観測値（observations）を設け、これによって類推し、国と初回訪中時期を基本単位とした観測値を構築した。各観測値には各年の当該国からの訪中人数、各年の当該国からの訪中目的別の人数などの変数が含まれる。これを原則として、訪中者の出身国について発展レベルを指標に分け、発展途上国と先進国の二つのデータグループにまとめた。そのうち先進国のデータには二六か国、一一七個の観測値、発展途上国のデータには九一か国、四〇四個の観測値が含まれる。

ここではマルチレベルモデルを活用して、先進国と発展途上国のデータを分析し、訪中目的別の人

表4　国家レベルの結果（先進国）

	自身の仕事	多国籍企業の仕事	ビジネスチャンスの探求	出身国企業での仕事	家族への帯同・親族訪問	交換留学や客員研究員としての訪問	観光
初回訪中時期	0.0413**	-0.0128	-0.00196	0.00473*	-0.00159	-0.0149	0.0115
多国籍企業の仕事	-0.174		0.0443	0.0226	-0.0258	-0.256**	-0.0336
ビジネスチャンスの探求	2.502***	0.481*		0.300***	0.136	-0.287	0.185
出身国企業での仕事	-1.086	0.193	0.413***		0.415***	0.697*	-0.292
家族への帯同・親族訪問	0.75	-0.138	0.0847	0.185***		-0.323	-0.2
交換留学や客員研究員としての訪問	-0.0646	-0.155**	-0.019	0.0335*	-0.0347		0.119
観光	0.239	-0.0297	0.0177	-0.0203	-0.0297	0.172	
自身の仕事		-0.0147	0.0509***	-0.0143	0.0186	-0.00131	0.0602
定数	-82.25**	26	3.891	-9.502*	3.227	30.18	-22.88
観測値	117	117	117	117	117	117	117
グループ数	26	26	26	26	26	26	26

*** $p<0.01$、** $p<0.05$、* $p<0.1$

数を従属変数とし、初回訪中時期とその他の目的による訪中人数などを独立変数として分析を行った(表4・表5)。

まず先進国を見ると、訪中目的が観光である人数を従属変数として分析した結果、表4が示すように、その他の訪中目的人数を分析した場合、先進国からの訪中旅行人数は時間の経過につれて明らかな増加はせず、前項で述べた結果と一致する。同時に、その他の六つの訪中目的の人数は、先進国からの訪中旅行者数に対していずれも直接関係がない。最後に、先進国からの訪中旅行者数を独立変数とし、その他の六つの訪中目的の人数のいずれかを従属変数とした状況を見ると、訪中旅行がそれらに与える影響はいずれも明確でなく、これもまた先進国の旅行者に

表5　国家レベルの結果（発展途上国）

	自身の仕事	多国籍企業の仕事	ビジネスチャンスの探求	出身国企業での仕事	中国企業での仕事	家族への帯同・親族訪問	交換留学や客員研究員としての訪問	観光
初回訪中時期	0.00406	-0.00821	0.000496	-0.00183	0.00132	0.000162	-0.000229	0.0162***
多国籍企業の仕事	0.411***		0.0138	-0.00841	0.0155	-0.00486	-0.0772**	0.0954***
ビジネスチャンスの探求	0.411***	0.0628		0.0632***	0.0456*	-0.00386	-0.102	0.160*
出身国企業での仕事	-0.0307	-0.19	0.275***		0.135**	-0.000764	0.0851	-0.0249
中国企業での仕事	0.361	0.27	0.156*	0.101**		-0.000942	0.239	-0.0708
家族への帯同・親族訪問	0.483	-0.725	-0.0977	-0.00461	-0.00235		0.239	0.886**
交換留学や客員研究員としての訪問	0.307***	-0.144**	-0.0509*	0.0145	0.0233	-0.0046		0.145***
観光	0.13*	0.174***	0.0547*	0.00283	0.00722	0.0115**	0.135***	
自身の仕事		0.254***	0.0289*	0.000285	0.0114	0.00228	0.0963***	0.0351
定数	-7.806	16.72	-0.983	3.697	-2.65	-0.324	0.54	-32.57***
観測値	404	404	404	404	404	404	404	404
グループ数	92	92	92	92	92	92	92	92

*** p<0.01、** p<0.05、* p<0.1

とって、訪中旅行がその他の目的の訪中者数の増加にはつながらず、またその他の目的による訪中人数も訪中旅行に影響しないことを意味する。

　表5では、発展途上国からの観光目的による訪中と、その他の目的による訪中の相互作用メカニズムについて分析を行った。発展途上国からの訪中旅行者数を独立変数とした場合、発展途上国からの観光目的による訪中人数の増加が、自身の仕事、多国籍企業の仕事、ビジネスチャンスの探求、家族への帯同・親族訪問、交換留学や客員研究員としての訪問などのその他の目的による訪中者数を明らかに増加させ、この結果もまた発展途上国の訪中旅行者数の増加が当該国のその他の目的による訪中者数の増加を促すことを意味

する。もう一方で、発展途上国からの訪中旅行者数を従属変数とした場合、時間の経過にともない、訪中旅行を行う発展途上国からの人数がここ数年増え続けていることが分かる。また、興味深いことに、多国籍企業の仕事、ビジネスチャンスの探求、家族への帯同・親族訪問、交換留学や客員研究員としての訪問などを目的とした訪中でも、発展途上国からの人数が多くなり、これがまた発展途上国からの訪中旅行者数の増加を促している。この結果が示すとおり、発展途上国からの訪中旅行という行為には累積的因果関係が存在する。まず訪中旅行には複数の目的（経済目的など）があることが多く、まさにその複数の目的の存在によって、これらの訪中者が流入地におけるさまざまな種類のネットワークをさらに拡大する。そして、多様なネットワークの拡大はその他の目的（経済目的など）による訪中者へ一定の便宜を提供し、さらにその他の目的による訪中人数の増加につながっている。またその他の目的による訪中者数の増加が、反対にこれらの国からの旅行を目的とした訪中者数の増加を促し、この循環が累積的因果関係を構築し、さらに仮定2を裏づけている。

7 結論

二〇一六年に収集された広州市と仏山市の在中外国人調査データを通じて、筆者は移民研究分野の累積的因果理論の角度から旅行と移民の関係について分析を行い、これをもとに発展途上国と先進国からの入国旅行者の増加数の差異について論じた。

理論と実証研究の結果によれば、先進国からの訪中者とくらべ、発展途上国からの訪中者は中国に複数の目的を持って入国することが多く、すなわち発展途上国からの訪中旅行者は決してたんなる観光ではなく、コストを引き下げ、収益を高めるために、経済目的をあわせ持って訪中することが多い。次に、発展途上国からの訪中者は複数の目的を持って中国を訪れるため、流入地のさまざまなタイプの人々と交流を持つようになり、これは流入地における彼らの社会的ネットワークの発達や社会資本の増加を促し、彼らが自国の人々をより多く中国へ呼び寄せる原動力となって、旅行の累積的因果関係を形成する。同時に、国家レベルのデータ分析結果によれば、発展途上国の場合は観光を目的とする訪中と、経済を目的とする訪中とが相互に影響し合い、訪中旅行の拡大と、流入地における各種ネットワークの強化により、さまざまな種類のネットワークがその他の目的（経済目的など）の訪中者に一定の便宜を提供し、その他の目的で訪中する人をさらに増加させる。また、その他の目的による訪中者数の増加が、反対に観光を目的とする訪中者数の増加にもつながり、相互の関係が絶えず循環し、強化される。実践レベルでは、以上の結果が示すように、本章冒頭で述べた発展途上国からの訪中旅行者数が増え続けていることが、これらの国々から中国へ来る移民人数のさらなる増加を促していると分かる。

本章で検討した旅行研究分野の新たなメカニズムは、現在の国際旅行、とりわけ発展途上国からの旅行者群と旅行のタイプの理解を深めるのに有益である。

参考文献

〔中国語文献〕

陳偉、二〇一五「旅游体验及其影响因素与游后行为意向的关系研究」雲南大学博士論文。

董培海等、二〇一四「迪恩・麦肯奈尔旅游社会学思想解读——兼评《旅游者：休闲阶层新论》」旅行学刊、第一一期。

郭凌・吉根宝・羅良偉、二〇一五「从游客到旅居者：旅游中的〝新移民〟研究」《貴州民族研究》第五期。

金准・廖斌二〇一六「全球旅游分工体系和中国旅游业定位」《経済管理》第四期。

黎潔・趙西萍、一九九九「论国际旅游竞争力及其阶段性演进」《社会科学家》第九期。

李旭・秦耀辰、二〇一四「中国入境游客旅游目的地选择变化及影响因素」《経済地理》第六期。

梁玉成、二〇一三「在广州的非洲裔移民行为的因果机制」《社会学研究》第一期。

劉長生・簡玉峰、二〇〇六「中国入境旅游市场需求的影响因素研究」《農業経済研究》第四期。

潘鴻雷・楊麗・馬愛国、二〇〇八「我国入境游客特征与国际旅游可持续发展策略分析」《資源開発と市場》第九期。

唐香姐・徐紅罡、二〇一五「生活方式型移民研究综述」《地理科学進展》第九期。

万緒才等、二〇一三「中国城市入境旅游发展差异及其影响因素」《地理研究》第二期。

王寧、一九九九「旅游、现代性与〝好恶交织〟——旅游社会学的理论探索」《社会学研究》第六期。

楊釗・陸林、二〇〇八「旅游移民研究体系及方法初探」《地理研究》第四期。

趙東喜、二〇〇八「中国省际入境旅游发展影响因素研究」《旅行学刊》第一期。

〔英語文献〕

Escobar, M., 2015, Studying coincidences with network analysis and other statistical tools, *The Stata Journal,* 15:1118-1156.

Hall, C. M. 1999, *Geography of Tourism and Recreation: Environment, Place and Space*, London: Routledge.

Janta, H., Brown, L. & Lugosi, P., 2011, Migrant relationships and tourism employment, *Annals of Tourism Research*, 38(4): 1322-1343.

MacCannell, D., 1976, *The Tourist: a New Theory of the Leisure Class*, New York: Schoken Books.

Massey, D. S. & España, F. G., 1987, The social process of international migration, *Science*, 237(4816): 733-738.

Massey, D. S., 1988, Economic development and international migration in comparative perspective, *The Population and Development Review*, 383-413.

Massey, D. S., 1990, The social and economic origins of immigration, *The Annals of the American Academy of Political and Social Science*, 60-72.

Rodriguez, V., 2001, Tourism as a recruiting post for retirement migration, *Tourism Geographies*, 3(1):52-63.

Ryan, C. 1997, The tourism experience: *A new introduction* (194-205), London: Cassell.

Urry, J., 1990, The "consumption" of tourism, *Sociology*, 24(1): 23-35.

Williams, A. & Hall, C., 2000, Tourism and Migration: New Relationships between Production and Consumption. *Tourism Geographies*, 2(1): 5-27.

■編者・執筆者略歴

金成玟（きむ・そんみん）［第1部編者／第1章執筆］
北海道大学メディア・コミュニケーション研究院准教授。一九七六年、韓国ソウル生まれ。東京大学大学院学際情報学府博士課程修了。博士（学際情報学）。著書に『戦後韓国と日本文化――「倭色」禁止から「韓流」まで』（岩波書店、二〇一四年［韓国語版は Kŭl Hangari 二〇一七年］）など。

木村至聖（きむら・しせい）［第2章執筆］
甲南女子大学人間科学部准教授。一九八一年、神奈川県生まれ。京都大学大学院文学研究科博士後期課程単位取得退学。博士（文学）。著書に『産業遺産の記憶と表象――「軍艦島」をめぐるポリティクス』（京都大学学術出版会）、共著に『映画は社会学する』（法律文化社）など。

姜明求（かん・みょんぐ）［第3章執筆］
ソウル大学言論情報学科教授、同大学アジア研究所所長。アイオワ大学博士課程修了。博士（言論学）。専門は批判的コミュニケーション、文化研究。著書に『訓民と啓蒙――韓国訓民公共圏の歴史的形成』（ナナム）、『消費大衆文化とポストモダニズム』（民音社）など。

南恩瑛（なむ・うんよん）［第3章執筆］
ソウル大学アジア研究所先任研究員。ソウル大学社会学科博士課程修了。博士（社会学）。専門は消費文化、中産階級研究、福祉社会学。著書に『韓国社会の変動と中産層の生活様式』（ナナム）など。

岡本亮輔（おかもと・りょうすけ）［第2部編者／第4章執筆］
北海道大学メディア・コミュニケーション研究院准教授。一九七九年、東京生まれ。筑波大学大学院人文社会科学研究科修了。博士（文学）。著書に『聖地と祈りの宗教社会学』（春風社）、『聖地巡礼――世界遺産からアニメの舞台まで』（中公新書）、『江戸東京の聖地を歩く』（ちくま新書）など。

門田岳久（かどた・たけひさ）［第5章執筆］
立教大学観光学部准教授。一九七八年、愛媛県生まれ。東京大学大学院総合文化研究科博士課程修了。博士（学術）。専門は文化人類学・民俗学。著書に『巡礼ツーリズムの民族誌——消費される宗教経験』（森話社）、『〈人〉に向き合う民俗学』（室井康成と共編、森話社）など。

鄭根埴（ちょん・ぐんしく）［第6章執筆］
ソウル大学社会学科教授、同大学統一平和研究院院長。ソウル大学社会学科博士課程修了。博士（社会学）。著書に『冷戦の島金門島の再誕生』（ジンインジン）、編著書に『韓国原爆被害者 苦痛の歴史』（編著、明石書店）、『検閲の帝国——文化の統制と再生産』（共編、新曜社）など。

呉俊芳（お・じゅんばん）［第6章執筆］
ソウル大学社会学科博士課程。論文に「金門島冷戦生態の形成と解体——地雷展示館形成の経路を中心に」『社会と歴史』（共著）など。

周倩（しゅう・せい）［第3部編者／第7章執筆］
北海道大学大学院メディア・コミュニケーション研究院准教授。一九八一年、中国上海生まれ。東京大学大学院学際情報学府博士課程修了。博士（学際情報学）。著書に『勃興する東アジアの中産階級』（共著、勁草書房）など。

黄盛彬（ふぁん・そんびん）［第8章執筆］
立教大学社会学部メディア社会学科教授。韓国群山市生まれ。立教大学大学院社会学研究科博士後期課程修了博士（社会学）。共著に『韓流のうち外——韓国文化力と東アジアの融合反応』（御茶ノ水書房）、『国家主義を超える日韓の共生と交流』（明石書店）など。

梁玉成（りょう・ぎょくせい）［第9章執筆］
中国中山大学社会学人類学学院教授。国家治理研究院院長。香港科技大学社会科学研究科修了。博士（哲学）。論文に、"Migration patterns and Its Influencing Factors of African Immigrations in Guangdong Province: A survey from Guangzhou and Foshan Cities", *Chinese Journal of Population Science* (1), 134-159, 2015 など。

東アジア観光学
まなざし・場所・集団

二〇一七年三月三〇日　第一版第一刷　発行

編　者　金成玟・岡本亮輔・周倩

発行所　株式会社　亜紀書房
郵便番号一〇一―〇〇五一
東京都千代田区神田神保町一―三二
電話　（〇三）五二八〇―〇二六一
http://www.akishobo.com

組版・印刷　株式会社トライ
http://www.try-sky.com

ブックデザイン　小林剛（ＵＮＡ）

Printed in Japan
ISBN978-4-7505-1505-2 C0036